事業譲渡および会社分割の法理と法務

円滑な事業承継をめざして

山下眞弘 著

信山社

はしがき

本書の目的

本書は，事業譲渡と会社分割に関する法的諸問題を網羅的に論じた理論実務書である。中小企業の円滑な事業承継の手段でもある事業譲渡について，筆者が四半世紀前に公刊した学術書『会社営業譲渡の法理』（信山社出版，1997 年）を出発点として，その数年後に創設された会社分割法制度も踏まえて公刊された理論実務書『営業譲渡・譲受の理論と実際 営業譲渡と会社分割（新版）』（同社，2001 年）をもとに，両書に新たな光を当て全面的に書き改めた理論と実務の書である。本書では，「事業譲渡」および「会社分割」の両制度について，それらに特有の法理と法務につき最新情報をもとに論じている。

さらに，近年とくに注目を集めている理論上の問題や実務上の課題についても，詳細に検討をしている。たとえば，相続と事業承継に関して，①株式共有者の権利行使（会社法 106 条），②相続人に対する売渡請求（会社法 175 条 2 項）をめぐる議論，そして，会社法との関係で，③労働者の保護，④独禁法・倒産法上の問題，さらに，⑤事業承継と民事信託なども詳細に検討している。事業譲渡・会社分割いずれの法制度についても，ひとまず判例・学説の到達点がみえてきたので，法理論が法律実務に与える影響を意識しながら，実践的に詳しく論じている。

本書は，法理論と実務の両面から追究するものであり，とくに想定される読者は，研究者および法務専門家とくに弁護士，企業法務に従事する方々，さらには院生等である。本書は事業譲渡・会社分割を包括的に扱う専門書であることから，大学等の研究機関および専門図書館のほかに，法律事務所をはじめ各士業の事務所等においても，幅広く活用される書になるものと願っている。

本書の課題

第一の課題として，「事業譲渡」の核心部分であるが，株式会社が事業の全部または重要な一部を譲渡するには，株主総会の決議を要する。これを定める会社

法 467 条（平成 17 年改正前商法旧 245 条）の事業譲渡（営業譲渡）の意義について公表した半世紀前の筆者の見解は，基本的に現在でも維持しているが，発表の当初，学界では少数説と位置づけられ，暫くして有力説の仲間入りを許された。

　筆者の一貫した問題意識はこうである。事業譲渡で総会決議が要件とされるのは，譲渡会社の「株主保護」にある。他方，譲受会社との関係で「取引安全」の要請もあり，両者をいかに調和させるかがポイントである。事業譲渡の要件を厳格に考えれば，取引安全には資するが，総会決議の対象が狭くなり株主保護の要請に充分対応できないことも危惧される。当時の最高裁大法廷昭和 40 年 9 月 22 日判決は，事業譲渡の成立に 3 つの要件を課す裁判例と理解され，当時の多数説もそのように捉え判例を支持していた。これに筆者は疑問を呈し，事業譲渡の成立要件を絞ることで，「株主保護」にも資する事業譲渡の把握を提唱した。すなわち，①「有機的一体として機能する組織的財産」の譲渡が事業譲渡であり，②「営業的活動の承継」や③「競業避止義務の負担」は要件ではないとの理解である。近年に至って，学界で上記の最高裁判決の趣旨を再検討した結果，この判決の趣旨も，筆者が従来から主張してきた見解の方向と基本的に同一線上のものと理解すべきであるとする学説が増加し，新たな判例の解釈と評価が定着しつつある。

　第二の課題，「会社分割」は，事業譲渡の法制度では不都合な点があるとされた諸課題を克服するため，2000（平成 12）年の商法改正で創設された。その後 2005（平成 17）年の会社法制定によって，①会社分割の対象の変更，②人的分割に関する規定の削除（いわゆる「人的分割」は可能），③株式に限定していた対価の柔軟性，④略式分割制度の導入等といった大きな変化がみられたが，会社法制定後には，いわゆる「濫用的会社分割」が横行した。「採算部門」の切り離しで「残存債権者」を害する事件が発生したが，最高裁平成 24 年 10 月 12 日判決が会社分割に民法の「詐害行為取消権」を認めることで解決し，2014（平成 26）年の会社法改正により，「詐害的会社分割で害される残存債権者を保護」する規定が整備された。その後，逆に「不採算部門」の切り離しによって，「承継債権者を害する事件」も発生したが，最高裁平成 29 年 12 月 19 日決定が「信義則」違反を根拠に問題を解決した。

　このように会社分割法制は状況の変化に伴い改正が繰り返されたため，①民法の詐害行為取消権との競合問題，②会社分割の対象と事業譲渡の対象との異同，そして③対価の柔軟化に伴って，会社分割の性格に変化が生じたのではないかとの疑念など，看過できない諸課題が新たに突きつけられた。そして，より根本的

な問題は，④両制度の棲み分けである。今一度立ち止まって，会社分割法制の全体像を鳥瞰し，慎重に再検討する必要がある。

本書の特色と構成

　本書は，理論に重きを置きながら法理と法務の両面から考究する書物であり，最新の研究成果を盛り込むと同時に，実務にも参考となしうるよう「裁判実務」に耐えうる内容と構成になっている。本書の前身である拙著も，裁判所に提出する意見書等の参考資料として活用された実績がある。本書では，各章において，最初に「論点整理」を行った上で，「結論要旨」をまとめている。ここを参照すれば，各章の核心的な論点と内容のアウトラインを把握することができる。これは，多忙な実務家の皆さんが，とりあえず論点と結論を知りたいという要請に応えるための工夫である。その上で，筆者の「問題意識」を示し，それに続いて論文の形式で，最新かつ主要な文献資料を駆使して詳細に「論旨展開」している。

　本書は以下の通り 8 つの章と序章・終章で構成される。**序章**では，専門的な予備知識のない方々にも興味がもてるよう工夫を凝らし，「事業譲渡と会社分割制度の経済的機能」を実務家の目線で鳥瞰し，**第 1 章**から**第 3 章**では，両制度の法的な諸問題について現在の状況を詳論している。**第 4 章**では，両制度と「債権者保護」の関係につき論じ，**第 5 章**では，両制度と「労働者保護」について，民法および労働法との関係で詳しく論じている。そして**第 6 章**では，事業譲渡と「独占禁止法・破産法・会社更生法・民事再生法」など会社法以外の法規制との関係について論じている。ところで，事業は取引界で譲渡の対象となるが，特に中小企業では，相続の結果として事業が相続人に移転する場面も多く見られる。これを**第 7 章**で「事業承継」として，近年の争点について詳細に論じている。これに関連して，**第 8 章**では，「民事信託の活用例」を詳しく検討したうえで，信託税制の概要についてもその要点をまとめている。最後に，終章では，本書で充分に検討し尽くされなかった重要課題 15 項目の問題点を採り上げ，本書全体の結論と今後の課題，そして立法論の展開を試みている。終章を開けば，現代的課題を鳥瞰することもできる。

筆者の研究の一区切りとして，細やかながら本書を世に出す幸運に恵まれ，信山社出版社長の袖山貴氏には心から御礼申し上げる。本書の刊行にあたっては，筆者にとって初の学術書の刊行からご縁のある信山社出版編集部のみなさんには大変お世話になった。とくに同社編集部の今井守氏には，企画の最初から刊行まで，親身になってご尽力をいただいた。ここに記して感謝の意を表したい。

　2023(令和5)年4月1日

山 下 眞 弘

目　　次

序　章　事業譲渡・会社分割の機能
──事業承継の手段として

　序章では，事業承継の手段でもある「事業譲渡」および「会社分割」への導入
として，最初に法的な視点から，その全体像を概観したうえで，両制度の経済的
機能を通じて，それぞれの長所・短所を比較検討しながら，「両制度の棲み分け」
を明らかにする。

◆ I　事業譲渡のメリット・デメリット

1　総会決議を要する事業譲渡とは

　事業譲渡は，会社の事業を切り分けて，事業の全部または一部を他社に譲渡す
る「取引行為」である。譲渡側は事業を失う代わりに対価（売却益）が発生し，
譲受側は対価と引き換えに新しい事業を獲得する。株式会社にあっては，事業の
全部または重要な一部を譲渡するには株主総会の特別決議を要する（会社法 467
条 1 項本文）。

　実務上の問題は，①「重要な一部」の判断基準であり，量的には 2 割ルールが
ひとつの目安となる（同条 1 項 2 号）が，定款でそれを下回る割合を定めること
もできるため，むしろ質的な判断が重要である。もうひとつ実務で困難な問題
は，②事業の意味である。取締役会の決議で足りるとされる「重要な財産」と紛
らわしい（会社法 362 条 4 項 1 号）。疑わしい場合は，譲渡会社で総会決議を経て
おくのが無難であろう。③総会決議の対象となる「事業」とは，譲渡の対象とな
る事業に関する生きた財産である。たとえば，事業用の建物，在庫，債務，無形
の組織，人材，ノウハウやブランドなどの知的財産，取引先関係，顧客リスト
等々，事業に関係する多種多様な有形無形の財産が含まれる。そして，その財産
に「有機的一体として機能する組織性」が求められる。④とくに問題となるの
は，具体的に何が譲渡されると事業譲渡と認められるかという点であるが，それ
は業種によって様々である。たとえば，特殊な精密機械の製造業であれば，その
機械設備や熟練工が譲渡の対象として不可欠となるが，駐車場経営を業とする譲
渡会社の場合は，土地そのものが事業の中心的な財産となる。出版業であれば，

有形財産よりも優秀な編集者が重要な財産ということになる。このように業種ごとに，それぞれ具体的に判断するほかない。

　事業譲渡は，M&A の中で株式譲渡に次いでよく用いられる手法であるが，「事業譲渡」と「株式譲渡」の大きな違いは，経営権の移動の有無にある。株式譲渡では，譲受側が対価を支払って譲渡側の株式を譲り受け，譲渡側の会社の経営権が譲受側に移るが，事業譲渡では会社の経営権は移動しない。事業譲渡において買収側は譲渡された事業に関する契約や許認可を当然には承継することができず，事業に係る契約や許認可について改めて締結し取得する必要がある。譲渡会社で事業に携わっていた従業員が譲受側に転籍する場合には，雇用契約を締結し直す必要がある。このように，株式譲渡に比べて事業譲渡は手間と時間がかかるが，事業の譲渡側にとっては，事業の一部だけでも譲渡することができるので，譲渡会社に負債があっても，事業の譲受先が見つかることを期待することできる。

2　事業譲渡のメリット

(1) 譲渡側のメリット
①売却したい特定の事業だけ選択可能
②譲渡後も譲渡会社が存続

　複数の事業を展開していく中で，中心となる事業に絞って企業価値を高めたい場合など，「特定の事業」だけを売却することができるのが事業譲渡のメリットである。売却して得られた譲渡益を残存する事業に投資することで事業の根幹が揺るぎないものとなり，経営の立て直しも期待できる。また，事業譲渡は特定の事業だけを譲渡できるため，引き続き会社の経営を行うことが可能となる。そのため，事業譲渡で得られた譲渡益を投資資金として，新たな事業を同じ法人格で起こすことも可能となる。さらには，会社は引き続き経営を行いたいが後継者不足などの問題で展開する事業の絞り込みが必要となった場合にも事業譲渡は効果的である。

(2) 譲受側のメリット
①買収したい事業の範囲を選択可能
②想定外の負債や債務を引き継ぐ恐れがないこと

　買収したい事業だけを選択して引き継ぐことができるため，経営戦略に基づいて必要な事業だけに絞ることができるのが，大きなメリットといえる。たとえ

ば，強化したい事業や研究開発を進めたい分野だけを買収することで，効率的な事業成長を期待することができる。また，必要な資産・負債だけを選んで買収できるため，「簿外債務」を引き継ぐリスクを回避できるのも事業譲渡のメリットである。「株式譲渡」では債務も含んだ会社全体を包括的に引き継ぐことになるが，事業譲渡であれば，譲渡会社に債務がある場合でも，財務面のリスクを避けて，事業の譲り受けすることができる。

3　事業譲渡のデメリット

⑴　譲渡側のデメリット
①手続がやや複雑で面倒
②従業員や取引先の対応が必要
③競業避止義務の対象

事業譲渡の場合はそれぞれの事業を個別に取引することになるため，手続が複雑である点がデメリットである。特に，多くの事業を持つ企業が複数の事業を譲渡する場合はそれだけ手続も増えるため，売り手側の負担は大きくなる。手続を進めるには経営者だけではできず，従業員や取引先を巻き込んだ対応が必要となる。それぞれの従業員に承諾を得る必要があるため，場合によっては準備に手間取る可能性もある。さらに，事業の譲渡後に，譲渡側は同一市町村および隣接する市町村の区域内では，譲渡した事業と同じ事業を行うことが禁止されるという「競合避止義務」を負うこととなる（会社法21条）。ただし，この義務は当事者の別段の意思表示で免除される可能性がある。なお，競業避止義務を負うことは事業譲渡の成立要件ではないと解されている。

⑵　譲受側のデメリット
①買収価格も課税対象
②手続に手間と時間がかかること
③従業員との再契約が必要

事業譲渡では課税対象の資産に対して消費税がかかる。しかも，事業譲渡には会社分割のような税制適格組織再編制度による税務上の優遇措置がなく，登録免許税や不動産取得税などの大きな税負担が発生する。また，個別財産の所有権や契約上の地位の移転手続が必要となるので，事業譲渡は手間と時間がかかる。許認可や権利・義務などは，事業譲渡では会社の一部を売却する個別継承となるため，譲渡が行われた後に再取得する必要がある。再取得は手続に時間がかかるこ

ともあり，前もって計画をしておかないと，すぐに事業を始めることができないので注意が必要である。さらに，従業員との雇用契約は譲渡後改めて結ぶことになるため，事業譲渡の契約締結時に既存の従業員が離職を選択する可能性もあり，これまで事業の主力だった従業員が離れてしまうという最悪のケースも考えられる。そのような事態を避けるためには，従業員との交渉を事前に進めておくことも，スムーズな事業譲渡を行うためには大切なポイントである。

4　事業譲渡に向いているケース

(1) 譲渡側が事業の一部を継続したい場合

譲渡側の経営戦略や後継者問題解決の一環として，必要な事業は継続して行い，それ以外の事業の一部を手放したいという場合には，事業譲渡が向いている。複数の事業を持つ企業が，主要な事業と関連のない事業を手放したい場合など，事業譲渡による事業の整理を行うことで良い経営環境を整えることができる。事業譲渡後も会社は継続して経営することができるため，事業譲渡で得られた譲渡益を元に既存の事業への投資や新しい事業を起こすための資金とすることもできる。

(2) 譲受側が簿外債務を引き継ぐリスクを免れたい場合

譲受側は特定の事業だけを選択して買収することができるため，必要のない簿外債務を引き継ぐリスクを取りたくない場合には事業譲渡は有効といえる。

(3) 譲受側の買収資金がない場合

譲受側に会社のすべてを買収する資金がない場合や，資金を抑えて特定の事業だけを買収したい場合には，事業の一部を引き継ぐことのできる事業譲渡が適している。

Ⅱ　会社分割

1　会社分割の種類

会社分割とは，会社が展開する事業の一部，または全ての事業を他の企業に継承するM&Aの手法の1つで，①これには「吸収分割」と「新設分割」の2種類がある。「吸収分割」は，その「事業に関して有する権利義務の全部または一部」を分割し，既存の他社に承継させる組織再編の手法で，「新設分割」は，そ

の事業に関して有する権利義務の全部または一部を分割により新たに設立する会社に承継させる組織再編の手法である。

分割により事業を切り出す会社を「分割会社」，事業の承継を受ける会社を「承継会社」という。②分割会社は，株式会社又は合同会社に限られる（会社法2条29号・30号）。さらに，対価の受け取り方によって，③「分社型分割」と「分割型分割」の2種類に分かれる。会社分割の対価を分割会社が受け取る場合は「分社型分割」といい，対価を分割会社の株主が受け取る場合は「分割型分割」という。よって，会社分割は「吸収分割」と「新設分割」，「分社型分割」と「分割型分割」の4つの組み合わせとなる。

事業を対象とする吸収型M&Aの手法として，会社分割（吸収分割）を検討することがある。特に，現金対価の吸収分割では，買い手企業が現金と引き換えに対象事業を直接承継することから，事業譲渡と同様の効果がある。事業譲渡との相違点は，分割対象事業にかかる権利義務の包括的な承継が可能な点にある。

2　会社分割と事業譲渡の相違点

「事業譲渡」では，取引先，業務委託先等との各契約について移転手続が必要であるが，「会社分割」の場合には，分割対象事業に関する外部との契約は原則として承継会社にそのまま承継され，個別の移転手続が不要となるのが大きな違いである。ただし，契約によっては，会社分割を実施する場合には事前に相手方への通知または承諾が必要である旨が規定されているケースがあるため，会社分割においても個々の契約書の確認作業はとくに必要となる。

買収対価の支払いは，「会社分割」の場合は一般的に自社株式の交付になるが，「事業譲渡」の場合は現金の支払いとなるため，事業譲渡においては資金調達がネックになる。また，課税に関しては会社分割が適格組織再編と認められる場合，法人税上の優遇措置を受けることができる。事業譲渡の場合は譲渡側に対して法人税がかかり，譲受側に対して消費税がかかる。

3　会社分割のメリット

(1) 買収資金が不要

「承継会社」は対価として新株を発行すればよく，買収資金が不要なのが会社分割の特徴である。株式譲渡や事業譲渡などの場合は買収資金が必要になるため，資金が用意できない場合は，借入れによる債務リスクが発生する。会社分割

では十分な資金がなくても事業の承継が可能である。また，会社分割は企業の組織再編とみなされるため消費税の課税対象外となり，他の M&A 手法と比較して税負担を減らすことが可能である。

(2) 手続が簡単

会社分割は部分的な「包括承継」のため，事業譲渡と比べて契約関係の移転手続が簡易である。事業譲渡の場合は各種許認可や取引先，労働者の契約を改めて行う必要があるが，会社分割では基本的に契約がそのまま継続されるため，比較的簡単に手続を遂行することができ，特に規模が大きい事業の場合はメリットも大きい。また，転籍させる労働者から個別に同意を得る必要がないため，交渉にかかる手間や時間を省き，スムーズに進めることが可能となる。

(3) 承継の成果

承継会社は関連のある事業だけを引き継ぐことができるため，承継の成果（シナジー効果）を早期に得やすくなる。自社で新規事業を立ち上げる場合，人員の確保や技術開発など立ち上げ準備に時間と手間がかかるが，会社分割によって事業を引き継ぐことですぐに新規事業を始めることができるというのがメリットである。分割会社は，不採算事業や主軸事業に関連しない事業を切り離すことで経営改善を図ることができる。

4　会社分割のデメリット

(1) 承継会社の株価下落のリスク

承継会社が上場企業の場合，1 株当たり利益が減少し株価が下落するリスクがある。また，上場企業ではない株式の場合は，株式の現金化が難しくなる場合もあるのが注意すべき点となる。

(2) 債務を引き継ぐリスク

承継会社は，資産と契約を包括的に承継できるので，分割会社に負債や債務があった場合は，それらも同時に引き継ぐことになるため，後に負担が発生する場合がある。不良在庫や回収見込みのない売掛金など，簿外債務となり得るものがないか，事前に財務状況の確認が必要となる。

(3) 経営体制が不安定になる危険性

人事制度やシステムの統廃合など，現場への負荷が高まることによる混乱によって，経営統合がスムーズに進まない恐れもある。また，希なことであっても心配ごととして，会社分割を行なった後に承継会社のイメージが低下してしまっ

た場合，分割会社のイメージも連動して低下させてしまうリスクもありうる。会社分割は他の M&A の手法と比較してイメージ低下の可能性は低い傾向にあるが，万が一このようなケースが発生した場合は，その後の対策が必要になってくるため，事前にこのようなケースも想定しておくべきである。

5　会社分割が適している場合

　会社分割では特定の事業だけを切り離して承継することができるため，分割会社は事業の整理を行い，会社のスリム化を図ることが可能になる。主軸となる事業に集中したい場合，後継者不足で複数の事業展開が難しい場合など，必要のない事業を切り離すことによって経営改善ができるというメリットがある。元の法人は残したまま経営ができるので，労働者の雇用を維持したい場合にも適している。

　承継会社側としては，新規事業を効率的に行いたい場合などには，会社分割が適している。分割会社が持っているノウハウや人材をそのまま引き継ぐことで，原則として許認可の取得や技術開発などを最初から行う必要がなく，スムーズに進めることができる。また，取引先なども同時に引き継ぐことになるため，新規事業を軌道に乗せやすいというメリットもある。

6　会社分割の手続

　会社分割は，合併における手続と類似する点が多く，会社分割では分割事業に主として従事する労働者との労働契約が包括承継されることから，当該労働者を保護するために「会社分割に伴う労働契約の承継等に関する法律」（労働契約承継法）が制定されており，同法に基づく労働契約承継手続を経る必要がある。以下，会社分割の流れを新設分割と吸収分割とに分けて確認する（ここでの引用条文は会社法）。

〈新設分割〉
①新設分割計画書の作成（762 条）
②取締役会の承認（取締役会を設置している場合）（362 条 2 項）
③分割会社に事前開示書類を備置（803 条 1 項）
④労働者への事前通知・協議（労働契約承継法 2 条）
⑤株主総会の特別決議（309 条 2 項）

⑥反対株主の株式買取請求（806条）

⑦債権者保護手続（810条）

⑧新設分割登記（924条）

⑨分割会社と新設会社に事後開示書類を備置（811条）

〈吸収分割〉

①取締役会の承認（取締役会を設置している場合）（362条2項）

②吸収分割契約を締結（757条）

③分割会社と継承会社に事前開示書類を備置（782条1項，794条1項）

④労働者への事前通知・協議（労働契約承継法2条）

⑤株主総会の特別会議（309条2項）

⑥反対株主の株式買取請求（785条，797条）

⑦債権者保護手続（789条，799条）

⑧吸収分割登記（923条）

⑨分割会社と承継会社に事後開示書類を備置（791条，801条）

Ⅲ　事業譲渡・会社分割のそれぞれに適した状況

1　事業譲渡に適した状況

　上述の内容と多少重複するが重要な事柄であるので，以下，まとめておく。事業譲渡のメリットは，譲渡・譲受の対象となる事業を譲渡する売主と譲り受ける買主がそれぞれに交渉の中で選択できる点にある。売主は，複数事業の中から不採算事業を切り離し，成長が見込まれる事業に集中することができる。設備や建物だけでなく人材やノウハウなども取捨選択して事業譲渡を行うことも可能である。他方，買主側も自社の成長に必要な事業だけ買収し，交渉次第では引き継ぎたくない負債を譲受対象から外す余地もあるため，リスクを抑え効率的な経営が可能となる。買主が負債を譲受対象から外すことができるということは，売主側にとっては自社に負債があっても事業譲渡なら譲受先が見つかる可能性があるということになる。とくに売主が資金繰りに困っていたり，経営が暗礁に乗り上げていたような場合は，事業の譲渡で得た現金を会社の再建資金に充てることができ，従業員の雇用継続にもつながる。

　さらに，「後継者問題」を解決する方法にも，事業譲渡は適している。近年，

身内に後継者がいないために廃業を考えている高齢の経営者は少なくない。黒字経営にもかかわらず廃業の危機に直面している会社も少なからずある。そこで事業を他社に譲渡することで他社において事業を存続させ，後継者問題を解決することもできる。廃業の危機を免れることができれば，従業員の雇用継続にもなりうる。

2　会社分割に適した状況

会社分割は，事業規模が大きい場合に特に適している方法ということができる。つまり，切り出す事業に関わる契約や権利などを包括的に移転できるため，事業譲渡の場合のように，事業に関する財産や権利・義務の移転手続を個別に行う必要がない。しかも承継する側としては，分割会社から許認可を引き継ぐことができるケースも少なくなく，従業員との雇用契約についても個別の同意を得る必要もない。

会社分割によれば，時間と手間をかけずに事業を引き継ぐことができるため，分割側・承継側ともに負担が軽減される。自社の株式を事業承継の対価として渡すことができるので，たとえ承継側において資金が用意できなくても，事業を買収することができる。これも会社分割のメリットであるが，対価を株式で支払うには，売主の同意を得る必要がある。

複数の事業の中で，特定の事業規模が大きくなり組織のバランスが崩れたような場合，分割側にとって会社分割が適している状況といえる。会社分割によって，過大な事業を切り出すことで企業のスリム化を実現することができる。また事業譲渡を行う場合は，原則として，譲渡側には「競業避止義務」がある。譲渡側が条件なしに競業避止義務を伴わない形で事業を譲渡したいような場合は，事業譲渡ではなく会社分割が適しているといえる。さらに会社分割が「適格分割」に該当する場合は，税制上の優遇を受けることも可能となるが，適格分割と認められるためには，厳格な要件を満たさなければならない。

◈ Ⅳ　実務で活用される会社分割の留意点

1　実務での会社分割の位置づけ

会社分割は，取引行為としての事業譲渡と異なって，会社法上の「組織再編行

為」のひとつと位置づけられ，いわば合併の逆現象に近いイメージで捉えられてきたが，対価の柔軟化によって事業譲渡との区別が曖昧な面もある。しかも，会社分割は，分割の対象が事業に限定されておらず，会社が「その事業に関して有する権利義務の全部又は一部」を他社に承継させる行為である。これと同じように，「事業の全部又は重要な一部」を譲渡の対象とする事業譲渡と比較すると，会社分割が実務では使い勝手がよいとされている。切り出す対象が，会社分割では「権利義務」で事業譲渡では「事業」という点で異なるが，実務上両者の違いはそれほど大きくないとみられている。会社分割の対象が「権利義務」といえども，その事業に関する権利義務という縛りがあり，会社分割の立法経緯に照らしても，もともと「事業」が対象であったという事実は無視できない。したがって，機械1台のような個々的な財産は権利義務とは認められそうにない。

　会社分割は事業譲渡と比べて使いやすいと実務界でいわれる。その具体的な内容は多岐にわたるが，その大きな利点は，承継の対象となる「契約上の地位や債務」について両者に違いがある点にある。すなわち，事業譲渡の場合は，契約相手方や債権者等の取引先から個別の同意を得られない限り，それらの移転の効果が生じない。これに対し，会社分割であれば，このような個別の同意を得なくても承継の効果が生じる。このように「会社分割」には事業譲渡にみられない利点がある反面，第三者たる取引先の利害に関わる問題も生じる。それを次に詳しく見ておきたい。

2　会社分割における債務の遮断効

　会社分割には以上の利点がみられる反面，会社分割に特有の問題も生じる。つまり，分割当事者の取引先（第三者）からみれば，自らの同意がないまま，取引相手の事業・財務に重大な変動が生じうることとなる。とくに，①分割会社側の取引先（債権者）としては，分割会社に対する債権が分割契約等において承継会社（以下，新設分割でも「承継会社」という）に承継されることになっている場合（このような債権者を「承継債権者」という）には，効力発生日以降，承継債権者は，原則として「分割会社」に対して債務の履行を請求することができない。これとは逆に，②この債権が承継会社に承継されないこととされている場合（このような債権者を「残存債権者」という）には，効力発生日以降，残存債権者は，「承継会社」に承継された事業や資産からの債権回収はできない。このような効果が生じることを実務界では「債務の遮断」といわれる（粟谷翔「会社分割における債

務の遮断効とその限界」法学教室 464 号 80 頁（2019 年））。

3　債権者異議手続の適用対象

　債権者の利益保護と組織再編の効率化との調整を図るため，会社分割について，合併の場合と同じく，「債権者異議手続」の制度を設けている（会社法 789 条 1 項 2 号，799 条 1 項 2 号，810 条 1 項 2 号）。ただし，会社分割について，すべての債権者が債権者異議手続の対象となっているわけではない。この点に留意すべきである。①「承継会社側の債権者」は，そのすべてが債権者異議手続の対象となる（会社法 799 条 1 項 2 号）。しかし，②分割会社側では，「承継債権者」のみが債権者異議手続の対象となる（会社法 789 条 1 項 2 号，810 条 1 項 2 号）。このことは，「残存債権者」は異議の申し立てができないということを意味する。それはなぜか。分割会社は，承継させた価値に相当する対価を得ているとみるからである。ただし，分割時に対価が分割会社の株主に配当される，いわゆる「人的分割」の場合は，分割会社が対価を得ているわけではないので，分割会社の全債権者（残存債権者を含む）に異議申し立てが認められる（会社法 789 条 1 項 2 号括弧書，810 条 1 項 2 号括弧書）。

4　詐害的会社分割の横行と対策

　このように債権者異議手続の適用には制約があり，しかも 2005（平成 17）年会社法改正で，これまで会社分割の要件であった分割後の「債務ノ履行ノ見込アルコト」という要件が削除されたことに注目したい。すなわち，会社分割を利用して優良資産だけを別会社に移し，一部の債権者を残存債権者として分割会社に取り残すことで，その「残存債権者」に異議申述の機会も与えないといった会社分割が横行した。これに対処したのが，2014（平成 26）年会社法改正であり，残存債権者に「直接請求権」を認めた（会社法 759 条 4 項～7 項，764 条 4 項～7 項）。この改正が実現するまでは，「詐害行為取消権」（民法 424 条）による解決をするほかなかったが，本来これは会社分割に適用すべき規定ではない。

5　詐害事業譲渡の解釈論

　事業譲渡に関しても会社分割と同様に，残存債権者に「直接請求権」を認める規定が新たに置かれている（会社法 23 条の 2）。改正が実現するまでは，本条に代わるものとして，詐害行為取消権（民法 424 条）によっていたが，これも会社

分割の場合と同じく，本来適用すべき規定ではない。そこで，会社法改正によって残存債権者に直接請求権が認められた現在でも，民法の「詐害行為取消権の類推適用」が認められるのか否かが問題となる。また，「詐害事業譲渡等の新設規定（会社法23条の2）と商号続用責任（会社法22条）との棲み分け」はどうあるべきか。詐害的な事業譲渡の場面については，新設規定で対処するとして，商号続用の有無で解決する既存の規定は無用となるのか。立法者が両者を並存させたため，会社法22条の解釈論が問題として残された。もとより両者には違いはある。例えば，①新設の詐害規定は「有限責任」であるが，②商号続用規定は「無限責任」であるという重要な差異があり，③商号続用規定では詐害の場面に限定されないという規定上の違いもある。これまで商号続用規定は，商号続用の面よりも詐害性の有無に着目した立法論が展開されてきたが，新設規定ができた関係で，商号続用規定の趣旨を詐害性から切り離して，「商号続用」の場面に特化した規定と解釈し直すべきかどうかも問題となる。

◈ V　事業譲渡契約書の記載事項と留意点

　記載事項としては，①譲渡対象である資産・負債等，②譲渡対価，③対価の支払方法と支払時期，④労働契約の取り扱い，⑤事業譲渡日，⑥承継させる資産・負債の移転時期等，⑦競業避止義務の範囲・期間，⑧株主総会決議日などがある。

　留意点としては，事業譲渡契約書には，一般的に譲受側のリスクを軽減することを目的とした内容が多く含まれるため，譲渡側としては，過剰な責任を負わないという観点から契約書の内容を確認することに留意すべきである。また，従業員の雇用や競業避止義務に関するトラブルを防ぐという観点も重要で，そのような観点を踏まえて，まず，譲渡側にとって特に重要なチェックポイントを指摘しておく。

1　譲渡側のチェックポイント

⑴　表明保証の遵守

　事業譲渡の当事者にとって表明保証の記載内容は強い関心の対象である。表明保証を遵守できなかった場合，譲渡側は損害賠償責任を問われるリスクがあるので，「表明保証」の内容を確実に遵守できるかという点については充分に確認す

る必要がある。表明保証には，譲渡側が把握しきれていない内容が含まれている場合も多く，その場合は譲渡側が過剰な責任を負うことになるため，必要に応じて「知る限り」という文言を入れることが重要である。なお，「知る限り」と似た文言で「知り得る限り」という表現があるが，「知り得る限り」とは当該事実について合理的に調査すれば知ることができた場合は免責されないという意味になり，大きな違いがあるので注意が必要である。

(2) 従業員の雇用の継続確保

　事業譲渡では，譲渡側の従業員の雇用についてトラブルが発生する可能性が高いため，従業員の雇用に関する規定は非常に重要である。雇用の承継には，原則として譲受側の企業と従業員との間の雇用契約の再締結が必要で，「雇用契約の再締結」の規定を必ず定めておくべきである。また，正社員だけではなく嘱託職員や契約社員等を含む場合は，その旨も明記しておく。譲渡後に，給与等の労働条件が悪くなると労使間トラブルに発展する可能性があるので，譲渡側の会社としては，契約時の労働条件を実質的に下回らないことを条件とすることが望ましい。

(3) 競業避止義務の遵守

　事業譲渡では，譲渡側の企業は，原則として会社法21条1項で「競業避止義務」が課されているため，契約書に特約がない限り，一定範囲の地域で譲渡側が譲渡後に同一の事業を行うことは禁じられる。譲渡側の企業が将来的に同一の事業を行う可能性が全くない場合は問題ないが，わずかでも事業再開の可能性がある場合は，競業避止義務の範囲や期間を限定するよう譲受側と交渉し，双方が納得できる範囲に限定する旨，そして譲渡側が競業避止義務を負わない旨の特約を付す旨を合意する必要がある。なお，「競業避止義務」は事業譲渡の結果において生じる効果であって，事業譲渡の要件ではないと解されている。

2　譲受側のチェックポイント

　事業譲渡の譲受側として最も重要な点は，譲渡後に事業の価値を毀損しないことと，余計な債務を引き継がないことである。そのような点を踏まえて，譲受側にとって特に重要なチェックポイントを指摘しておく。

(1) 知的財産権等の承継

　譲渡後に事業の価値を毀損しないためには，事業の継続に必要な知的財産権や取引先との契約を漏れなく承継することが大切である。この点は見落としやすい

ので，譲渡対象の事業において，どのような知的財産権や取引先との契約が帰属していたのかを全て確認した上で，必要なものをすべて譲渡対象として契約書の中に網羅することが重要である。重要な特許権や商標権の引き継ぎが必要な場合は，事業譲渡契約書の他に，特許権譲渡契約や商標権譲渡契約等を締結することも検討する。また，取引先との契約は原則として譲渡後に再締結が必要となるため，譲渡側企業が取引先へ説明して再契約を促す努力義務について規定することが望ましい。

(2) **従業員の雇用の確保**

従業員の雇用の確保は，事業の価値を毀損しないという観点からも，譲受側の会社にとっても重要なポイントである。譲受側の会社が事業の継続に必要な知識や経験を持つ従業員の雇用を確保するために，譲渡側の会社が従業員に対して適切な説明を行う努力義務を規定することが大切である。また，社内で中心となる従業員の雇用を確保できない可能性もありうるので，クロージング後一定期間は，譲渡側の会社に対して，事業を円滑に遂行するための引き継ぎ業務に関する協力を要請する規定を設けることも検討するとよい。

(3) **承継する債務の限定**

事業譲渡は株式譲渡と違って，債務の承継を避けることができるという利点がある。ただし，事業の運営に関する債務に関しては，承継する必要がある場合もあり，その場合は承継する債務を目録等に明記しておく。財務諸表等に記載がない「簿外債務や偶発債務」については一切承継しない旨，明記しておくことも大切である。さらに，譲受側の会社が譲渡側の会社の商号を使用する場合や，譲受側の会社が譲渡側の会社の事業によって生じた「債務を引き受ける旨の広告」をした場合には，譲受側の会社が譲渡側の会社の事業から生じた債務を弁済する責任が生じるので（会社法22条，23条），譲受側の会社が譲渡側の会社の「商号を続用」する場合は特に注意が必要である。

(4) **印紙税にも留意**

事業譲渡契約書は，収入印紙を貼付することにより，印紙税を納める必要があり，印紙税は契約書に記載された譲渡金額によって異なる。また，いうまでもないが印紙税の金額は変更される可能性もあるので，国税庁公式サイトで最新情報を確認する必要がある。

3　留意がとくに必要なケース

(1) 従業員の雇用確保が不安な場合

　事業譲渡では，従業員の雇用の継続に関するトラブルが生じるリスクがある。事業譲渡後の従業員の雇用について少しでも不安に感じた場合は，労働問題に詳しい専門家に相談する必要がある。交渉時には譲受側の会社から，従業員の雇用の継続について快諾を得ていたにもかかわらず，譲渡後には一部の従業員しか雇用契約を締結してもらえなかった等のトラブルも起こりうる。事業譲渡等のM&Aに関する法務に精通した専門家に相談しながら，契約書に必要な内容を盛り込むことにより，事業譲渡後の従業員の雇用を確実に守られる可能性が高まる。

(2) 不利な内容が契約に含まれている場合

　事業譲渡契約書の内容に，自社に不利な内容が含まれている場合も少なからずありうる。たとえば，①表明保証の内容が厳しすぎる，②損害賠償請求の行使期間が長すぎる，あるいは，③損害賠償請求や解除が相手方からのみ可能となっているなどのケースがある。相手方が契約書を用意した場合は特に注意が必要で，契約内容を入念にチェックする必要がある。自社に不利な内容が含まれている場合，将来，損害賠償責任を問われる等のリスクを負う可能性があるため，必ず相手方と交渉して，不利な内容を外してもらう必要がある。当事者間で交渉をすると，契約自体が決裂してしまうリスクもあるため，慎重に進めるべきである。

◇ Ⅵ　分割契約書の記載事項と留意点

　吸収分割については，会社法758条1項において，8項目の記載事項が法定されている。

①分割会社・承継会社の商号と住所

②承継会社が分割会社から承継する資産や債務，雇用契約などの権利義務（具体的には別紙でもよい）

③吸収分割により分割会社の株式又は承継会社の株式を承継会社に承継させるときは，当該株式に関する事項

④承継する権利義務に代えて承継会社が交付する株式，社債，新株予約権付社債，金銭その他の財産に関する事項

⑤承継会社が，分割会社の新株予約権者に，分割会社の新株予約権に代えて承継会社の新株予約権を交付するときは，当該新株予約権に関する事項

⑥上記⑤の場合には，分割会社の新株予約権者に対する承継会社の新株予約権の割当てに関する事項

⑦吸収分割の効力発生日

⑧分割会社が効力発生日において，171条1項の規定による株式の取得もしくは剰余金の配当をする場合には，その旨を分割契約書に記載する。

　これらの記載事項は「絶対的記載事項」で要件であるが，その他に，法的に義務づけられていない「任意的記載事項」がある。これには契約書に記載したほうがよい事項もある。ただし，何を記載しても自由というわけではなく，会社分割の本質に反する事項など，公序良俗に違反する内容の記載は認められない。

　契約に盛り込むことが許される「任意的記載事項」としては，たとえば，①役員の待遇，②従業員の承継，③秘密保持，④競業避止義務などが，その一例といえる。なお，承継会社が分割会社から承継する資産や債務，雇用契約などの権利義務は，契約書の本体に列挙記載する必要はなく，「承継権利義務明細表」を別紙として添付することができる。その項目としては，たとえば，承継する資産・負債，知的財産権など明確に特定できれば記載することができるのはいうまでもない。

　以上，事業譲渡および会社分割それぞれについて留意すべき点を示したが，いずれも具体的な契約ごとに個別に詳細な条項を追加する必要がある。たとえば，顧客情報の取扱いなども重要項目である。したがって，とくに契約書のひな形を利用するような場合は，いうまでもなく個別の契約に適合する契約内容となっているかどうかを充分に確認する必要がある。

　本章で参照した実務書として，①各社の契約書実例が豊富に掲載されている資料としては，東洋信託銀行証券代行部編『会社の営業譲渡・譲受の実務──「営業の重要なる一部」の判断と実務手続──』別冊商事法務43号（商事法務研究会，1979年），②「事業譲渡契約書」および「分割契約書」の書式例と制度の全体像については，今中利昭編集代表『事業譲渡の理論・実務と書式（第2版）』（民事法研究会，2011年），同『会社分割の理論・実務と書式（第6版）』（民事法研究会，2013年），三浦亮太＝河島勇太『事業譲渡・譲受けの法務（第3版）』（中央経済

社，2018 年）など，そして，③事業承継実務の全貌については，後藤孝典監修＝日本中小企業経営支援専門家協会組織再編研究会編著『中小企業の組織再編・事業承継』（中央経済社，2007 年），東京弁護士会弁護士研修センター運営委員会編『研修叢書 48 事業承継』（商事法務，2010 年），事業承継研究会編『事業承継問題の研究』（大阪弁護士会，2012 年），福原哲見監修＝中小企業事業承継・実務研究会編『Q&A 中小企業事業承継のすべて』（民事法研究会，2014 年），日本公認会計士協会編『事業承継支援マニュアル（改訂版）』（日本公認会計士協会出版局，2017 年），岡野訓＝白井一馬＝内藤忠大＝濱田康宏＝村木慎吾＝北詰健太郎『実務目線からみた事業承継の実務』（大蔵財務協会，2018 年）などが参考となる。

◆ Ⅶ　本書における主要な検討項目

第1章　事業譲渡と会社法規制の現在──会社分割と対比して
①事業譲渡人の競業避止義務を免除したら事業譲渡ではないのか。
②譲受人が別の営業を開始したら事業譲渡ではなくなるのか。
③総会決議を必要とする事業の重要な一部の判断基準は何なのか。
④事業譲渡に反対の株主はどのように保護されるか。
⑤総会決議を経ないで事業譲渡が実行された場合，それは無効となるのか。善意の事業譲受人の保護は考慮されないのか。
⑥事業の譲渡担保が認められるとした場合，担保権設定に総会決議が必要か。

第2章　事業の重要な一部の譲渡──会社分割と対比して
①事業の重要な一部に関する法規制は，現行会社法と旧商法と比較してどのように異なるか。
②事業の重要な一部とそれにあたらない重要な財産との違いはどこにあるのか。
③現行会社法で重要性の判断基準を数値化した意義はどこにあるのか。
④事業譲渡と会社分割とで「事業性」の要件について異なる点はあるのか。

第3章　会社分割法制の創設と改正──事業譲渡と対比して
①会社分割制度を創設した意義はどこにあったのか。
②どのような経緯を辿って会社分割と事業譲渡の機能の接近化が実現してきたか。

③両制度は経済的・法的にも接近化したと評価できるか。

④両者の接近化が実務に与える影響はどうか。

第4章　事業譲渡と会社債権者の保護——会社分割と対比して

①A社がY社に事業譲渡あるいは会社分割により事業を移転した場合に，A社の債権者Xは事業承継会社であるY社に対して，自己の債権を行使できるか。

②平成26年会社法改正によって，詐害的な事業譲渡・会社分割の場面で，悪意のY社に対する「有限責任」の追及が認められたが，このような法改正が従来の議論にいかなる影響を及ぼすか。

③譲渡人の「債務者」が，譲渡人の商号を続用した譲受人に対し誤って弁済したらどうなるか。会社法22条4項および商法17条4項が，譲受人にした弁済は，弁済者が「善意かつ無重過失」である場合に限って効力を有すると規定しており，受領資格のない者と知ったうえで，その者に弁済しても効力は生じないのは当然である。

④冒頭の事例で譲渡人Aの債権者Xが，譲受人Yによる「債務引受」のないことを知っている場合でも，商号続用責任規制たる会社法22条1項の規定ぶりでは請求できることになっているが，これは一体どのように説明できるのか。

第5章　事業譲渡と労働契約の承継——会社分割と対比して

①会社法には使用人に関する定めがあるものの労働者保護を目的とするものではないため，事業譲渡の際に労働者保護は視野にないがそれで問題はないか。

②会社分割には労働契約承継法があるが，これは常に労働者保護に資するものといえるのか。特定の労働者を排除する目的で承継法が濫用される心配はないか。

③労働者との関係でも，基本的に事業譲渡と会社分割とを統一的に規整すべきかどうか。

第6章　独占的状態・企業破産と事業譲渡

　事業譲渡をめぐる会社法と会社法以外の適用関係について，2つの問題を検討する。

第1は，「行政法規と民事法規」との適用関係

①企業が自らの努力で結果として寡占状態まで経営圏を拡大してしまった場合，行政法規によって公正取引委員会が事業譲渡命令を発することに問題はないか。

②このような独占禁止法の規定の存在する意味はどこにあるのか。

③事業譲渡命令に従うとして，会社内部の総会決議は不要なのか。

④仮に決議を必要とした場合，株主総会で事業譲渡を否決することは可能か。

次に第2の問題は，「倒産法との関係」

①赤字経営が続き破綻しつつある場合に，どの段階まで総会決議を要件とする事業譲渡がありうるのか。

②倒産法の適用を受けるまで経営が悪化しても，事業再生手段としての事業譲渡は可能なのか。

③事業譲渡が可能であるとした場合の経済的効果はどのようなものか。

第7章　相続と円滑な事業承継——中小企業を中心として

①相続財産が株式の場合は，遺言がなければ相続した株式が（準）共有となるため，会社法106条の「議決権行使者」をどうするか。株式共有者は議決権の不統一行使ができるか。

②会社法174条で定款に「相続人等に対する株式売渡請求」に関する規定を設けてあると，経営者が亡くなったときに，相続人が承継した株式について，会社が売渡請求をして相続株式を買取ってしまうことも可能となるが，これをどう防ぐか。

③円滑な事業承継を実現するにはどうすればよいか。

第8章　事業承継と民事信託の活用

民事信託は，事業承継の要請に対応するため，たとえば，次のように活用できる。高齢になった社長が近い将来に経営を長男に譲りたいが，現時点は自社株が高値になっているため，長男に株式を贈与すると課税上の心配があるとする。

そこで，以下のように工夫して心配を取り除きたい。

①株式の承継は相続時に実行することとするが，それまでに高齢のため議決権の行使ができなくなる心配もある。

②それに備えて，当面は社長の身内の者に経営を任せたうえで，段階的に長男に経営を移す方法を採用したい。

③これを実現する方法として，「民事信託」のスキームと機能を詳細にみていく。

終　章　今後の課題と立法論

①競業避止義務は事業譲渡の成立要件か効果か

②事業の「重要な一部」の具体的判断基準

③「会社の事業全部」の譲受けに限定してよいか

④会社分割に「事業性」は問われないか

⑤分割会社の会社種類の限定は適正か

⑥会社分割に特有の問題

⑦会社法 22 条 1 項の趣旨説明

⑧会社法 22 条に関する立法論

⑨会社法 22 条と 23 条の 2 の関係

⑩労働契約承継法の類推適用の是非

⑪事業譲渡・会社分割と労働者の処遇

⑫詐害的会社分割と労働者保護

⑬会社法 106 条における議決権不統一行使

⑭会社法 176 条と相続株式の売渡請求方法

⑮信託に関わる「指図権」をめぐる法的問題

第1章　事業譲渡と会社法規制の現在
──会社分割と対比して

一　論 点 整 理

　①事業譲渡人の「競業避止義務」を免除したら事業譲渡ではないのか（会社法21条）。②譲受人が別の営業を開始したら事業譲渡ではなくなるのか（営業活動承継の要否）。③総会決議を必要とする「事業の重要な一部」の判断基準は何なのか（会社法467条1項2号の解釈）。そして，事業の重要な一部は取締役会の権限事項である「重要な財産の処分」（会社法362条4項1号）とどこが異なるのか。④事業譲渡に反対の株主はどのように保護されるか（会社法469条）。⑤総会決議を経ないで事業譲渡が実行された場合，それは無効となるのか。善意の事業譲受人の保護は考慮されないのか（信義則による解決の問題点）。さらに，⑥事業の譲渡担保が認められるとした場合，担保権設定に総会決議が必要か（担保権設定の目的の解釈）。

二　結 論 要 旨

　事業譲渡の場合，譲渡側が譲渡後に競業しない義務を負うのが通常であるが，これは事業譲渡の要件なのか。多くの考え方によれば，競業避止義務は譲渡の要件ではなく，「譲渡の効果」と解している。競業避止義務について，会社法21条1項は「当事者の別段の意思表示がない限り」と条件付きに規定している。また，譲受側が同じ事業活動を継承するかどうかは譲渡時点では不明なため，実際の「活動承継も不問」とするのが多数説である。そして，事業の重要な一部と単なる財産との区別は微妙な判断を要する場合があるが，事業活動ができる程度に一体性があれば事業の重要な一部と判断できそうである。なお，事業譲渡に反対する株主には「株式買取請求権」が与えられる。総会決議を欠く事業譲渡は判例（最判昭和61年9月11日判例時報1215号125頁）でも無効と解されているが，譲渡後20年も経過した本事案では「信義則」を根拠に，同判例は譲渡側からの無効主張を認めていない。ただ，信義則は認定が容易でないが，譲受側としては不

安定な立場を甘受するほかないのであろうか。この判例はきわめて重要な根本的な問題を提起しており，しかも，筆者と最高裁調査官との間で抜本的に見解を異にした事案でもあったので，本章の最後四のⅦで改めて検討する。最後に，事業の譲渡担保に関しては，その可否についても議論があり，中小企業庁による提言「令和元年度中小企業契約実態調査等事業における『取引法制研究会』での議論を踏まえた中小企業が使いやすい譲渡担保制度の実現に向けた提案」もみられるところであるが，事業に限りなく近い実質上の「有機的一体として機能する組織的財産」が譲渡担保に供される場合には，事業譲渡と同様に株主保護が問題とされる余地は否定できないため，この点をめぐり見解が分かれている。

　なお，とくに中小企業では相続によっても事業承継が起こるが，実際には相続人が承継しない事案も増加しているため，相続以外の事業承継として事業譲渡を検討する意義も大きい。

　三　問　題　意　識

　株主総会の承認決議を要する「事業譲渡の対象」は，単なる財産では足りず，それを失うことで事業の継続ができなくなるか規模の縮小を余儀なくされるなど，企業に重大な影響を及ぼす事業が対象となる。その意味で総会決議を要する。この結論自体は支持されるにもかかわらず，学説の対立が鳴り止まない。そのような重大な結果を招く事業譲渡の意義を追究して半世紀になる。私見の評価は当初は少数説であったが，有力な見解と位置づけられていた。その後，四半世紀を経て私見に対する理解が深まり，現在では多数説と位置づけられるに至っている。すなわち，「事業譲渡」とは，企業活動にとり不可欠な「有機的一体として組織化された生きた事業財産」であり，譲受人が営業活動を継承するかどうかは問わない。譲渡人が競業避止義務を負う場合が一般的であっても，その義務が免除されても事業譲渡に変わりはない。会社法21条でも，競業避止義務は別段の意思表示によって排除できるように規定されている。学界でも近年の理解では，最高裁も同旨のことを判示しているものと認識しつつある。

　会社法467条以下では，事業譲渡の承認手続を要する場合とその例外について規制し，事業譲渡に反対する少数株主を保護する制度として株式買取請求権について規定している。そして，株式の買取価格が当事者間で整わなかった場合に備えて，価格決定の手続が定められているが，裁判所で適切な価格決定ができるか

どうかが問われる。事業譲渡はM＆Aを実現する手段として実務でもよく活用されているが，事業の意義については必ずしも明確でなく，会社法でもその概念についてまったく規定されていないため，学説上，諸説の対立がみられる。しかも，事業譲渡であるにもかかわらず所定の承認手続を欠くと，事業譲渡の効力が否定されるため，取引の安全が脅かされるという深刻な事態となる。それを避けるためにも事業譲渡の意義を明確にする必要があるが，さらに深刻なことは，重要な一部が明確でないことである。会社法では，新たに数値基準が設けられたものの，定款で別の基準を定めることも認められたため，定款自治との関係で新たな難問も生じている。

　事業の意義が規定されていないため，「事業譲渡と財産譲渡の区別」が容易でない。移転する対象が判例にいう有機的一体として機能する組織的財産であれば，事業とされ原則として譲渡会社で総会特別決議を要し，他方，譲受会社では譲渡会社の全事業を譲り受ける場合に限って特別決議が必要となる。これに対し，単なる財産の譲渡と認定されれば，重要な財産の譲渡の場合であっても，取締役会決議で足りる。事業譲渡は合併や会社分割とも比較される。同じく事業が移転するという点で共通点があるが，合併・会社分割と異なって，事業譲渡は包括承継により権利義務が移転するものではないため，債権者や契約相手方の個別同意がない限り債務も契約関係も移転しない。そこで，たとえば「労働契約関係」の移転はどうなるかといったことも議論となりうる。また，「偶発債務の処理」についても，合併や会社分割と異なり，事業譲渡の場合は承継される対象を明確に規定することで，偶発債務の遮断が可能となり，これが事業譲渡のメリットでもある。対価についても，事業譲渡の場合は，合併や会社分割と異なって，譲受会社が自社株を対価とすることは現物出資規制との関係で稀なこととなる。

　本章の詳細な検討には，坂巻俊雄・龍田節編集代表『逐条解説会社法第6巻』第7章事業の譲渡等〔山下眞弘〕（中央経済社，2020年），山下眞弘「相続法改正が中小企業の事業承継に及ぼす影響」関西法律特許事務所編『民事特別法の諸問題（第6巻）』（2020年），同『営業譲渡・譲受の理論と実際——営業譲渡と会社分割（新版）』（信山社出版，2001年），同『会社事業承継の実務と理論』（法律文化社，2017年）等を参照されたい。

◆ 四　論 旨 展 開

I　事業譲渡の特性——合併・会社分割との比較

　事業譲渡と財産譲渡の区別は容易ではない。移転する対象が判例にいう「有機的一体として機能する組織的財産（経済的価値のある事実関係も含む）」であれば事業とされ，原則として譲渡会社の総会特別決議を要し，他方，譲受会社では譲渡会社の全事業を譲り受ける場合に限って特別決議が必要となる。これに対し，「重要な財産譲渡」と認定されれば，それは総会決議ではなく取締役会決議で足りることとなる（会社法 362 条 4 項 1 号）。事業譲渡は合併や会社分割とも比較され，同じく事業が移転するという点で共通点があるものの，合併・会社分割と異なって，事業譲渡は包括承継により権利義務が移転するものではないため，債権者や契約相手方の個別同意がない限り債務も契約関係も移転しない。

II　事業譲渡の承認手続

　会社の事業（2005（平成 17）年改正前の旧商法では「営業」という。）の譲渡等について株主総会の特別決議が必要とされる規定は，1938（昭和 13）年の改正によって設けられ，1950（昭和 25）年の改正によって，反対株主に株式買取請求権が認められ，事業の全部を譲渡しても会社の目的を変更して新事業を行うこともできるので，全部譲渡を解散原因とする規定を削除した。さらに，事業の一部の譲渡につき「重要な」という文言を追加し，これ以降は会社法の制定まで修正はみられない。なお，会社法では「事業譲渡」の用語が新しく充てられ，個人商人にはこれまで通り「営業譲渡」の用語が充てられている（商法 16 条）。

　なお，商法と会社法とで用語を使い分けた理由は，他の法制度との用語の統一を図るためであるが，個人商人は複数の営業を営むときには複数の商号を用いることができるのに対し，会社は 1 個の商号しかもちえないため，複数の営業を営んでいても 1 個の営業として扱うほかないという差異があるので，会社については個々の営業と区別して事業とした。したがって，用語の変更によって従来の解釈に差異は生じない。

1　事業譲渡の手続

　事業を譲渡するには，譲渡会社で取締役による決定または取締役会の決議の後，事業の全部の譲渡の場合（会社法 467 条 1 項 1 号），または，事業の「重要な

一部」の譲渡の場合（同条項2号）に，その効力発生日の前日までに，簡易事業譲渡の場合を除いて，株主総会の特別決議を経る必要がある。また，事業譲渡の場合には，事業に属する個々の資産につき個別の移転手続と登記が必要となる。なお，会社法以外にも各種の特別立法による特則がある。

　株主総会の特別決議を経ないと事業譲渡は無効となるが，無効主張の制限にふたつの側面がある。ひとつは，譲渡会社側からする無効の主張で，善意の譲受人に対する関係でその主張が制限されるとか，善意の転得者に対する関係で制限されるというものである（相対的無効）。逆に，譲受人側からする無効の主張もあり，これも相対的無効の一類型といえるが，前者と区別して一方的無効とか片面的無効あるいは取消的無効ともいわれる。これらについて生じる問題点は，次のようなものである。相対的無効が問題となる前者について，総会決議があったものと信頼した場合と総会決議の必要な事業譲渡であることを知らなかった場合とがある。いずれも重過失があれば保護されないという点では異論はないが，その具体的な判断基準が必ずしも明確でない。譲受人としては，譲渡会社に対して議事録の確認を求めるなどの方法で確認をして，譲渡会社の説明に信頼をおく状況にでもあれば，譲受人は注意を果たしたと評価せざるをえず，取引の相手方は保護されるべきである。とくに重要な一部譲渡の場合は外部の者にとって明らかでないので，相対的無効の考え方によるべきであるとの主張もある。

　事業譲受人からさらに第三者に事業の譲渡がなされたような場合に，総会決議を欠く譲渡会社はその第三者に対して無効を主張できるか。この場合は，絶対的無効の立場に立っても無効の主張は制約される。動産については，転得者は民法上の即時取得で保護されるので問題はない。不動産の場合は，譲渡会社が譲受人に無効を主張できるのであれば，転得者についても同じく主張できるかにみえる。不動産登記には公信力がないばかりか不動産には善意取得も働かない。しかし，実務上この結論では困るであろう。取引の安全のため，譲渡会社は転得者には無効の主張ができないとの結論を導く必要もある。たとえば，民法94条2項の類推によって，禁反言の法理と同様の機能を果たすことができる。しかし，本条項の類推については議論もあり，不動産は会社にとって重要な財産であり，転得者をどこまで保護するかについては両者の利害調整が問題となる。

　以上とは逆に，譲受人から無効を主張するというのは，予想外のものであった。事業譲渡の後に長期間を経て無効を主張してきたような場合は，後に検討する最高裁昭和61年9月11日判決のように，信義則違反の認定で解決することも

できるが，たとえば事業譲渡から期間が短く半年後あるいは一年後であったらどう判断すべきか。信義則による解決には，このような困難な判断が避けられない。無効を主張するのが問題である事案に対しては，一般条項によらずに無効の主張を認めないとの結論を導き出す必要がある。これが一方的無効の考え方（私見）である。

2　事業全部の譲受け

事業の譲受けについては，譲受会社が他の「会社の事業の全部」を譲り受ける場合に限って，譲受会社で株主総会の特別決議を要する（会社法467条1項3号）。ここでいう会社には，外国会社その他の法人が含まれる。このように「会社の事業譲受け」に限定しているため，いかに大規模な事業譲受けであっても，譲り受ける対象が個人企業の事業であれば，譲受会社での総会決議を要しないこととなり，すでに旧商法の当時から譲受会社の株主保護に欠けるとの問題点が指摘されていた（山下眞弘「株式会社の営業譲渡・譲受規制の再検討」私法42号174頁（1980年））。その後も同様の指摘がなされたにもかかわらず，会社法でも理由不明のまま旧商法の規定が維持されている。なお，事業全部の譲受けであっても，それが小規模であれば総会決議を不要とすべきであるため，対価として交付する財産の帳簿価額の合計額が，譲受会社の総資産額の5分の1以下（これ以下を定款で定めればその割合）である場合には，原則として譲受会社での総会の承認決議は不要（簡易事業譲受け）となる（468条2項）。立法論としては，譲受会社への影響を問題とする制度趣旨を徹底して，会社からの事業の譲受けに限定しない方向を目指すべきである。ただし，譲受けの場合には決議不要とする立法論もある（神田秀樹『会社法（第24版）』382頁（弘文堂，2022年））。

3　事業全部の賃貸・経営委任・損益共通契約等

事業全部の賃貸・経営委任，他人と事業上の損益の全部を共通にする契約などの締結・変更・解約，さらに事後設立についても，株主総会の特別決議が必要であり（会社法467条1項4号・5号），反対株主には株式買取請求権が認められている（会社法468条）。これらは，商法旧245条1項2号および246条から基本的に変更はない。

①　事業全部の賃貸借契約は，民法の賃貸借に類似するものであって，一定期間中，事業の賃借人が自己の名義と計算で事業の使用・収益を行い，賃貸人にその賃料を支払う契約である（民法601条参照）。これによって，賃貸会社は賃料を受け取るだけの存在となり，とくに経営困難のため事業を賃貸する場合は，賃借

会社の支配下に入ったような関係が生じる。事業全部の賃貸の場合についてのみ（賃貸会社に側において）株主総会の特別決議が必要とされるのは，事業の全体を他人に委ねることが事業目的の変更にも類する重大な行為であるため，対価や方法の適正を確保する必要があるからである。契約内容について会社法には特に定めがないので，具体的には当事者間の合意のほか，民法の賃貸借に関する規定を類推することになろう。そして，ここでの事業の意義は，一般的には事業譲渡における事業と同様に解することができる。なお，事業の賃貸借が認定された事例としては，東京高判平成 13 年 10 月 1 日判例時報 1772 号 139 頁がある。

　② 事業全部の経営委任契約によって，その経営は委託会社の名義で行われるが，委託会社の経営はその取締役の手から放れて，受任者の指図の下におかれる。これには二つのタイプがあり，「狭義の経営委任契約」は，経営自体は委託会社の名義で行うが受任者の計算と裁量で経営され，受任者から委託会社に報酬が支払われる。もうひとつの「経営管理契約」は，実質的には労務供給契約であり，委託会社の名義と計算で経営され業務執行権が受任者に移転された形態である。いずれのタイプも経営が委託会社の名義で行われるため，たとえ名目にせよ経営権は委託会社側にあり，受任者は委託会社から代理権の授与を受けて経営にあたり委託会社の経営陣が経営の監視義務を負う。この点でこれは事業の賃貸借と異なり，委託会社には受任者をコントロールする権限が残されているため，この権限が大幅に縮減されている場合に限って本条の規制が及ぶといえよう。

　③ 他人と事業上の損益全部を共通にする契約（損益共通契約・利益共同契約）は，複数の企業がそれぞれの法的独立性を維持しながら損益を共同で計算するもので，内部関係は民法上の組合である。各企業は独自経営と独立した損益計算をするのをとりやめ，企業集団の一員として約定の割合に基づき損益の分配を受ける。これによって，投資の重複を避けつつ規模の利益を実現できる。この解約は，組合の解散または組合からの脱退である。

　④ その他これらに準ずる契約であるが，これには会社法 467 条 1 項 4 号に列挙された上述の諸契約に同等の契約すべてが含まれ，たとえば，共同販売会社に販売の割当てや集中を行う販売カルテルがこれに該当すると解される。事業全部を参加させることが前提となるので，全製品が対象となる場合に限定されるのはいうまでもない。また，単に契約の締結だけにとどまらず，その変更・解約についても規制される。

4　事業の譲渡担保と総会決議の要否
(1)　事業の譲渡担保に関する中小企業庁の立法提言

　事業の譲渡担保が認められるか否かについては，現行法のもとでは議論がある。そこで近年，中小企業庁が，事業の担保化（事業を構成する財産を包括的に担保化すること）も可能とするとの提言をしている。ここでの事業は個別財産の集合体と区別しているようであるが，個別財産の集合体と事業の区別は必ずしも明確ではない。業種によっては，たとえば駐車場経営では土地という不動産が事業を成立させうるため，土地と事業の区別は不明確となる。現行法でも土地の譲渡担保は可能であり，このような業種については，土地の譲渡担保が事業の譲渡担保と同一視される余地がある。以下，中小企業庁の提言をみていく。

令和元年度中小企業契約実態調査等事業における「取引法制研究会」での議論を踏まえた中小企業が使いやすい譲渡担保制度の実現に向けた提案（内田貴座長，中小企業庁）抜粋

　今日では，不動産以外の財産を担保とする方法として，民法に定めがない制度である譲渡担保を用い，事業を構成する財産である在庫や売掛債権等を担保目的物とする融資が広く行われている。しかし，譲渡担保については次のような課題や問題点がある。

　第1に，譲渡担保に関する法的ルールはもっぱら判例で形成されたものであって法律に明文の規定がなく，法的安定性・確実性に欠ける。担保物権は，とりわけその実行に関しては詳細な手続ルールを必要とするが，それを判例による法形成に頼ることには無理がある。このため，実行手続に関するルールが不明確となってしまい，この担保権のより広範な利用を阻害する一因となっている。

　第2に，対抗要件としての占有改定（動産の場合）や第三者対抗要件具備のために，個々の第三債務者に対して確定日付のある通知を要する民法の不備を補うために，「動産及び債権の譲渡の対抗要件に関する民法の特例等に関する法律」（以下「動産・債権譲渡特例法」という。）が制定されているが，債権譲渡に関しては，登記手続が煩雑であるうえ，登記に要する費用も実用的ではない。また動産譲渡に関しては，登記で表示された場所から担保目的物を移動するだけで担保の対抗力が失われるという問題が指摘され，また，先行する隠れた占有改定に劣後するという不安定さがある。さらに，動産・債権譲渡特例法は，譲渡一般の対抗要件の特例という位置づけのため，担保権に特化した配慮がされていない。

　第3に，目的物となることが多い在庫品や売掛債権は，事業を構成する財産であるが，企業や事業の財産は，有機的な一体物として機能することから，包括的に一体として把握する方が，より大きな担保価値を有する。それにもかかわらず，現状では，個別財産（中身が変動しうる流動資産の場合も含む。）を担保の目的物とするため，事業のゴーイング・コンサーンとしての価値を把握できず，資金調達需要に十分応えられない原因になっている。

　第4に，在庫品や売掛債権等に対する担保権が実行に至ると，［在庫→売掛債権→預金］というキャッシュ・フローを生み出す一連のサイクルが停止し，たとえ，事業としていまだ価値が存する場合であっても，事業継続の途が断たれる。その上，個別財産ごとに複数の担保権者が登場する場合には，各担保権者が被担保債権の回収を図るべく，それぞれの担保権を実行しようとするため，事業継続のための合意形成が困難となり，再建の途が断たれる可能性がある。

　以上のような問題点を踏まえると，譲渡担保権についての明文の規律を設けてルールの整備及び透明性の確保を図ると同時に，公示制度については，占有改定という隠れた対抗要件による弊害を除去して譲渡担保の「見える化」を図るとともに，手続上の煩雑さ及びコストの削減を実現しうる新たな制度を設けることが求められる。また，事業価値を一体として担保化するための制度を用意して担保権設定者の資金調達需要を満たすと同時に，実行手続においても，事業の継続を図り，事業譲渡を含めた換価方法を選択できる担保権が求められる。

　以上のような制度的対応によって，中小企業の資金調達手段を多様化し，有望な事業を持つ中小企業が，将来のキャッシュ・フローを引当てにして融資を受けることを可能にすると同時に，貸し手にとってもルールが明確でコストが低く使いやすい担保制度を提供することが可能となる。本提案は，これを実現するための新たな担保制度についての検討の結果である。なお，以下では，融資を受ける者が自らの有する財産を譲渡担保の目的物とする典型的な場合を想定し，担保権設定者＝債務者という前提で記述する。

提　言
1.　担保権の目的物について
　① 個別財産を対象とする譲渡担保権を明文化する。
　② 個別財産には，動産，債権のほか，預金口座，契約上の地位，知的財産権，のれん等も含められるものとする。

③　集合物の「所在場所」による特定を緩和し，「全ての」という包括的な特定を認める。

④　事業の担保化（事業を構成する財産を包括的に担保化すること）も可能とする。そのための選択肢として次のいずれかを採用する。

A案　①の譲渡担保権の目的物として事業を構成する財産全てを包含できるようにし，その場合，事業継続型実行（4②）を選択できるものとする。

B案　個別財産を対象とする譲渡担保権とは別に，事業そのものを担保の対象とする「事業担保権」を創設する（5参照）。

2.　**担保権の公示について**

①　財産の種類で区別しない横断的・包括的な新たな公示制度（登録制度）を創設する。

②　譲渡担保権・事業担保権に関する公示制度の機能は，第三者に担保権が設定されている旨の警告を与えることにあるとの理解に立ち，目的物の特定のための要件を緩和するとともに，包括的な特定（「在庫品全て」「設備，備品全て」等）を認める。

③　第三者との優先関係は「公示」の先後で決するが，動産譲渡担保権の登録は，先行する占有改定に優先するものとする。

④　動産・債権譲渡特例法は担保権を公示する制度へと抜本的に改正し，新たな公示制度（登録制度）に一本化する。

3.　**担保権の効力について**

①　事業を担保化した場合（1④）には，担保権の効力は倒産手続開始後に生ずる財産にも及ぶこととする。ただし，事業継続に必要な仕入先の売掛債権や労働債権等，一定の債権につき，従前の取引条件を継続することなど所定の条件の下で，優先権を認める。

②　設定者は，設定契約で禁止されていない限り，通常の事業の範囲内で担保目的物を有効に処分する権限を有する。通常の事業の範囲を超える場合には，第三者は即時取得によって保護されうるが，公示を確認しなければ過失が推定されるものとする。

4.　**担保権の実行について**

①　帰属清算型及び処分清算型の実行について，判例をもとにした明文の規定を設ける。

②　事業を担保化した場合には，私的実行として「事業継続型実行」を選択

できることとする。事業継続型実行においては，担保権者が選任する「管
理者」が事業を継続し，事業を売却することで被担保債権を回収すること
ができるほか，売却までの間，事業から得られる収益から被担保債権を回
収できるものとする。

③ 管理者の法的地位としては，担保の目的財産の帰属を担保権設定者に残
したままで管理処分権を担保権者に移し，管理者がこれを行使すると同時
に担保権設定者から業務委託を受ける「業務委託型」と，目的財産の帰属
を担保権実行を担う法主体に移転し，この法主体が管理者となる「帰属移
転型」の2つの選択肢を認める。

5. 「事業担保権」について（1④B案を採用する場合）
   ① "事業"を対象とする担保権を創設する。（前記1①の担保権と併存する）
   ②「事業担保権」についての新たな公示制度を創設し，特定の事業への担保
   権設定を公示する。
   ③ 実行は，事業継続型実行を原則とするが，裁判所の許可を得て，事業を
   構成する個別財産を対象とする帰属清算型実行又は処分清算型実行を選択
   することも認める。

6. 新たな担保制度の利用に向けた留意事項
   事業の担保化を認める場合の懸念点として，過剰担保や乗っ取りの手段と
   して用いられうることが指摘される。この懸念に対しては，手続開始時に裁
   判所による開始決定を経るといった制度上の措置を講ずるほか，新たな融資
   先からの借換えを容易にすることによって対応できるものと考えられる。な
   お，制度がより適切に利用されるよう，中小企業者が融資を受けやすく，ま
   た，金融機関にとって融資をしやすい環境を整備することや，制度の悪用を
   防止するためのガイドラインを整備すること等が検討されるべきである。

以上

　上記の「中小企業庁の提言」によれば，事業に限りなく近い「個別財産の集合
体」は「事業」と区別されてはいるが，ここでいうところの「事業」は最大判昭
和40年9月22日民集19巻6号1600頁に対する古い解釈を前提にしているよう
に推測される。つまり，①有機的一体として機能する組織化された財産の譲渡に
加えて，②譲受会社に営業的活動を承継させ，③譲渡会社が競業避止義務を負う
ものというのが最高裁の立場であると理解したうえで，この提言は立論されてい

るのではないか。そうだとすれば，個別財産の集合体と事業は異なることになる。しかし，個別財産の集合体によって事業活動が継承できれば，それは事業と実質的に異ならないということもできる。

(2) 事業の譲渡担保と総会決議の要否

　事業の譲渡担保が立法化された場合はもとより，現行法上でも事業に限りなく近い組織化された有機的一体の財産が譲渡担保に供される場合も想定すれば，このような譲渡と譲渡担保について検討する意義は少なくない。この課題は，すでに古くから議論されており，筆者も結論としては，基本的には総会決議を要しない方向性を示してきた（山下眞弘『会社営業譲渡の法理』32頁（信山社出版，1997年））。譲渡担保は資金調達の手段であり，譲渡担保に供するのは事業継続を目的としており，経営上の判断に委ねるべきであるというのがその理由であった。しかし，それが事実関係まで含まれる場合は，事業が移転される危険性が高まることから，実質的に事業譲渡と認められる余地が生じるため，決議を不要としてよいと断定することには躊躇もあった（山下・前掲『会社営業譲渡の法理』194頁）。ただし，現行法上，事実関係まで譲渡担保の対象にできるかは，中小企業庁の立法提言との関係で，改めて検討すべき課題となる。

Ⅲ　事業の重要な一部譲渡の判断基準

1　事業譲渡の意義

　事業は，積極財産と消極財産（債務）から構成される。積極財産は，①土地・建物・機械・商品・原材料・現金などの不動産・動産，②地上権・抵当権などの物権，③売掛金などの債権，④特許権などの知的財産のほか，⑤暖簾（のれん）・老舗（しにせ）など財産的価値のある事実関係をも含む。この事実関係の有無が，事業の存否を判断する上で重要な要素となり，事実関係が存在することで，事業は各個の財産の総和よりも高い価値を有することとなる。株主総会の承認を要する譲渡対象となる事業は，「一定の事業目的のため，組織化され有機的一体として機能する財産」であり，社会的活力を有するものである。

　判例は，株主総会の特別決議を要する2005（平成17）年改正前商法旧245条1項1号（会社法467条）の場合と，別の立法目的をもった商法旧24条（商法15条）以下とで，事業譲渡の意義は同じであるとした上で，①有機的一体として機能する組織的財産の譲渡によって，②譲渡会社が営んでいた「営業的活動」を譲受会社に受け継がせ，③譲渡会社がその譲渡の限度に応じ法律上当然に商法旧

25 条（商法 16 条）に定める競業避止義務を負う結果を伴うものとしている（前掲・最大判昭和 40 年 9 月 22 日）。かつての多数説は，この最高裁判例と基本的に同じ立場であり，しかも判例の立場について，それが現実に②営業的活動の承継と③競業避止義務の負担を伴うことを要件としていると理解するのが多数であった。

　なお，事業譲渡の成立要件に関して敷衍すると，近年，判例の立場は現実に上記の②および③を要件とするものではないと理解する学説が有力で，そのように筆者も考えてきた。株主総会の承認決議の要否は，事業譲渡の時点で判断することになり，後日の譲受会社の行動をみてから判断されるものではないはずで，現実に②③を問題とするのではなく，客観的にみて②③を伴うと判断できるような状況で，①の有機的一体としての組織的財産が譲渡されれば足りるということになる。これをさらに敷衍すれば，次のように説明することができる。

　会社法制定前からの議論であるが，当時の多数説は，株主総会の特別決議を要する商法旧 245 条 1 項 1 号（会社法 467 条）の場合と別の立法目的をもった商法旧 24 条（商法 15 条）以下とで，事業譲渡の意義は同じであるとした上で，繰り返しになるが，①有機的一体として機能する組織的財産の譲渡によって，②譲渡会社が営んでいた営業的活動を譲受会社に受け継がせ，③譲渡会社がその譲渡の限度に応じ法律上当然に商法旧 25 条（商法 16 条）に定める競業避止義務を負う結果を伴うものとしていた。しかし，会社法 21 条以下および商法 16 条以下における事業（あるいは営業）譲渡の規制は，譲渡人と譲受人の利害調整および譲渡当事者と債権者・債務者の調整が目的であり，この場合には，上記の②および③の要件があてはまる。しかし，譲渡会社の株主保護を目的とする会社法 467 条は，それとは趣旨が異なる。そこで，株主総会の特別決議を要する事業譲渡は，競業避止義務や営業的活動の承継は要件としないとする見解が多数となってきた。さらには，事業譲渡を取引行為とは解さず，「企業結合」の見地から，営業活動の承継は要件とするものの競業避止義務は問題とならないとする見解もみられた（宮島司『企業結合法の論理』238 頁（弘文堂，1989 年））。事業を譲り受ければ事業活動を受継ぐのが通常であるから，基本的にはこのような考え方が正しい方向を示すとも評価できるが，営業活動承継の有無は総会決議の後になって明らかとなるものであり，総会承認決議の時点で「営業活動の承継」を常に要件とすべきかは議論の別れるところである。

　「競業避止義務」を負うのは事業譲渡があるとされる場合の法律効果であっ

て，事業譲渡が成立するための法律要件事実ではないとの指摘も古くからあり
（安倍正三「特別決議を要する営業の譲渡に当たらないとされた事例の紹介と若干の考
察」大隅健一郎先生古稀記念『企業法の研究』131 頁（有斐閣，1977 年）），このよう
な立場は近年に引き継がれている（藤田友敬「営業譲渡の意義」商法判例百選 33 頁
（2019 年），最も詳しくは，田中亘「競業避止義務は事業の譲渡の要件か」東京大学法
科大学院ローレビュー 5 巻 286 頁（2010 年））。事業譲渡の成立に競業避止義務の負
担は不要とする考え方は，筆者も長年にわたり主張してきたところである。現に
実務界では，事業譲渡契約書において，競業避止義務を排除した例やその期間を
短縮した例が少なからずみられる。なお，競業避止義務が特約で排除されても，
会社法 21 条以下（商 16 条以下）の事業譲渡が否定されるわけでもないと解され
る。

　なお，多数説は有機的一体として機能する組織的財産を重視するが，その存否
の判断が容易でないため，単一の基準では不十分であるとして複数の基準による
べきとする重要な指摘も注目される（龍田節「営業譲渡と株主総会決議(1)」京都大
学法学論叢 104 巻 6 号 2 頁（1979 年））。この複数基準の立て方を工夫することよっ
て，有機的基準の曖昧さが解消できるかどうかは今後に残された課題といえよ
う。もともと「有機的・組織的」という基準から思い浮かぶイメージは，論者に
よってさまざまであるため，判断が分かれる要因が内在している。

2　事業の重要な一部とは

　事業の「一部」には二つの意義があり，一種類の事業のうちの一部という意味
と複数の事業のうちのひとつという意味の両方を含んでいる。例えば，自動車の
製造・販売を全国展開する会社が，一地区の販売事業を譲渡する場合が前者で，
製造・販売業のいずれか一方を譲渡するのは後者の例となる。事業の一部は，単
なる財産と異なって事業でなければならず，いかに重要な工場の重要な機械とい
えども，それが単なる財産と区別がつかない限り事業の一部と認定するのは困難
である。古くには，これも事業であるとする主張もなされたが，現在ではみられ
ない。このように，単なる財産の集合体にすぎないものは，いくら規模が大きく
てもそれは事業とは認められないが，大規模になれば有機的一体として機能する
組織的財産に接近してくるため，事業の一部と事業用財産との区別は困難となる
のも事実である。

　重要な一部の基準を検討する際に，全部譲渡と重要な一部譲渡とで事業譲渡に
株主総会の承認を要する根拠に異なる面があるとの理由で，両者の根拠を区別し

て考える見解がある。すなわち，全部譲渡は，重要な一部譲渡が株主に与える影響に加え，会社解散に向かう前段階の行為であるということも意味しているとし，このことから重要な一部はあまり厳格に解さない方向を示唆される（神作裕之「株式会社の営業譲渡等に係る規律の構造と展望」落合誠一先生還暦記念『商事法への提言』137頁，141頁（商事法務，2004年））。これに対して，全部譲渡に実質的に近い場合に限定して考えるべきであるとの指摘もある（田村諄之輔『会社の基礎的変更の法理』24頁（有斐閣，1993年））。重要な一部の判断基準は，具体的にどの程度のものと考えるべきかについては，全部に対する量的な割合だけで判断するのか，質的な重要性で決めるのか。これについては，「量と質」の両面から判断して，会社存続の基礎にかかわるかそれに近いものが問題とされるべきであろう。これを厳格に解して，重要な一部という文言は削除すべきことを示唆した立法論もある（伊藤靖史「会社の結合・分割手法と株主総会決議（2完）」民商法雑誌123巻6号876頁（2001年））。それによれば，文言上は明確になるが，他方で具体的な事例によっては全部譲渡の意義を弾力的に解釈する必要も生じよう。判例をみるかぎり，その限界事例として参考となる判断基準は示されていない。重要な一部と認定されたのは，いずれも大半部分の譲渡事例ばかりである。例えば，全事業の9割の譲渡事例（東京地判昭和33年6月10日下民集9巻6号1038頁），2つの工場の内，全売上高の8割を占める一工場の譲渡事例（東京高判昭和53年5月24日判例タイムズ368号248頁），製造販売会社の3つの工場の内の1工場の譲渡事例（最判昭和61年9月11日判例時報1215号125頁）などがある。これらによれば，3割程度の基準が一応は窺われるが，単なる割合だけで判断するのでもなさそうである。個別具体的に，売上高，収益性，将来性など質と量の両面による総合判断していくほかない。なお，会社法制定前の旧商法時代における議論では，重要な一部の判断基準については1割をベースに検討していたようである（東洋信託銀行証券代行部編『会社の営業譲渡・譲受の実務──「営業の重要なる一部譲渡」の判断と実務手続』別冊商事法務43号68頁〔河本発言〕（商事法務研究会，1979年））。

　会社法の規定で一定割合の基準が明示されたが（会社法467条1項2号），それは重要な一部であっても2割基準に満たなければ総会決議を要しないというに留まり，重要性の基準は解釈に委ねられたままである。ただ，割合基準としては2割以上であれば，重要な一部か否か判断の対象となる。もっとも，会社が定款でさらに小規模なものにまで総会決議を要すると定めうるため（同条1項2号括弧書），取引の相手方としては，譲渡会社の定款を確認しないと無効とされる危険

がある。なお，近年のアメリカ会社法では，日本法の「重要な一部」はかつての「実質的全資産」という文言に相当したが，現在は「重要な継続中の組織体（営業活動）」という概念を用いた上で質と量で判断し，その目安としての判断基準を数値化している。

　なお，事業の重要な一部と対比して，商法旧 260 条 2 項 1 号（会社法 362 条 4 項 1 号）における取締役会決議を要する重要財産の割合基準が問題とされるが，会社総資産額の約 1.6 ％に相当する価格の株式も重要な財産にあたりうるとした先例があり，ここでの重要性の判断基準はかなり緩やかに解されている（最判平成 6 年 1 月 20 日民集 48 巻 1 号 1 頁，判例時報 1489 号 155 頁）。山下眞弘「本件解説」法学教室 166 号 130 頁（1994 年）。判例によれば，両者間には比較にならないほどの量的な格差があるが，それにとどまらず質的にも根本的に異なり，単なる重要財産には通常は事実関係が含まれていない。

3　事業の重要な一部と定款自治

　会社法 467 条 1 項 2 号の括弧書によれば，2 割基準を超えない簡易事業譲渡の場合には，譲渡対象が質的に重要であることをもって総会決議を要求されることはない。他方で，簡易事業譲渡の要件が充足されない場合（2 割基準を超える場合）であっても，譲渡対象が質的に重要でないこと理由に総会決議を不要とすることはありうる。ところで，同条 1 項 2 号の二重括弧書内では，この 2 割という基準を定款で引き下げることも認められるが，どこまで下げることが許されるのであろうか。大幅に下げれば総会決議を要求する意味がなくなる。定款自治といえども自ずと限度がある。「定款自治の範囲」については，旧商法に存在しなかった規定が置かれた。それは会社法 29 条であるが，この規定の解釈として，「定款に別段の定めがある場合は，この限りでない」等の文言がない場合は，一切修正を認めない趣旨（相対的記載事項の限定列挙）か否かについては，定款自治の範囲は明確に示されていることを理由に明文の規定がない限り修正を認めないとの見解に対し，定款自治を広く解する反対の立場もあり，これには議論がある（詳しくは，本書第 2 章参照）。

4　親会社による子会社株式等の譲渡

⑴　法規制の追加理由

　2014（平成 26）年改正前は，株式会社がその子会社の株式または持分を譲渡しようとする場合，それは事業譲渡ではないから株主総会の承認決議は不要であった。しかし，子会社の株式等を譲渡した結果，子会社の議決権総数の過半数を有

しないこととなれば，子会社の株式等を保有することで実現できた当該子会社の事業に対する直接的支配を失う場合もある。これは，親会社が子会社の事業を譲渡したのと実質的に異ならない。そこで，子会社の株式等の譲渡について，事業譲渡と同じ規制をすることによって親会社の株主を保護した（会社法467条1項2号の2）。

⑵ 2014（平成26）年追加規制の内容

2014年の改正で追加された会社法467条1項2号の2では，株式会社は，その子会社の株式等の全部又は一部を譲渡する場合であって，以下①②のいずれにも該当するときに限って，譲渡の効力発生日（会社法128条1項，社債，株式等の振替に関する法律140条参照）の前日までに，株主総会の特別決議（会社法309条2項11号）による当該株式等の譲渡に係る契約の承認を要することとした。その該当事項は，①当該譲渡によって譲り渡す株式等の帳簿価額が当該株式会社の総資産額として法務省令（会社法施行規則134条1項）で定める方法により算定される額の5分の1を超えるとき，②効力発生日において，当該株式会社が，当該子会社の議決権の総数の過半数の議決権を有しないときである。

②について，当該株式会社が親子会社でなくなるときとしなかったのは，支配基準を含む親会社の定義（会社法2条4号）によるよりも客観的・形式的な数値基準が相当と判断した結果である。なお，②の文言からすれば，親会社が支配権を失う原因が株式譲渡だけに限られず，株式譲渡と同時に子会社が新株発行を行ったため支配権を失う場合も含まれ，また，子会社株式等を別の完全子会社に譲渡し孫会社とする場合も含まれると解される。

Ⅳ 事業譲渡の実務問題

1 事業の現物出資

事業は，検査役の調査を原則的に要する現物出資の目的物となるが，事業譲渡に関する規定は類推適用されるか。商法旧26条（会社法22条）の適用に関するものであるが，最判昭和47年3月2日民集26巻2号183頁はこれを肯定し，事業譲渡と事業の現物出資とは法律的性質は異なるものの，その目的である事業の意味は同一に解され，法律行為による事業の移転である点においては同じであるとした。

2 会社財産の譲渡担保

法定担保権に関するものについては，会社全財産の競売に総会決議を要するか

が争われた先例があり（東京高決昭和 47 年 3 月 15 日下民集 23 巻 1 号～4 号 118 頁），決議は不要とされた。抵当権設定であれ譲渡担保の場合であれ，いずれも資金調達の手段であるという点では共通していることから，会社財産の譲渡担保も事業を継続するための手段といえる。ただし，財産といえども会社全財産に占める割合が大きくなれば，重要性を帯びてくるため，ケースによっては実質上事業に近づく。たとえば，駐車場経営であれば土地が事業の中核的な地位を占める。

3　親子会社間での事業譲渡

完全親子会社は経済的にも実質的にも一体とみることができるため，その間での事業譲渡に総会決議は不要であるとする見解も少なくない。しかし，親会社が完全支配の子会社へ事業を譲渡する場合に決議を不要とすると，子会社に譲渡された事業の取扱いは親会社の代表取締役の支配下に入り，そのため親会社の株主が子会社への事業譲渡がなかったならば有していたはずの権利が，その株主の意思を問うこともなく喪失させられるという不当な結果となる。そこで，合併との均衡を図る上でも決議を要求すべきとの見解もある。

逆に，親会社が完全支配の子会社から事業全部を譲り受ける場合についても，議論がある。子会社が別個に存在する場合と子会社が親会社の事業の一部門となる場合とでは，親会社の株主の利害に重大な違いがあり，完全支配の子会社といえども法的には別人格であり，子会社の事業の欠損について親会社に累を及ぼさないということもできるが，会社の事業全部を譲り受けるとそうはならず，親会社株主にとって重大というわけである。

4　債務超過・休業中・清算中と事業譲渡

(1)　債務超過の場合

純資産がマイナスである債務超過の場合は，総会決議は不要であるとする見解がある。この場合は，株式買取請求権（会社法 469 条）を行使させる意味がないことをその理由とする。これに対して，たとえ株式買取請求権の行使が無意味であっても，基本的に最終判断は株主に委ねるべきであるとする見解もあり，実務上，疑わしい場合は株主総会の承認決議を経ておくのが安全といえる。

(2)　休業中の場合

休業中であっても，客観的にみて営業再開の可能性が残されている限り企業は生きており，直ちに株主保護の必要性がなくなったとはいえない。その判断基準が問題となり，たとえ長期の休業であっても，業種によっては社会的ニーズが回

復して客観的に営業再開が可能となる場合もあるし，著しい債務超過が原因で金融機関の協力も得難いということであれば，長期休業でなくても廃業状態へと向かうこととなりそうである。

(3) 清算中の場合

清算中の事業譲渡の場合に，解散決議があっても直ちに有機的財産が単なる個別財産に変質するわけではなく，解散決議後といえども事業譲渡はありうる。その場合に解散前と同じく総会決議を要するかについては，決議必要説が多数のようである。ともかく有機的財産性がある限り，その処分についての最終判断は株主に委ねるべきである。

5　公取委の事業譲渡命令と総会決議

独占的状態となったときに，公正取引委員会は事業の一部譲渡命令（独占禁止法8条の4第1項）を発することができるが，譲渡命令の対象が譲渡会社にとって事業の重要な一部にあたる場合に，株主総会の特別決議を要するか。決議を不要とする特別な規定がないことを根拠に株主の利益を強調する決議必要説と，公共の利益を保護する目的をもつ行政処分は企業の意思を問わないとする決議不要説の対立がある。いずれの見解もそれを徹底すれば暗礁に乗り上げるだけで，公取委が命令を発する段階で，会社と十分な協議を行うのが現実的な解決となりそうである。

V　総会の承認を要しない場合

1　略式事業譲渡──特別支配会社

特別支配会社Aによって支配されているB会社の側で株主総会の特別決議が省略できるのが，略式事業譲渡である。特別支配会社とは，A株式会社が単独で，あるいはA会社及び特定完全子法人（A会社が発行済株式の全部を有している株式会社又は全部の持分を有している持分会社等）が，B株式会社の総株主の議決権の9割以上（これを上回る割合をA株式会社の定款で定めた場合は，その割合以上）を有している場合におけるA会社をいう（会社法468条1項，会社法施行規則136条）。いうまでもなく特別支配を受けているB会社は，譲渡会社である場合に限らず譲受会社の立場であっても，相手方たるA会社が特別支配会社であれば，B会社での株主総会決議が省略できることに変わりはない。なお，株主総会決議が省略されても，反対株主には株式買取請求権が認められる（会社法469条2項2号）。

　そこで，株主総会決議が省略できる理由であるが，特別支配を受けている会社において株主総会決議が省略できるのは，特別支配会社による議案の可決が避けられないからである。その理由からすれば，特別支配関係の9割基準は過大ともいえるが，9割基準を設けたのは，議決権行使の機会を重視して株主総会決議の省略できる範囲を極力狭くしようと配慮した結果ともいえる。

2　簡易事業譲受け――小規模譲受けの特例

　事業の全部の譲受けに関して，譲受けの対価の総額が譲受会社の純資産額の2割以下の小規模の場合には，譲受会社の株主総会決議が省略できる（会社法468条2項）。これを簡易事業譲受けという。すなわち，A会社の事業全部をB会社が譲り受ける場合に，A会社の事業全部の対価として交付する財産の帳簿価額の合計額のB会社の純資産額に対する割合が2割以下（純資産額が500万円未満の場合にあっては100万円以下）の場合であれば，B会社での株主総会決議を省略できる（会社法施行規則137条）。このような小規模な譲受けの場合は，譲受会社にとって影響も小さく，株主総会を開催するまでもないからである。

Ⅵ　反対株主の株式買取請求制度

1　株式買取制度の新しい機能

　会社法469条は，事業譲渡に反対する少数株主を保護する制度として株式買取請求権について規定している。そして，株式の買取価格について当事者間で協議が調わなかった場合に備え，価格決定の手続が定められている（会社法470条）。古くから株式買取請求権が認められているのは，これによって役員の暴走を阻止する機能が期待できるからである。多数の反対株主が存在するというだけでなく，反対株主の買取請求に応じることで多額の資金流出を役員に覚悟させることになり役員暴走の歯止めとなる。

　株式買取請求権制度の沿革を振り返ると，会社法制定前の商法旧245条ノ2第1項では，事業譲渡前の状態に戻すことを株主に保障するため，買取価格が「決議ナカリセバ其ノ有スベカリシ公正ナル価格」となっていたが，会社法では「公正な価格」で買い取ることを請求できるとされた（会社法469条1項）。これは，救済されるべき株主の利害状況が多様なため，柔軟に対応することに配慮したものである。その結果，事業譲渡によって生じる企業価値の増加分を買取価格に反映させて，買取請求権行使を通して企業価値の増加分の公正な分配に与る権利を株主に保障することができる。

2 新旧2種類の価格算定基準

　会社法によって「公正な価格」基準が設けられたことで，旧商法の「決議ナカリセバ」基準はどうなるかについて，学説の多くは，この旧商法の基準も必要であるとしている。事業譲渡によって企業価値が毀損される場合には，譲渡条件をどのように定めてもいずれかの株主に不利益が生じるため，「決議ナカリセバ」基準で救済を要するというのがその理由である。その結果，2種類の基準が併存することとなる。

Ⅶ　最判昭和61年9月11日判例時報1215号125頁の検討

〈本件事案〉

　X会社（原告・被控訴人・被上告人）は，3つの工場を有する株式会社であったところ，そのうちの1つの工場に属する一切の営業（会社法では「事業」）をY会社（被告・控訴人・上告人）の設立前発起人代表Aに譲渡した。Xは上記譲渡につき株主総会の特別決議を経ていなかったが，それは法の不知によるもので，同手続は容易に実現しうる状況にあった。

　Yは，その後代表取締役をAとする株式会社として設立され上記営業を承継したが，その原始定款には平成17年改正前商法旧168条1項6号（会社法28条2号）所定の事項の記載がなかった。しかし，それはAの法の不知によるものであって，反対者が存在したなど特別の障害があったわけではない。Yは，その営業を継続し，上記営業譲渡についてXに対し苦情をのべたこともなかった。上記譲渡代金はその一部が支払われ，XとY間で残代金額の確認，支払の猶予などの合意がなされたが，その後の事業が思わしくなく，Yは営業活動を事実上停止するに至った。

　XはYに対し，残代金の支払を求める訴えを提起したところ，Yは，本件第1審において初めて平成17年改正前商法旧168条1項6号違反による無効を主張し，さらに，本件第2審において，初めてXが営業譲渡契約をするにあたり総会特別決議を経ていないことを理由とする平成17年改正前商法旧245条1項1号（会社法467条1項2号・309条2項11号）違反の無効を主張した。なお，これまで，XおよびYともその株主・債権者等の会社の利害関係人から上記営業譲渡契約の無効が問題とされたことはなかった。第1審（新潟地長岡支判昭和53年10月3日金融・商事判例758号20頁）・第2審（東京高判昭和56年7月29日判例時報1012号76頁）ともYの同主張を信義則違反としたため，Yは上告した。

〈**判　旨**〉上告棄却。

(i)「本件営業譲渡契約は，商法168条1項6号〔会社28条2号〕の定める財産引受に当たり」，「Yの原始定款に同号所定の事項が記載されているのでなければ，無効であり，しかも，同条項が無効と定めるのは，広く株主・債権者等の会社の利害関係人の保護を目的とするものであるから，……何人との関係においても常に無効であって，設立後のYが追認したとしても，あるいはYが譲渡代金債務の一部を履行し，譲り受けた目的物について使用若しくは消費，収益，処分又は権利の行使などしたとしても，これによって有効となりうるものではない」。「Yは，特段の事情のない限り，右の無効をいつでも主張することができる」。

(ii)「本件営業譲渡契約が譲渡の目的としたものは，……商法245条1項1号〔会社467条1項2号〕にいう営業の『重要ナル一部』に当たる」が，「本件営業譲渡契約については事前又は事後においても……株主総会による承認の手続をしていないというのであるから，これによっても，本件営業譲渡契約は無効である」。そして，この場合，「譲渡会社，譲渡会社の株主・債権者等の会社の利害関係人のほか，譲受会社もまた右の無効を主張することができる」。「けだし，譲渡会社ないしその利害関係人のみが右の無効を主張することができ，譲受会社がこれを主張することができないとすると，譲受会社は，譲渡会社ないしその利害関係人が無効を主張するまで営業譲渡を有効なものと扱うことを余儀なくされるなど著しく不安定な立場におかれることになるからである。したがって，譲受会社であるYは，特段の事情のない限り，本件営業譲渡契約について右の無効をいつでも主張することができる」。

(iii)「Xは本件営業譲渡契約に基づく債務をすべて履行ずみであり，他方Yは右の履行について苦情を申し出たことがなく，また，Yは，本件営業譲渡契約が有効であることを前提に，Xに対し本件営業譲渡契約に基づく自己の債務を承認し，その履行として譲渡代金の一部を弁済し，かつ，譲り受けた製品・原材料等を販売又は消費し，しかも，Yは，原始定款に所定事項の記載がないことを理由とする無効事由については契約後約9年，株主総会の承認手続を経由していないことを理由とする無効事由については契約後約20年を経て，初めて主張するに至ったものであり，両会社の株主・債権者等の会社の利害関係人が右の理由に基づき本件営業譲渡契約が無効であるなどとして問題にしたことは全くなかった，というのであるから，Yが本件営業譲渡契約について商法168条1項6号又は245条1項1号の規定違反を理由にその無効を主張することは，法が本来予定し

たY又はXの株主・債権者等の利害関係人の利益を保護するという意図に基づいたものとは認められず，右違反に藉口して，専ら，既に遅滞に陥った本件営業譲渡契約に基づく自己の残債務の履行を拒むためのものであると認められ，信義則に反し許されないものといわなければならない。したがって，Yが本件営業譲渡契約について商法の右各規定の違反を理由として無効を主張することは，これを許さない特段の事情がある」。

〈解決の視点〉

1　本判決は，定款に記載のない財産引受および株主総会決議のない事業譲渡（平成17年改正前旧商法での営業譲渡に同じ。以下，会社法に基づいて検討する）のいずれについても，伝統的な絶対的無効の立場をとりながら，信義則違反を理由に無効の主張が許されない「特段の事情」を認めた最初の最高裁判例である（その解説として，伊藤雄司・会社法判例百選〔第4版〕14頁（2021年））。絶対的無効が譲渡会社の株主保護に合致するが，善意の譲受人保護に欠けるため，譲受人を保護する解決が求められた（鈴木竹雄『商法研究II』56頁（有斐閣，1971年））。そのような中で，譲渡会社で総会決議のなかったことを理由に，「譲受人側から無効を主張」するといった予想外の本件事例が現れた。

事業の譲受人たるYは，自己への事業譲渡を有効なものと認識しそれを期待していたであろう。Yが事業譲渡の効力を争い出したのは，その経営が行き詰まってからであり，契約関係を白紙に戻す手段として無効を主張しているものと認められる。そうだとすれば，Yの無効主張には，何ら正当性がないということになる。本件事案をこのように把握すると，Yの無効主張を認めなかった本判決の結論自体に異論はなく，本件の各評釈をみても，その点では一致している。本件の論点は，この結論を導く理論構成にある。

2　本判決は，次の3点につき判示している。(i)定款に記載のない財産引受の効力（会社28条2号違反）について，本判決は，最判昭和28年12月3日民集7巻12号1299頁の立場を踏襲し，定款に記載のない財産引受は会社成立後に株主総会の特別決議でこれを追認しても有効にはならないとした。追認の許否については，近時これを認める立場も少なくない（川又良也・会社判例百選〔第5版〕19頁（1992年））。実質的にみてもYとAとは一体であり，本件は追認を肯定すべき事案ということができよう。

本判決の判旨(ii)は，譲渡会社であるXにおいて株主総会決議がなかったことによる事業譲渡契約の無効は，譲受人たるYもこれを主張することができるとし

た。本判決が，譲渡会社ないしその利害関係人のみが主張できるという意味での無効の概念を採用しないのは，そのような無効によると，相手方たる譲受会社は，譲渡会社から無効の主張をされるまでその事業譲渡を有効なものとして取り扱うほかなく，譲受会社が著しく不安定な立場におかれることを問題とするからである。

　最後の判旨(iii)は，最高裁としては最初の判断で，無効を原則的に絶対的なものとした上で，本件については譲受人Ｙが無効を主張することのできない「特段の事情」があるとした。その判断基準について，本判決は，無効の主張時期があまりにも遅すぎたこと，あるいは両会社の利害関係人が無効を主張していないことなどの事情を考慮して，Ｙによる無効の主張は，法が本来予定した意図によるものではなく，もっぱら自己の債務履行を拒むためのものであるから信義則に反し許されないとした。

　3　本判決のように，これを信義則で解決することも可能であろうが，無効の主張を制限する立場も増加の傾向にある。ひとつは，当事者の一方のみが主張することのできる無効という考え方をとって，譲受人の不安定さを解消するため，総会決議に事後承認を認め，相手方の催告権および取消権（民法114条・115条）を類推する立場である（この立場については，上柳克郎「商法における『当事者の一方のみが主張できる無効』」服部榮三先生古稀記念『商法学における論争と省察』133頁（1990年）参照）。他の考え方として，単に無効主張を制限することで解決する立場がある（落合誠一・昭和61年度重要判例解説98頁（1987年），中島史雄・法律のひろば40巻8号76頁（1997年），山下眞弘・会社法判例百選〔第2版〕16頁（2011年））。この立場に対しては，譲受人が不安定になるとの批判があるが，そのような不利益を受ける譲受人を悪意・重過失のある者に限定する解決も可能である。著しく不安定な立場になることを知って譲り受けた者には，むしろ無効の主張は認めるべきではない。この見解は，譲渡会社は悪意・重過失のある譲受人に対してのみ無効の主張が許されるとする立場（鈴木竹雄＝竹内昭夫『会社法（第3版）』249頁（有斐閣，1994年），神崎克郎『商法Ⅱ（第3版）』459頁（青林書院，1991年））をもとにしている。これによれば，善意かつ重過失なき譲受人は，不安定な立場に立たされることは基本的にないが，立証責任の問題はある。

　本件では，Ｙは約20年も経て無効を主張してきたのであるから，信義則違反の認定が容易であったが，これが短期間の場合であったらどう判断されたであろうか。譲受人の無効主張に問題があるとすれば，その主張を認めない理論構成を

考えるべきである。

　4　無効の主張を制限する一方的な無効の法理（私見）に対して，検討に値する見解ではあると評価しながらも，本件事案は会社の存立にかかわる財産的基盤に関するもので，「公益性の高い無効の制度」であり，錯誤のように考えることはできないとの指摘（塚原朋一・ジュリスト 877 号 67 頁（1987 年））がある。しかし，なぜ錯誤のように考えることができないのか理解に苦しむ。民法学説においては，錯誤や意思無能力による無効のように，特定の者を保護するための無効はその者からのみ主張が認められるとされており（川井健『無効の研究』145 頁（一粒社，1979 年）），錯誤事例に関する最高裁判例でも同様である（最判昭和 40 年 9 月 10 日民集 19 巻 6 号 1512 頁）。そして，会社法 356 条 1 項 2 号，同 365 条 1 項（平成 17 年改正前商法旧 265 条）の取締役会の承認がない会社・取締役間の取引に関する事例においても，このことは承認されている（最判昭和 48 年 12 月 11 日民集 27 巻 11 号 1529 頁）。

　5　その他，本件に関連して，「譲渡会社からの無効主張」が信義則違反として許されなかった事案もあり，注目される。それは東京地判平成 23 年 2 月 28 日 LLI／DB 判例秘書登載である。この事案は，原告が被告に対し，会社法 467 条 1 項 2 号に定める事業の重要な一部を譲渡したが，原告において総会決議を経ていなかったため，譲渡人である原告側から無効を主張したところ，裁判所は，無効であると認定した上で，原告代表者は特別決議に必要な株式を保有する株主であり，総会決議を得ることは容易であったのに，後日，本件契約の無効を主張する意図の下に，あえて上記承認の手続をとらず，本件訴えで株主総会の承認の欠缺を主張することは，譲受人たる被告との間において，信義則に反し許されないとして，請求を棄却した。

第2章　事業の重要な一部の譲渡
——会社分割と対比して

◆ 一　論 点 整 理

　①事業の重要な一部に関する法規制は，現行会社法と旧商法と比較してどのように異なるか。②事業の重要な一部とそれにあたらない重要な財産との違いはどこにあるのか。③現行会社法467条1項2号で重要性の判断基準を数値化した意義はどこにあるのか。実質的な判断は不要なのか。④事業譲渡と対比して，「事業に関して有する権利義務」を対象とする会社分割では「事業性」の要件は不要となるのか。

◆ 二　結 論 要 旨

　事業の重要な一部にあたらない「重要な財産」の譲渡は，取締役会設置会社では取締役会の決議だけで可能であり，事業と財産の区別が重要となる。総会決議を要するのに取締役会だけで事業の重要な一部を譲渡すれば無効とされる危険がある。その意味でも事業の重要な一部の判断は実務でも重要である。その判断が微妙な限界事例の場合は，念のため総会決議を経ておくのが実務処理としては無難といえよう。なお，ここでの事業の意義に関して，会社法で「事業に関して有する権利義務」が対象とされた会社分割についても，事業譲渡と同様の「事業性」が要件とされるかべきかどうかが議論となり，これについても検討する。

◆ 三　問 題 意 識

　事業譲渡に関する筆者の研究の出発点は半世紀前に遡るが，四半世紀あまり前に筆者は，「営業および会社全財産の譲渡に関する比較法的考察」というテーマで，アメリカ会社法を中心にドイツ法・イギリス法との比較法的な検討を著書で発表したことがある（山下眞弘『会社営業譲渡の法理』55頁（信山社出版，1997年），日本法における立法・判例・学説の沿革については，同94頁以下）。アメリカ会

社法を中心としてきたのは，アメリカ法が，株主総会決議を要する事業譲渡（当時は営業譲渡）を規制する日本商法旧 245 条に比較的類似の規定を有し，わが国がその影響を少なからず受けてきたことによる。その後の情報によれば，米国模範事業会社法（Model Business Corporation Act）が大幅に改正されたが（山下眞弘「米国会社法における資産譲渡と総会決議——再改正される模範会社法からの示唆——」立命館法学 2000 年 1 号（269 号）1 頁以下），実質的な内容に変更はなさそうで，それ以降も該当する規定は現在まで改正がないようである。ABA の website によれば 2016 年 MBCA 改正が最新改正のようであり，資産譲渡に関する Section 12.01 及び 12.02(a)については内容に変更がない（https://www.americanbar.org/groups/business_law/committees/corplaws/）。

　なお，ドイツ株式法 361 条も削除され，その後に施行されたドイツ組織変更法（Umwandlungsgesetz-UmwG）により，削除された 361 条の内容は株式法 179 条aに継承されたが，これについても新旧両規定は実質上同一内容である。その後，株式法 179 条aの修正はなさそうである。

　以下，アメリカ法の要点をまとめておこう。

　① 資産譲渡に関する法規制は，模範会社法および各州会社法ともにほぼ統一化されてきたといえる。ここでの「資産」の譲渡は，単なる個別財産の譲渡ではなく，営業と密接に解されている。したがって，譲渡の結果，実際に営業が継続できなくなるような場合（業務の通常の過程外）を問題としている。

　② 資産の「全部」あるいは「実質的全部」という文言は，質と量の両面から解釈され，全部の場合についてのみ規定されていても，実質的全部と同様に解釈されてきた。いずれにせよ，実質的全部の意味は，かなり厳格に解されている。これは，全資産を問題としてきたアメリカ法の沿革からも首肯できる。以上の基本的枠組みを前提として，改正された模範会社法では，実質的全部の文言を用いないで「重要な継続中の組織体（営業活動）」という概念を用い，かつ判断基準の明確化を考慮して，その基準を数値化した。ただし，この数値は絶対的基準ではなく，ひとつの目安と考えられている。

　③ 業務の通常の過程の内外で区別され，後者，過程外の資産譲渡につき株主総会の決議を要する。経営破綻が著しい状況にある資産譲渡は，株主の意思を問うまでもなく，過程内の譲渡とされる。

　④ 資産の譲渡は，その目的が多様であり，解散のためのみならず，場所的移転や規模拡大など営業継続目的で行われる場合もあり，その目的別に弾力的解釈

がなされている。

⑤　アメリカ法では，完全親子会社の関係にあれば，子会社への全資産の譲渡であっても，親会社での総会決議を不要としている。ただし，子会社からさらに第三者へ資産が譲渡されるときには，親会社の株主の承認が必要となる。

以下，日本法への示唆をまとめておこう。

①　アメリカ法では，譲渡の対象を「事業」といわずに「資産」の用語を用いているが，これは単なる個別財産の譲渡ではなく，譲渡の結果，営業の継続の可能性が問題とされる。このような基本的立場は，わが国においても近時支持を集めており，譲渡の対象として事業をとらえるのではなく，譲渡の対象を組織的財産として，結果を営業に結びつける考え方である。私見もこの立場に立っている。

②　アメリカ法では，これまでの伝統的な「実質的全資産」の延長線上に「重要な継続中の組織体（営業活動）」という文言を用いるが，これはドイツ株式法の「全資産」の譲渡と基本的には，ほとんど違いがないようである。アメリカでも，全資産の譲渡が出発点であり，重要な資産の意義はある程度厳格である。ドイツでも，文字どおりの全部に限定するのではなく，ある程度の幅がある。わが国でも，重要な一部の基準をめぐり，譲渡対象の割合を原則2割と数値化したうえで実質判断を加えた経緯があり，割合基準はひとつの指針とはなりえても，重要性の基準を数値だけで割り切ることには問題がある。

③　経営破綻の著しい譲渡会社については，アメリカ法で明らかなように，総会決議を不要とする場合がありうると考えられる。どの程度に経営破綻が著しい場合が問題とされるかは，必ずしも明らかでないが，再建の余地が客観的にみてほぼ皆無といえる程度にまで破綻していることが求められるべきである。

④　譲渡目的も問題とすべきである。場所的移転を目的とする場合，資金調達のため譲渡担保に供する場合など，営業の継続発展を目指した譲渡や担保権設定のごときは，基本的に総会決議を要しない。アメリカ法でも，その方向にある。

本章では，これまでの比較法的考察も参考に，実務上で問題となる「事業の重要な一部の判断基準」を具体的に明らかにし，あわせて譲渡会社のどのような経営状態における資産譲渡が問題となるかを明らかにしたい。本章の詳しい検討には，山下眞弘『営業譲渡・譲受の理論と実際（新版）』（信山社出版，2001年），同「事業の重要な一部譲渡と株主総会の特別決議」浜田道代・岩原紳作編『会社法の争点』ジュリスト増刊（有斐閣，2009年），同「会社法における事業の重要な

一部譲渡——会社分割との対比の中で——」『現代企業法学の理論と動態』奥島孝
康先生古稀記念論文集第 1 巻〈上篇〉（成文堂，2011 年）等を参照されたい。な
お，河本一郎 = 田代有嗣ほかによる豊富な実例を基にした実務の検討としては，
東洋信託銀行証券代行部編『会社の営業譲渡・譲受の実務——「営業の重要なる一
部」の判断と実務手続——』（別冊商事法務 43 号（商事法務研究会，1979 年））が参
考となる。

❖ 四　論 旨 展 開

I　事業の重要な一部をめぐる新旧会社法規制の比較

　本章では，会社法 467 条 1 項 2 号における「事業の重要な一部」の意義につい
て，2005（平成 17）年改正前の商法旧 245 条 1 項 1 号と比較しながら検討する。
とりわけ，会社法 467 条 1 項 2 号括弧書「当該譲渡により譲り渡す資産の帳簿価
額が当該株式会社の総資産額として法務省令で定める方法により算定される額の
5 分の 1 を超えないものを除く」の意味，および同括弧書内の括弧書「これを下
回る割合を定款で定めた場合にあっては，その割合」の意味するところを明らか
にしたい。このような規定ぶりによって，重要な一部の量的基準が明確になった
と評価することもできるが，必ずしもそのようにいえない。しかも，質的基準に
ついては解釈に任されたままであり，さらに，定款自治との関係でこれまで議論
してこなかった解釈問題も生じてきた。
　一部の事業譲渡でも重大としていた 1938（昭和 13）年改正商法では，「営業の
全部または一部」の譲渡に株主総会の特別決議が必要とされていた。ところが，
1950（昭和 25）年の商法改正で，一部の譲渡に「重要な」という文言が追加され
た。総会決議を要する場面を一部から重要な一部に緩和したのは，同年の改正で
取締役会制度が導入されたためで，重要でない事業譲渡については取締役会の判
断に期待したことによる。それが取締役会に期待できなければ，株主総会の判断
対象を広げる必要が生じ，重要な一部を緩やかに認定する方向での解釈が妥当と
いうことになる。会社の実態を直視して，いずれが真の株主保護になるかが問わ
れる。
　なお，会社法では「事業譲渡」の用語が使用され，個人商人には 2005（平成
17）年改正後の商法でもこれまで通り「営業譲渡」の用語が充てられ区別されて

いる（商法16条）。用語を変更したのは，個人商人は複数の営業を営むときには複数の商号を用いることができるのに対し，会社は一個の商号しかもちえないため複数の営業を営んでいても一個の営業として扱うほかないという差異があるので，会社については個々の営業と区別して事業としたと立案担当者から説明されており，実質上内容に変更はない。そこで以下では，会社法制定の前後を区別することなく原則として事業の用語を用いることとする。

　ところで，会社分割についても，会社法制定までは分割の対象は事業とされていたが（商法旧373条以下），これが会社法で大きく変更され，「その事業に関して有する権利義務」と改められた（会社法2条29号・30号，757条以下）。そこで，この文言の変更がどのように影響するかが議論となる。

Ⅱ　事業譲渡の意義

1　組織的財産と事実関係

　譲渡に株主総会の承認を要する事業は，個別財産の単なる集合体ではなく，一定の事業目的のため組織化され有機的一体として機能する財産であり，社会的活力を有するものである。その中核をなすものは，財産的価値ある「事実関係」（伝統，得意先関係，仕入先関係，営業上の秘訣，経営の組織，地理的条件など）であって，これによって，事業はそれを構成する各個の財産の総和よりも高い価値を有することとなる。

　ここで問題となる事業譲渡は，会社の事業の全部または重要な一部を譲渡することであり，その結果，譲渡会社がこれまでの事業活動を維持できなくなるとか，事業規模の大幅な縮小を招くなど株主の利益にとって重大な影響があるため，「株主保護」の要請が生じる。事業の「重要な一部」の譲渡についても，単なる事業用財産ではない事業の全部譲渡の場合と同じく，「有機的一体性のある組織的財産」であること（事業性）を要すると解すべきである。経済効果の点で共通する会社分割についても，このことは基本的にあてはまるはずであるが，会社分割については事業性を要するか否かに議論がある。なお，単なる財産の譲渡処分の場合は，それが重要であっても業務執行機関の守備範囲に属することは明らかである（会社法362条4項1号）。

2　最高裁判決の評価

　株主総会の特別決議を要する事業譲渡については，旧商法に関する事件であるが，判例は，株主総会の特別決議を要する商法旧245条1項1号（会社法467条）

の場合と，別の立法目的をもった商法旧 24 条（商法 15 条）以下とで，事業譲渡の意義は同じであるとした上で，①有機的一体として機能する組織的財産の譲渡によって，②譲渡会社が営んでいた営業的活動を譲受会社に受け継がせ，③譲渡会社がその譲渡の限度に応じ法律上当然に商法旧 25 条（商法 16 条）に定める競業避止義務を負う結果を伴うものとしている（最大判昭和 40 年 9 月 22 日民集 19 巻 6 号 1600 頁）。かつての多数説は，この最高裁判例と基本的に同じ立場であり，しかも判例が現実に，②の営業的活動の承継と③の競業避止義務の負担を要件としているものと理解するのが，学説の多数であったようにみえる。

　これに対して近年では，判例の趣旨を再評価し，判例は現実に②および③を要件とするものではないと理解する学説も有力になりつつある。株主総会の承認決議の要否は，事業を譲渡する時点で判断することを要し，事業譲渡後の譲受会社の行動をみてから判断されるものではないはずで，そうであれば現実に②③を問題とするのではなく，客観的にみて②③を伴うと判断できるような状況で，①の組織的財産が譲渡されれば足りる。判例はそのことを意味していると理解することもできる。なお，多数説は「有機的一体として機能する組織的財産」を重視するが，暖簾，得意先，ノウハウなどの「事実関係」を重視すれば，通常は営業的活動の承継がなされ，上記の最高裁判例と基本的に同じようになるはずである。多数説のいう組織的財産の意義は必ずしも明確でないため，その存否の判断は容易ではない。そこで，単一の基準では不十分であるとして，複数の基準によるべきとの主張も有力になされていた。

Ⅲ　会社分割と事業性

1　制度創設時における会社分割の対象

　会社分割制度が創設された当初，分割の対象は，原案として 1999（平成 11）年に公表の「中間試案」で示された分割する会社の「権利義務の全部または一部」ではなく，最終的には「事業の全部または一部」とされた。中間試案で「権利義務」としたのは，会社分割の制度を柔軟で使い勝手のよいものにするため，その対象を広く認めることを意図したことによるが，以下のような理由で当初の商法改正では事業とされた。すなわち，①会社分割は企業再編のための組織法上の行為であるので，それにふさわしいものが分割の対象とされるべきであるということ，②権利義務の一部の分割は，現物出資の潜脱になるという意見があったため，事業という表現に改められたこと，さらに，③事業という概念は商法上も

規定があり判例でもその意義がかなり明確になっており，分割の対象を事業とすることにより事業単位で権利義務が移転する結果，事業の解体を避けることもでき労働者の雇用の場を確保することもできること等の理由が示されていた。このような経緯を踏まえて，創設当時の議論でも，会社分割制度を広く利用させるため，会社分割の対象としての事業は，事業譲渡における事業の概念よりも広義のものと解すべきであるとの指摘がみられた。しかし，「事業」の意義が明確といえるかについてはこれまでも議論があった。

　会社分割の対象となっている事業は，前掲昭和40年9月22日の最高裁判決の事業と同じ内容のものと解する立場もあった。これは，有機的一体として機能する営業の構成要素である「暖簾」の承継を前提とした規定がおかれていたこと（商法旧285条ノ7），人的要素である「労働契約」の承継も前提とされていることによる。会社分割の対象を事業譲渡における事業と同じに解しても，事業の意義についてさまざまな議論があり，その概念をめぐる争いが会社分割にも持ち込まれるとする指摘もあった。事業譲渡における事業概念と会社分割の対象を同一に解するとしても，会社分割における事業の意義は，最高裁判決の事業の意義よりも広く解釈すべきであるといえそうであるが，これには議論もある。有機的一体として機能する組織的な財産が対象とされるべきであって，その他の要件は問うべきでないといえそうである。このように「事業の意義を広く解することで，無効な会社分割の生じる範囲が狭まり法的安定性を増す」ことができる。会社法制定前の旧商法当時，このような議論が展開されていた。そして，会社法成立後に，事業譲渡について改めて前掲の最高裁判例をめぐる議論の再評価をした結果，判例の立場によっても，事業譲渡の成立のためには，譲受人による営業活動承継と譲渡人の競業避止義務負担の両要件は具体的に問われないことが確認できた。ただし，すべての要件を必要とすると解する考え方も，今となっては少数ながらも存在する。

2　会社法における会社分割の対象

　会社法では，制度創設当時の中間試案の姿に戻って「事業に関して有する権利義務の全部または一部」とされた。会社分割の対象となる「権利義務」（会社法2条29号・30号）の意義については，財産に着目した会社法の規定ぶりから，単なる権利義務の承継で足りるとの立案担当者の見解がある。それによれば，有機的一体性も事業的活動の承継も要件でないとされる（相澤哲＝葉玉匡美＝郡谷大輔『論点解説 新・会社法 千問の道標』668頁（商事法務，2006年））。したがって，事業

に関して会社が保有している個別の権利・義務が会社分割の対象とされることになる。改正要綱の中間試案では「権利義務」の承継とされていたのが，「事業」の承継という定義に改められ，その後，会社法で権利義務の承継という当初の定義の表現に戻されたという経緯がある。このことからすれば，会社法では事業性を要しない趣旨であるといえなくもない。立案担当者は，事業性を不要としており，このように解することができれば，たとえば事業性を維持するために承継する権利義務の取捨選択の範囲に悩まされることもなくなり，実務的なメリットが大きいとの指摘もある。

　しかし，事業性を不要とする姿勢が極端に徹底されると，たとえ機械1台の譲渡でも会社分割が成立しそうであるが，このような解釈は行き過ぎである。立案担当者が事業性を不要としているとはいえ，そのような場合まで会社分割が成立するとは考えないはずである。会社分割の機能が会社法の制定後に大きく変更されたわけでもない。基本的には商法旧規定と同じく，会社法467条の事業譲渡の規制対象と同様に「事業性」を有する財産と解すべきである。ただし，事業性を不要とする見解も根強く存在しており，実務上は，事業性がなくても会社分割が成立する余地のあることを意識しておくべきであるが，いずれにせよ，実際には大きな差異は生じないであろう。

　会社法で会社分割の対象が「事業に関して有する権利義務」（会社法2条29・30号）と用語の上で変更されたが，この変更については改正の過程で特に議論された形跡がなさそうで，事業性の有無については議論が残されたままとなっている。かりに事業性が不要と解されるのであれば，その点でも事業譲渡との相違が明らかとなり，立法担当者は事業性に拘束されないものと説明している。これによれば，事業性を伴うことに起因する従来の議論は解消する。事業概念に縛られないと解しても，事業に全く関係しない権利義務を会社分割で移転できるかは，否定的に解されることとなる。さらには，立法担当者の見解によって，事業概念を外すことの当否の問題も新たに生じる。会社分割と事業譲渡の経済的効果には類似点があり，両者とも原則的に株主総会の特別決議を要し，反対株主には株式買取請求権が認められる点でも共通している。したがって，基本的には両者は統一的に理解されるべきである。

3　会社分割と競業避止義務

　会社分割制度の導入時には，分割会社にも商法旧25条（会社法21条，商法16条）が類推適用され「競業避止義務」を負うとする解釈が有力であったが，この

ような解釈に対しては，その妥当性に実務家から強い批判がなされた。その批判
とは，①事業譲渡と会社分割は法概念として明確に異なり，法定競業避止義務が
実務上合理性のないものであり，経済的効果の似た制度であることをもって，会
社分割に競業避止義務の規定を類推適用するのは問題である。営業の自由は憲法
に由来し，明文規定もなく必要性も認められない競業避止義務の拡大解釈は避け
るべきである。②会社法に必要であれば競業避止義務規定を置くことができたの
に明文化しなかったことからすれば，立法者の意思も競業避止義務の規定を類推
適用しないものと考えるべきである。③会社法2条29号および30号では，会社
分割の対象が，「事業に関して有する権利義務」とされており，競業避止義務を
定める同法21条が「事業を譲渡した会社は」としていることとも，類推適用に
は慎重であるべき根拠となる。このような批判理由を挙げている。このような実
務家の指摘は傾聴に値する。結論としては，会社分割の制度を広く利用させるた
めにも，また事業譲渡の成立要件に競業避止義務が問われるべきでないことから
も，会社分割に競業避止義務を課すことは避けるべきであろう。

　なお，事業譲渡と会社分割の相違点は，以下のとおりである。①事業譲渡の対
象は事業性を要するが，会社分割では用語上それを要しないこと，②事業譲渡の
相手方には限定がないが，会社分割は会社が相手となること，③事業譲渡は無効
の主張方法に制約がないが，会社分割は無効の訴えによる必要があること，④譲
渡会社の債務引受けについて，事業譲渡では債権者の同意を要するが，会社分割
には債権者異議手続制度があるため同意が不要であること，そして，⑤会社分割
には労働契約承継法が適用されること（ただし，2016年9月に事業譲渡にも同旨の
指針が新設された）などである。

Ⅳ　事業の重要な一部の基準

1　会社法制定前の議論

⑴　重要な一部を緩やかに考える立場

　事業の一部といえども「事業性」を有することが要求され，単なる財産では足
らない。事業の「一部」は，一種類の事業のうちの一部という意味と複数の事業
のうちのひとつという意味の両方を含んでいるが，いずれにしても単なる財産と
異なって事業でなければならない。いかに重要な工場の重要な機械であっても，
それが単なる財産と区別がつかない限り事業の一部とはいいがたい。

　このことを前提にして，全部譲渡と重要な一部譲渡とでは，事業譲渡に株主総

会の承認を要する根拠に異なった面があるとの理由で，両者の根拠を区別して考える見解がある。すなわち，全部譲渡は，重要な一部譲渡が株主に与える影響に加え，会社解散に向かう前段階の行為であるということも意味しているので，重要な一部は，あまり厳格に解すべきでないとするわけである（神作裕之「株式会社の営業譲渡等に係る規律の構造と展望」落合誠一先生還暦記念『商事法への提言』137頁（商事法務，2004年））。そして，この論者は，事業の重要な一部譲渡に総会決議を要する根拠について，2点指摘している。ひとつは，事業譲渡の対価および方法が適正かどうかにつき，株主が合理的な判断を下すための情報を提供するためであり，他のひとつは，事業の要素である「のれん」の評価が，事業譲渡の相手方やその方法により大きく左右される可能性が高く，事業譲渡は個性の強い取引である場合も少なくないので，その評価も含め株主の判断を仰ぐために総会決議を要すると説明される。

　重要な一部を緩やかに考えると緩和の限界が問題となり，具体的にこれを明らかにしなければならない。また，これら指摘された諸点は，いずれも決定的な根拠とはいえない。そうすると，重要な財産には総会決議が不要であるが，事業に関しては一部の譲渡にも総会決議を要することについて，その根拠は別に求めるほかなさそうである。事業は無形の事実関係が中核となっているため，単なる財産と異なり，事業を譲渡することで会社経営を維持できなくなる。この点が，経営事項に属する単なる財産の譲渡と異なり，ここに株主保護の要請が生じるということができるのではないか。

(2) 全部に近づけて考える立場

　全部譲渡に実質的に近い場合に限定して考えるのが筋であるとの指摘がある（田村諄之輔『会社の基礎的変更の法理』24頁（有斐閣，1993年））。さらに厳格に解して，重要な一部という文言は削除すべきであるとの立法論もあったが（伊藤靖史「会社の結合・分割手法と株主総会決議（2完）」民商法雑誌123巻6号876頁（2001年）），これは極論であろう。全部に限定すれば文言上は明確になるが，実質上全部に等しい事例を想定すれば，全部譲渡の意義を弾力的に解釈する必要も生じる。そうであれば，緩やかに考える立場と同様に曖昧という問題が生じることになる。

　なお，重要な一部譲渡の判断基準について，旧商法の下では全部譲渡に準じるものとする解釈がありえたが，会社法467条1項2号では，全部に準じる解釈論は採りえなくなった。事業の重要な一部の譲渡のうち，譲渡資産が譲渡会社の総

資産の2割を超えないものについては，総会決議を要しないとされるからである。これは，2割基準を超えない重要な一部があることを意味する。しかも，同条では定款で2割基準の引き下げも認めている。このような量的基準をクリアーした後は，総会決議の要否は質的判断による。

(3) 判例にみる具体的な判断基準

重要な一部の判断基準は，具体的にどの程度のものと考えるべきか。全部に対する量的割合だけで判断するのか，実質的な重要性で決めるのか。いずれか一方では不十分で，量と質の両面から総合判断すべきである。判例をみるかぎり，限界事例として参考となる判断基準は示されていない。重要な一部と認定されたのは，いずれも事業の大きな部分の譲渡事例ばかりである。例えば，全事業の9割の譲渡事例（東京地判昭和33年6月10日下民集9巻6号1038頁），2つの工場の内，全売上高の8割を占める1工場の譲渡事例（東京高判昭和53年5月24日判例タイムズ368号248頁），製造販売会社の3つの工場の内の1工場の譲渡事例（最判昭和61年9月11日判例時報1215号125頁）などがある。これらによれば，単なる割合だけで判断するのでもなさそうである。

2 会社法における量的基準と質的基準

(1) 米国模範会社法における規制

重要な一部は，米国（改正前）模範会社法（Model Business Corporation Act）では「実質的全部（substantially all）」という文言に相当したが，その後の模範会社法12・02条(a)項では，「重要な継続中の営業活動（significant continuing business activity）」という概念を用いた上で，質と量の両面から承認の要否を判断する旨を定めており，その資産の処分により重要な継続中の営業活動ができなくなる場合には株主の承認を要するとし，その目安としての判断基準を数値で示していることが参考とはなる（山下眞弘「米国会社法における資産譲渡と総会決議——再改正される模範会社法からの示唆——」立命館法学2000年1号（269号）1頁）。しかし，数字で割り切ることに抵抗があるためか，理由は不明ながら各州は模範会社法の改正後も従来どおりの状況を維持しているようである。量的基準で規制できれば明確にはなるが，それが真に株主の利益保護となるかどうかは疑わしい。わが国でも，アメリカ法と同様に量的な割合規準を有する会社法が制定されたが，数値ですべてを律する手法は採用していないため，会社法制定前の旧商法と同じく質的基準の重要性が維持されている。これは，妥当な方向を示すものと評価できるが，量と質の両面を基準とすれば，重要な一部の判断の困難さが避けられな

い課題として残る。

(2) 2 割規準の意義

　旧商法では，事業の重要な一部の譲渡については，譲渡会社の株主総会特別決議が常に必要であったが，会社法 467 条 1 項 2 号括弧書は，量的な問題について，譲渡資産の帳簿価額が総資産額（会社法施行規則 134 条）の 5 分の 1 を超えない場合（つまり 5 分の 1 以下の場合）には，譲渡会社の承認決議を不要とした（簡易事業譲渡）。このように，会社法の規定で一定割合の基準が明示されたが，それは会社にとって「質的に重要な一部であっても量的な 2 割基準に満たなければ総会決議を要しない」というに留まり，重要性の基準は解釈に委ねられたままである。量的な割合が 2 割以上である場合に限って，重要な一部か否かを質的な面から判断することとなるが，このような規準が妥当かどうかは議論の余地がある。もっとも，会社が定款でさらに小規模なものにまで総会決議を要すると定めうるため（会社 467 条 1 項 2 号二重括弧書内），取引の相手方としては，その会社の定款を確認しないと無効とされる危険がある。このような定款の定めを置くのは，譲渡対象が量的に小さくても，その会社にとって質的に影響が大きい場合に備える趣旨であろう。

　会社法では，2 割基準による簡易事業譲渡には総会決議を要しないとされたが，2 割を超える場合であれば，譲渡対象である事業の一部が当然に総会決議を要する重要な一部と解されるわけでもない。ただし，2 割基準を超えるような場合は，質的な面から重要な一部に該当する蓋然性が高いと考えられることから，実務の世界では，2 割基準をもとに株主総会の承認を求めることになると考えておいた方が安全であろう。なお，2 割を超える資産を譲渡する事業の一部譲渡で重要でない場合があるというのは，実際には考えにくいとの声もあろうが，重要でない場合はありうる。総会決議を求める上で重要な判断要素は，資産の量よりも質であると考えられる。たとえ 2 割を超えた資産譲渡であっても，譲渡会社にとって重要性の乏しい資産の譲渡であれば，その後も元どおりの事業活動が可能であり株主保護の要請は生じない。実務上，2 割基準を重視するのは，疑わしい場合は無効となるのを避けるため，総会決議を経ておくのが安全というのがその真意であろう。総会決議を要するほど重要な一部か否かの判断に際しては，量よりも質が重要である。そのため，量的基準は重要な一部を判断する大枠を提供するに留まるものと理解すべきである。

(3)「重要な一部」を考える視点

　会社法は規制緩和の方向にあるとはいえ，総会決議事項の拡大が株主保護の観点から，常に妥当であると一概に語ることはできない。株主総会の実態に配慮すれば，株主の利益を実質的に保護するには，開示の質的向上と取締役の健全かつ効率的な経営を確保する制度を確立し，株主総会の決議事項は株主が合理的に判断できる事項に限定し，業務執行機関の権限を拡大する方向で定款自治を拡充することが望ましい。ただし，それには前提があり，取締役の責任の実効性を確保する制度を拡充することである。そして，株主総会の最低限の決議事項としては，会社の業務執行機関等の選解任のほかに会社の基礎的変更に関する事項がある。後者の中でも総会決議事項とされる事業の重要な一部の譲渡は，取締役会の決議事項である重要な財産の処分等（会社法362条4項1号）と区別されるが，重要な財産も大規模になれば事業の重要な一部との境界領域が問題となりうる。いずれにせよ，株主総会で株主にとって合理的な判断が可能な範囲で，総会決議事項に加えることが求められるが，その決定的な数値基準があるわけではない。参考までに，最判平成6年1月20日民集48巻1号1頁，判例時報1489号155頁では，会社総資産額の1・6パーセント相当の株式譲渡が，取締役会決議を要する重要な財産の処分に該当しないとはいえないと判示している。

　会社に投資するときは，その事業の継続を経営者に期待している。そうであれば，経営判断を超える行為は株主の最終判断によることになる。取締役への授権範囲を広く捉え，株主の関与する範囲を狭めるのが株主保護に資すると考えれば，重要な一部の意義も厳格となり実質上は全部譲渡に近づく。取締役に過度に期待するのが危険であれば，重要な一部を緩やかに解して，手続が煩雑であっても株主総会を経るほかない。譲渡会社で会社法467条1項の承認決議が必要かどうかの判断は，その重要性に実質判断を要するため容易ではない。決議が不要であれば，譲渡会社にとってはかなりの時間と手間の節約になるが，必要な手続を経なかった場合のリスクも大きい。事業全体の2割程度の譲渡事例の場合には，総会決議を経ておくのが無難であり，実務としては，その場合は自動的に株主総会の承認を求めることになるとの予測も成り立つ。なお，売上高・利益・従業員数等の量的基準については，それが事業全体の1割程度を超えなければ，通常は重要と解されないとの見方もありうるが，実質的にみてこのような数値にどれほどの根拠があるのか疑わしい。なお，会社法制定前の旧商法時代における議論では，重要な一部の判断基準については1割をベースに検討していたようである

（前掲・東洋信託銀行証券代行部編『会社の営業譲渡・譲受の実務——「営業の重要なる一部譲渡」の判断と実務手続——』別冊商事法務 43 号 66 頁以下）。

　このように，重要な一部の意義は不明確であるにもかかわらず，必要な総会決議を経なければ事業譲渡の効力が否定され，しかもこれは「絶対的無効」と解されてきた。絶対的に無効では，取引安全が損なわれるということから，相対的無効の考え方も主張されている。重要な一部の判断基準が不明確であることを考慮すれば，特に重要な一部の譲渡についてのみ相対的無効の考え方をとるのも十分に説得的である。ただ，原則的に絶対的無効の立場をとりながら，譲渡対象が事業の全部か重要な一部であるかによって，絶対的無効と相対的無効を使い分けるのは，一貫性の点でなお検討の余地が残されている。やはり，相対的無効の考え方で一貫する立場を妥当とすべきである。なお，判例の立場と同じく，近年においても絶対的無効を基本とする考え方がある。デューデリジェンスが行われる場合には，譲受会社は譲渡会社と同程度に判断できる地位にあることをその理由とするようであるが，それに期待するとしても，重要な一部譲渡をめぐる当事者の利益を比較考量すれば，これは譲渡会社の株主保護に一方的な偏りがあるように感じられる。

(4) 重要な一部と定款自治

　次のような興味深い議論がみられる（伊藤靖史「会社法 467 条 1 項 2 号に関する一考察」同志社法学 59 巻 6 号 2599 頁（2008 年））。要するに，①会社法 467 条 1 項 2 号の括弧書によると，2 割基準を超えない簡易事業譲渡の場合には，譲渡対象が「質的に重要」であることをもって総会決議を要求されることはない。他方で，簡易事業譲渡の要件が充足されない場合（2 割基準を超える場合）であっても，譲渡対象が「質的に重要」でないことを理由に総会決議を不要とすることはありうる。そして，②会社法 467 条 1 項 2 号で許容されない定款規定は，総会決議を不要とする簡易事業譲渡の適用範囲を拡張する方向の規定だけである。つまり，簡易事業譲渡の適用範囲を縮小し総会決議を要する範囲を広げる方向での定款規定は認められる。したがって，③会社法 467 条 1 項 2 号の二重括弧書内（簡易事業譲渡の 2 割基準を下回る割合を定款で定めた場合はその割合）によって許容された定款規定のほか，「様々な定款規定」を定めることができると論者は主張している。例えば，(a)会社法 467 条 1 項 2 号括弧書の適用を受けない旨の定款規定，(b)譲渡対象が 2 割基準を超えるものについて常に総会決議を要するとする定款規定，さらには(c)事業譲渡であれば常に総会決議を要するとする定款規定など

について，いずれも論者は無効としない方向である。

　これについては，①および②は規定の上からも首肯できる。③についても基本的に支持できるが，機関権限配分との関係で，なお検討すべき点もある。定款で定めれば株主が同意しているのであるから，原則として何でも可能であるという前提が，会社法の規定の趣旨に適合するのであればともかく，この論者のように株主総会の権限に属すべき基礎的変更の範囲を定款で大幅に拡大することは，業務執行機関の権限を大幅に縮小させることになる。先にも言及したとおり，総会決議事項の拡大が株主保護の観点から，常に妥当であると一概にはいえない。株主総会の実態にも配慮して株主の利益を実質的に保護するには，総会の決議事項は株主が合理的に判断できる事項に限定し，その分だけ業務執行機関の権限を拡大する方向で「定款自治を拡充」することが望ましいということもできる。ただし，実質的に株主が取締役と完全に重なっているような小規模・閉鎖的な中小企業の実態にも目を向けるべきである。

　「定款自治の範囲」については，旧商法に存在しなかった規定が置かれた。それは会社法 29 条であるが，この規定の解釈として，「定款に別段の定めがある場合は，この限りでない」等の文言がない場合は，一切修正を認めない趣旨（相対的記載事項の限定列挙）か否かにつき，立案担当者の解説では，定款自治の範囲は明確に示されており，明文の規定がない限り修正を認めないとしている。その一例として，取締役会設置会社において，定款の定めにより，会社法 362 条 4 項各号に掲げる事項を各取締役に委任することはできないと結論づけている（前掲・相澤ほか『論点解説 新会社法』359 頁）。この規定は各取締役に委任することを禁止する立法趣旨の反映であり，会社法 362 条 4 項各号に掲げる事項の重大性に鑑みて，「定款に別段の定めがある場合は，この限りでない」との限定が同条 2 項に付されていないことを根拠にしている。これは基本的には，理解できないでわけではない。しかし，一般論としては，すべてを限定的に解するのは無理な場合もありうるのではないか。定款自治が明文の規定によって認められていても，その限界に関しては解釈の余地があり，条文でその範囲を完全に明確に規定するのは困難である。したがって，「会社法の規定の趣旨」に反しない限り，定款で別段の定めをすることは許されると解すべきではないか（同旨，青竹正一『新会社法（第 4 版）』46 頁（信山社出版，2015 年））。

V　事業の重要な一部と労働者

　事業の重要な一部に関して，株主総会の決議事項を拡大することが，常に株主の利益になるとはいえない。かといって，業務執行機関に任せたことで株主の利益が損なわれる危険もある。その究極的な解決は，役員の責任の実効性を確保することである。事業の重要な一部の譲渡であれ会社分割の場合であれ，事業性を決定づけるのは，基本的には現に会社を動かす人的組織（従業員，労働者）の存在である。一定の事業目的に向けて「組織化され有機的一体として機能する財産」が事業であり，その中核をなすのは，従業員の活動の結果によって得られる得意先関係，仕入先関係，営業上の秘訣などの「事実関係」である。重要な一部の判断については，物的な「質と量」から判断するという作業もさることながら，「人的要素」の存在に目を向けた検討も必要である。重要性の有無を量的に判断する要素として，譲渡資産の帳簿価額については形式的基準があるが，その他の量的要素として売上高・利益と並んで従業員数等も問題になる。このことからも，従業員の処遇は事業譲渡の面でも重要な位置を占め，労働法に固有の問題でもなさそうである。

　かつて，日本労働法学会第97回大会ミニ・シンポジウム「営業譲渡と労働関係」の報告において，筆者は次のような提言をしたことがある（山下眞弘「ミニ・シンポジウム営業譲渡と労働関係」日本労働法学会誌94号90頁（1999年））。それは要するに，労働者の理解なくして，企業の合理化は実現できず，労働法原理との調整が必要となる。しかし，労働者の同意を事業譲渡の要件とすることはできない。労働者に経営参加を認めるのは，現行法上無理があるだけでなく，労働者に経営責任を問う結果にもなる。そこで私案ではあるが，事業の全部譲渡については，実質的に合併と同様に扱い原則として労働者も一体的に移転すると解しながら，一部譲渡の場合は，事業部門が残されている点で全部譲渡と異なり労働者保護を図る余地もあるから，労働者は必ずしも移転先に移る扱いをする必要はないと考えてはどうか。この私案は，会社法の解決としても，以上の点をもとに事業の重要な一部の判断要素を検討すれば足りるというものであった。しかし，このような考え方によると，人的要素を不要とする業種についてはともかく，一律に「労働者の承継がない事業譲渡」を認めることとなり，「事業性」との関係で常に妥当であるかどうか，具体的な事業種目に着目してさらに検討する必要性がある。これは労働法との関係でも重要な課題である。

第3章　会社分割法制の創設と改正
──事業譲渡と対比して

◆ 一　論 点 整 理

　筆者は事業譲渡の分析と並行して，会社分割制度の創設当時の議論について詳細に検討してきた（「会社分割法制の創設と営業譲渡」立命館法学 2000 年 3・4 号下巻（271・272 号）1009 頁，『営業譲渡・譲受の理論と実際　営業譲渡と会社分割（新版）』231 頁（信山社出版，2001 年））。そこでは両制度の接近化を意識しながら検討してきたが，新制度創設後の法改正で分割の対象や対価に大きな変化がみえたことも考慮すれば，接近化を前提とすることの当否の検証が不可欠であると考えるに至った。そこで本章では，①会社分割制度を創設した意義はどこにあったのか，②どのような経緯を辿って事業譲渡と会社分割の機能の接近化が実現してきたか，また，③両制度は経済的・法的にも接近化したと評価できるかにつき沿革をもとに検証し，④両者の接近化が実務に与える影響にも言及したい。

◆ 二　結 論 要 旨

　事業譲渡は，事案によっては「検査役の調査」を要する場合もあり，取引行為であるため労働契約を移転するにも労働者の個別の同意を要する。その意味では手続が煩雑ということもでき，国際的な企業競争力に支障を生じる。そのため，①迅速な企業再編を目指して会社分割制度が創設された。その後，②対価柔軟化の流れの中，会社法制定を境に，会社分割の種類，対象，対価などの大幅な見直しの結果，事業譲渡との距離が短縮された。これを反映して，③詐害的会社分割に係る新設規定と同じ規定が事業譲渡にも設けられることになり，2014（平成26）年の改正で実現した。④裁判例によれば，事業譲渡に係る諸規定（会社 22 条など）が会社分割に類推適用されており，会社分割と事業譲渡の接近化が認識されてきたが，立法上も接近化の動きを反映しつつある。そこで，これを是とするのであれば，詐害行為取消の場面に限らず，⑤労働契約承継の場面についても，両制度の接近化を反映した立法化および実務処理が妥当ということができるかも

しれない。しかし，労働契約の場面に限らず，「競業避止義務」についても，両者の統一的処理が妥当かどうかは疑問もあり，これらが検討すべき課題となる。

◈　三　問 題 意 識

　会社分割は，事業譲渡（当時の営業譲渡）では不都合な点があるとされた課題を克服するため，2000（平成 12）年の商法改正で創設されたが，その後 2005（平成 17）年の会社法制定によって，会社分割の対象の変更，人的分割に関する規定の削除，株式に限定していた対価の柔軟性，略式分割制度の導入等といった大きな変化がみられ，さらに 2014（平成 26）年の会社法改正により，詐害的会社分割で害される残存債権者を保護する規定が整備された。このように会社分割法制は改正が繰り返されたため，民法の詐害行為取消権との競合の有無をはじめ，会社分割の対象と事業譲渡の対象に不一致が生じたのではないかという疑問，さらには対価が株式に限定されなくなったことで，会社分割の性格に変化が生じたのではないかとの疑念も生じた。

　本章では，事業譲渡の制度から大幅に時期的に遅れて制度化された会社分割について，両制度を比較する。会社分割の制度ができた当初と今日とでは制度の内容が変質してきた。制定当初の会社分割は合併と逆の現象として組織法上の性格を有する制度と位置づけられていたが，会社法の制定以降，両者の接近化が進み，これが実務に多大な影響を与えたのではないか。

　M&A の伝統的な手法として事業譲渡がこれまで実務上活用されてきた。会社法が制定されるまでは，会社・個人商人のいずれについても営業譲渡の用語が使われていたが，会社法では会社に関して事業譲渡の用語が使用されるように変更された。しかし，いずれも内容に変わりはないと解されているので事業譲渡の用語を用いる。事業譲渡は手続が煩雑なこともあって国際的な企業競争力に支障を生じることが指摘され，①新たに 2000（平成 12）年に迅速な企業再編を求めて会社分割制度が創設された。②その後の対価柔軟化の流れの中，2005（平成 17）年の会社法制定を境に，会社分割の種類，対象，対価などの大幅な見直しがなされ，既存の事業譲渡との距離が短縮されたかにみえる。③これを反映して，2013（平成 25）年の会社法改正法案においても，詐害的会社分割に係る新設規定と同じ規定が事業譲渡にも設けられることになり，この改正は平成 26 年に実現した。これまでも裁判例によれば，事業譲渡に係る諸規定（会社 22 条など）が会社

分割に類推適用されており，会社分割と事業譲渡の接近化は認識されてきたが，ここにきて立法上も接近化の動きを反映しつつある。この傾向を是とするのであれば，詐害行為取消の場面に限らず，さらに広く労働契約承継の場面などについても，両制度の接近化を反映した立法化および実務処理が妥当ということができるのかも知れない。

　本章の詳細については，山下眞弘「会社分割・事業譲渡の機能接近化と実務への影響」関西商事法研究会編『会社法改正の潮流——理論と実務』（新日本法規，2014年），同「事業譲渡・会社分割と労働契約承継の効力——会社法学からの検討」青竹正一先生古稀記念『企業法の現在』（信山社出版，2014年）等も参照されたい。

◆ 四　論旨展開

I　会社分割と事業譲渡

1　事業譲渡における事業性

　譲渡するに際して株主総会の承認を要する事業は，個別財産の単なる集合体ではなく，一定の事業目的のため「組織化され有機的一体として機能する財産」であり，社会的活力を有するものである。その中核をなすものは，財産的価値ある「事実関係」（伝統，得意先関係，仕入先関係，営業上の秘訣，経営の組織，地理的条件など）であり，これによって事業はそれを構成する各個の財産の総和よりも高い価値を有することとなる。この価値を高める上で，労働者の存在は小さくない。事業譲渡は，会社の事業の全部または重要な一部を譲渡することであり，その結果，譲渡会社がこれまでの事業活動を維持できなくなるとか，大幅な規模の縮小を招くなど株主の利益にとって重大であるため，ここに株主保護の要請がある。重大さに程度の差があるとしても，事業の重要な一部の譲渡にも事業の全部譲渡の場合と同じ「事業性」（有機的一体として機能する組織的財産）を要すると解すべきで，単なる財産では足りない。そして，経済的効果の点で共通する会社分割についても，その対象に事業性を求めることとなるが，これに対して事業性を要しないとの立案担当者の見解もある（相澤哲＝葉玉匡美＝郡谷大輔『論点解説　新・会社法　千問の道標』669頁（商事法務，2006年））。いうまでもなく，単なる財産の処分は，それが重要であっても業務執行機関の守備範囲に属し（会社法362

条4項1号），株主総会決議は不要である。

　なお，事業譲渡の場合に移転されるべき財産の範囲が問題となるが，事業に関する一切の財産を移転する必要はなく，特約で一部を除外することができるため，特約による「労働契約」の除外が認められるかという問題が生じる。これに対して，会社分割は部分的包括承継とされるため，このような問題が生じないかにみえるが（「会社分割に伴う労働契約の承継等に関する法律」参照），会社分割の対象の要件から事業性を排除しても，「会社の事業に関して有する権利義務」の意義について不明確な点が残される。

2　判例における事業譲渡の意義

　2005（平成17）年改正前の商法（以下，商法旧規定として引用）に関する事件であるが，判例は，株主総会の特別決議を要する商法旧245条1項1号（会社法467条）の場合と，別の立法目的をもった商法旧24条（商法15条）以下とで，事業譲渡の意義は同じであるとした上で，①有機的一体として機能する組織的財産の譲渡によって，②譲渡会社が営んでいた営業的活動を譲受会社に受け継がせ，③譲渡会社がその譲渡の限度に応じ法律上当然に商法旧25条（商法16条）に定める競業避止義務を負う結果を伴うものとしている（最大判昭和40年9月22日民集19巻6号1600頁）。かつての多数説は，この最高裁判例と基本的に同じ立場であり，しかも判例が現実に，②の営業的活動の承継と③の競業避止義務の負担を要件としているものと理解するのが，学説の多数であったようにみえた。

　これに対して近年では，判例の趣旨を再評価し直し，判例は現実に②および③を要件とするものではないと理解する学説（私見）も有力になりつつあることに留意すべきである。判例の立場についてはいずれとも断定しかねるが，次のことだけはいえそうである。株主総会の承認決議の要否は，事業を譲渡する時点で判断することを要し，事業譲渡後の譲受会社の行動をみてから判断されるものではない。そうであれば現実に②③を問題とするのではなく，客観的にみて②③を伴うと判断できるような状況で，①の組織的財産が譲渡されれば足りる。判例はそのことを意味していると理解することもできる。現在では，多くの学説も判例の意図をこのように理解する傾向にある。

　この議論のポイントは，①譲渡会社の株主保護の要請と取引の安全の要請というふたつの要請をいかに調和させるかにある。加えて，②株主総会と取締役会の権限の適切な分配をどうするかという問題でもある。その観点からすれば，近年，多数説となってきた上述の考え方が望ましいということもできる。この事業

譲渡の概念は可能な限り明確にしないと取引の安全を害する結果を招く。総会決議が必要な事業譲渡と認定されたところ，総会決議を経ていなかった場合は，絶対的無効と判断されるのが判例に立場であるからである。したがって，譲渡会社のみならず譲受会社からも無効の主張が許されるため，譲渡会社で決議を経ていないケースについて，長期間の経過後であっても，無効の主張が認められ不意打ちを受ける不当な事案が生じうる。そこで，総会決議を経ていないことを理由とする無効の主張が契約後20年も経過してなされた事案に対して，信義則違反等を理由に，譲受会社からの無効の主張を許さないとした判例もある（最判昭和61年9月11日判例時報1215号125頁）。山下眞弘「本件解説」会社法判例百選〔第2版〕16頁（2011年）。しかし，信義則違反は認定基準が必ずしも明確でないという限界があるため，無効の制限法理を主張する見解（私見）もある。なお，譲渡会社からの無効主張を許さなかった判例としては，東京地判平成23年2月28日LLI／DB判例秘書登載がある。

3　会社分割制度の創設

　会社分割制度の創設前には，事業譲渡によると以下のような問題があった。①事業を現物出資するには検査役の調査が必要とされたため，営業を一時停止する必要に迫られた。②事業譲渡では他の会社に対して権利義務関係を包括的に移転することができないため，個別の移転行為について多大な労力と費用負担を要した。③事業譲渡では実績が承継されないため，資格，許認可などの引継ぎができず，会社の計算が継承できないといった企業会計上の問題もあった。そして，④課税上にも問題があり，法人税法では，資産や事業の譲渡における含み益の課税繰延が，一定の要件を満たす場合にしか認められない。

　以上の問題点は，会社分割制度の導入によって次のように解消された。すなわち，①検査役の調査は，会社分割制度を活用すれば避けることができる。ただし，「検査役の調査」を不要とする理由は必ずしも明らかではない。②会社分割は部分的包括承継であるため，分割会社の債権者や契約相手方の同意を個別に得なくても，分割計画書または分割契約書の記載に従って権利義務は承継会社等に移転される。③会社分割によれば事業の移転に伴う過去の実績の引継ぎが可能となるため，移転される事業にかかる免許・許認可等の承継の可能性もあり，計算を承継会社等が引き継ぐこともできる。④課税上の問題も会社分割の活用で大幅に解消されるというわけである。

　ところで，会社分割の方法による場合は「検査役」による調査が不要であると

されるが，その理由はどこにあるのか。創設当時，会社分割の対象は「営業の全部または一部」とされた。営業に限定した理由は，個別財産による会社分割を認めると現物出資の手続の潜脱を招くからであるとされてきた。しかし，そうだとすると，会社分割の手続の中に移転される財産の過大評価を防止する手段が備わっておりさえすれば，個別財産が会社分割の対象になっても問題は生じないといえる。個別財産の移転が現物出資手続の潜脱になるというのは，結局，会社分割手続の中に，承継財産の過大評価の防止策がないことによる。このような理由づけを是認した上で，さらに次のような問題が提起され，これに対してひとつの理由づけが試みられた。すなわち，個別財産について過大評価を防止する仕組みがないのに，当時，「営業」が対象になるとなぜ検査役調査が不要となるのかについて，会社分割制度は企業再編を迅速かつ円滑に行うための制度であるからであると説明された。そうであれば，一般の現物出資の場合にも同じことがいえるのではないか。企業再編は会社分割だけでなく，事業譲渡さらには事業の現物出資によっても実現することができる。立法論になるが，事業の現物出資についても検査役の調査を免除する余地を検討すべきではないか。これは検査役調査の制度のあり方に対する問題提起でもある。

Ⅱ　会社分割と事業性の要否

1　創設時における会社分割の対象

　会社分割制度が創設された当初，分割の対象は，1999（平成11）年に公表の「中間試案」で示された分割する会社の「権利義務の全部または一部」ではなく，最終的には「営業の全部または一部」とされた。中間試案で「権利義務」としたのは，会社分割の制度を柔軟な使い勝手のよいものにするため，その対象を広く認めることを意図したことによるが，以下のような理由で当初の商法改正では「営業」とされた。すなわち，①会社分割は企業再編のための「組織法上の行為」であるので，それにふさわしいものが分割の対象とされるべきであるということ，②権利義務の一部の分割は，現物出資の潜脱になるという意見があったため，営業という表現に改められたこと，さらに，③営業という概念は当時の商法にも規定があり判例でもその意義がかなり明確になっており，分割の対象を営業とすることにより営業単位で権利義務が移転する結果，営業の解体を避けることもできることから，たとえば労働者の雇用の場を確保することもできること等の理由が示された。このような経緯を踏まえて，創設当時の議論でも，会社分割制

度を広く利用させるため，会社分割の対象としての「営業」は，営業譲渡における営業の概念よりも広義のものと解すべきであるとの指摘がみられたのである。

2　会社法における会社分割の対象

会社法では，制度創設当時の中間試案の姿に戻って「事業に関して有する権利義務の全部又は一部」と規定された。会社分割の対象となる「権利義務」（会社法2条29号・30号）の意義については，会社法の規定ぶりから「単なる権利義務」の承継で足りるとの立案担当者の説明があり，有機的一体性も事業的活動の承継も要件でないとされる（相澤哲＝葉玉匡美＝郡谷大輔『論点解説 新・会社法 千問の道標』669頁（商事法務，2006年））。これまでの経緯からすれば，会社法では事業譲渡におけるのと同じ「事業性」（有機的一体として機能する組織的財産）を要しない趣旨であるといえなくもない。立案担当者は「事業に関して有する権利義務」で足り事業性を不要としており，このように解することができれば，たとえば事業性を維持するために承継する権利義務の取捨選択の範囲に悩まされることもなくなり，実務的なメリットが大きいとの指摘もある。しかし，事業性を不要とする姿勢が極端に徹底されると，たとえ機械1台の譲渡でも会社分割になりそうで，そのような解釈は行き過ぎである。基本的には旧商法と同じく，会社法467条の事業譲渡の規制対象となる「事業性」を有する財産と解する有力説があり，筆者もその方向で考えている。なお，会社法では会社分割の対象が変更されたが，この点については改正の過程で特に議論された形跡もなさそうである。会社分割と事業譲渡の経済的効果には類似点があり，両者とも原則的に株主総会の特別決議を要し，反対株主には株式買取請求権が認められる点でも共通していることにも目を向けるべきである。

3　事業性の要否をめぐる議論

会社法には会社分割の対象を事業に限定することを示す規定がないことを根拠に，広く分割会社の事業一般に関する権利義務であれば足りるとする見解がある（森本滋編『会社法コンメンタール17』262頁〔神作裕之〕（商事法務，2010年））。しかし，そのように解すると事業概念の不明確さに悩まされず分割対象が明確になるかといえば，この論者も指摘するように検討すべき問題は残る。それは，会社に属する権利義務のうち会社の「事業」に関しないものがありうるかということである。その会社の事業に関しないものがあるとすれば，それは分割の対象とならない。この点につき参考となる最判平成20年2月22日民集62巻2号576頁では，会社法5条（商行為）に関する解釈について，「会社の行為は商行為と推

定され，これを争う者において当該行為が当該会社の事業のためにするものでないこと，すなわち，当該会社の事業と無関係であることの主張立証責任を負う」と判示されたことから，判例は「会社の事業に関しない権利義務」もありうることを前提としているように解される。したがって，分割対象から「事業性」の要件を排除しても，完全に明確となるわけではない。この論者は，そのことを認識したうえで，会社の有する権利義務はすべて当該会社の「事業に関して」有するものと解すべきであると結論づける。その理由については，この判例の立場を前提とすれば，「その事業に関して」有するものではないとされて会社分割の効力が否定される可能性もあり，そのことは事業概念を排除して「事業に関して有する権利義務」に変更した会社法の立法趣旨に反するから，判例の立場を前提とするにしても，「概念の相対性」により，会社分割の規定では会社に帰属する権利義務のすべてを含む広い概念と解すべきであると説明される。このように「事業性」を排除することを主張した上で，会社分割の効用等からすれば，一般論としては，機能的関連性を有する権利義務を一般承継してこそ会社分割の効用が発揮されるのであり，他方，有機的一体性のない個別の権利義務を承継させる会社分割の中には濫用的な目的のものも存在すると推測されるということを認め，実務では機能的に関連する権利義務を会社分割の対象とすることが望ましいとされる。

　そうであれば，会社分割における債権者保護の見地から濫用的会社分割が判例でも深刻な問題とされていることでもあり，その点も視野に入れれば「事業性」を会社分割の対象に求める方向が適正ということになるのではないか。事業概念を排除しても上述のように不明確さは残されるので，それよりも会社分割の効用を発揮できて濫用防止にも有効であるということを重視すべきである。事業譲渡については長年の蓄積もあり，事業の一部についても事業性を求めることで会社分割の効用を発揮することができる。その効用を形式的な手続さえ踏めば想定外のところまで及ぼしうるという危険性こそ排除すべきである。会社分割は，債権者の個別同意もないまま承継会社等に債務移転の効果を生じさせるものであり，そのような効果の必要な場合に限るべきである。

Ⅲ　事業譲渡に係る法規制と会社分割

1　会社分割と競業避止義務

会社分割制度を創設する中間試案の段階では，事業譲渡と同様に競業避止義務

が規定されていた。これに対して競業は私的自治に委ねるべきとか，分割計画書または分割契約書に禁止規定をおいた場合にのみ競業避止義務を負うことにすべきであるなどの反対意見が多くみられたため，この義務は規定されなかった。ところが，会社分割制度の導入当時，分割会社にも旧商法25条（21条，商16条）を類推適用して競業避止義務を負うとの解釈が有力であったので，会社分割の際に競業避止義務を排除する条項を置くことで実務は対応せざるをえず，その妥当性に実務家からの強い批判もある。

　すなわち，①事業譲渡と会社分割は法概念として異なり，法定競業避止義務が実務上合理性のないものであり，両制度の経済的効果が似ていることをもって，会社分割に事業譲渡の競業避止義務規定を類推適用するのは問題で，競業避止義務の拡大解釈は避けるべきである。②会社法に必要であれば競業避止義務規定を置くことができたのに明文化しなかったことから，立法者の意思も競業避止義務の規定を類推適用しなかったものと考えられる。③会社法2条29号および30号では，会社分割の対象が，「事業に関して有する権利義務」とされており，競業避止義務を定める同法21条が「事業を譲渡した会社は」としていることも，類推適用に慎重であるべき根拠となる。このような理由を挙げて批判している。

　会社分割制度を広く利用させるには，会社分割について明文のない競業避止義務を課すことは慎重に判断すべきである。事業譲渡に関しても，長期間の競業避止義務を定める規定のあり方には批判もみられるところであり，実際に合意される競業避止の期間はそれほど長くはないものと推測される。いずれにせよ，事業譲渡に係る会社法21条の規定は抜本的に見直す必要があり，そのことからも会社分割に類推することは避けるべきである。

2　会社分割と商号続用者責任

　事業譲渡に関する商号続用者責任規定（22条）については，会社分割に類推適用されるとの最判平成20年6月10日判例時報2014号150頁がある。本件は，預託金会員制のゴルフクラブの法人会員であるX株式会社が，そのゴルフ場を経営していたA株式会社の会社分割により当該ゴルフ場の事業を承継したY株式会社に対し，A会社が使用してきたゴルフクラブの名称をY会社が引き続き使用していることを根拠に，会社法22条1項が類推適用されると主張して，本件預託金の返還を求めた事案であるが，最高裁は，会社分割と事業譲渡の共通点を理由に以下のように類推適用を認めた。「なぜなら，会社分割に伴いゴルフ場の事業が他の会社又は設立会社に承継される場合，法律行為によって事業の全部又は一

部が別の権利義務の主体に承継されるという点においては，事業の譲渡と異なるところはなく，事業主体を表示するものとして用いられていたゴルフクラブの名称が事業を承継した会社によって引き続き使用されているときには，上記のような特段の事情のない限り，ゴルフクラブの会員において，同一事業主体による事業が継続しているものと信じたり，事業主体の変更があったけれども当該事業によって生じた債務については事業を承継した会社に承継されたと信じたりすることは無理からぬものというべきであるからである。」と。

　会社法では，会社分割の対象が「事業に関して有する権利義務」となり，事業の移転と異なることを理由に，会社法 22 条の類推適用の基礎が弱体化したとの見方もあるが，会社分割の対象については，「事業性」を要件とする見解も有力であり，類推の基礎に変化があったとは断定できない。類推適用の基礎が弱体化したとする論者がいうように分割の対象が拡張されたと解するのであれば，なおさら詐害的な会社分割が容易になるから，会社法 22 条類推適用の領域がさらに拡大するともいえる。会社法 22 条の類推適用に否定的な見解は，会社分割については債権者保護手続が定められており，事前・事後の開示があることを理由に挙げるが，これに対し，物的分割については債権者異議手続があるとしても個別催告が不要であること等を理由に一般法理による保護の必要性があると指摘される。事業譲渡に比べて，会社分割の場合に債権者保護のレベルを引き下げる理由はないように思われる。会社分割制度の立法政策としては，債権者保護よりも競争力強化に重点があったのは事実で，それに起因する詐害行為事案も多発している。

　会社法 22 条を類推適用する最高裁判決の結論を支持する者も少なくない（たとえば，小菅成一「会社分割に対する会社法 22 条 1 項の類推適用」嘉悦大学研究論集 52 巻 1 号 17 頁（2009 年））。会社分割に事業性を要件とすれば，会社分割と事業譲渡には共通性が認められて，同じ取り扱いをすべき基礎があるということにもなる。確かに会社分割には債権者保護手続があるが，Ａ社がＢ社に会社分割をする場合に債権者保護手続をした上で，Ａ社の債務をＢ社に移転させないときは，事業譲渡について債権者が債務の移転に同意しなかった場合に酷似しているともいえる。そうであれば，会社分割でも商号の続用がある限り，Ｂ社に債務を負わせないと事業譲渡との関係でバランスを欠くともいえる。会社法を制定する際に，この点を規定上明らかにすべきであったのに，それがなされなかったのは類推適用しないというのが立法者の意思であったと解する余地もある。しかし，妥

当な結論を導くためには類推適用を制限すべきではない。

3　会社分割と「債務の履行の見込み」

事業譲渡については譲渡および譲受会社の財務状況について特に規制はない
が，会社法制定前の会社分割に関する商法旧 374 条ノ 2 第 1 項 3 号および 374 条
ノ 18 第 1 項 3 号の「債務ノ履行ノ見込アルコト」という規定ぶりによれば，会
社分割の場合は債務の履行の見込みがあることが効力要件であると一般に解され
ていた。ところが会社法では，開示事項が会社法施行規則に委ねられ，「債務の
履行の見込みに関する事項」の開示とされ文言表現も改められたため（会社法
782 条 1 項，会社法施行規則 183 条 6 号，会社法 794 条 1 項，会社法施行規則 192 条 7
号），債務の履行の見込みが要件となるのかが議論となった。これについて立案
担当者は，債務の履行の見込みがないことは会社分割の無効事由にはならないと
した上で，債務の履行の見込みのない会社分割を行った場合は，詐害行為取消権
（民法 424 条）行使の余地があると説明される。債務の履行の見込みは将来予測で
あり法的安定性を害することが主な理由である。これに対しては，旧商法と同じ
く，債務の履行の見込みがあることを会社分割の効力要件とする有力な見解もみ
られる。

これについては，会社分割の効力要件という重要な事項が，必ずしも明確でな
い「債務の履行の見込み」という要件で判断されるのは，会社分割の法的安定性
の確保の点から問題ということができる。それゆえ，会社法の下では債務の履行
の見込みは会社分割の効力要件ではないとする解釈論が勢いを増すと予測できそ
うで，このような解釈が定着すれば，会社法の下では会社分割と事業譲渡がさら
に接近してきたということもできる。

4　会社分割の当事会社

事業譲渡の当事会社については会社の種類に制約はないが，会社分割に関して
は，この制度が導入された 2000（平成 12）年改正商法の当時から会社法に至る
まで，会社の種類に制約を設けてきたが，それには疑問が示されている。分割会
社となりうるのは，「株式会社と合同会社」に限定され（会社法 2 条 29 号・30
号），合名会社と合資会社は除外されている。その理由については，それらの会
社においては無限責任社員が会社債務につき責任を負うが，会社分割により会社
債務を他社に承継させることを認めると会社債権者が不利益を受ける恐れがある
と一般に説明されてきたが，これは説得的であろうか。合名会社・合資会社は単
なる定款変更によって合同会社になれるので，合同会社に変更した後，株式会社

等を承継会社とする吸収分割を行い，再びもとの合名会社・合資会社になることで会社分割類似の行為を行うことができる。合名会社・合資会社は合同会社と同じ持分会社の枠内にあるのに，合同会社と区別することに実質的な意味はなさそうである。したがって，立法論であるが，合名会社・合資会社も合同会社と同様に分割会社として認めることも検討すべきである。

　なお，会社分割における承継会社・設立会社については会社の種類に制約がなく，合名会社や合資会社も認められる（会社法760条・765条）。これを押し進めて，分割会社についても会社の種類による制約を排除できれば，さらに会社分割制度の活用範囲が広がることになり，これが合理的ではないか。

Ⅳ　詐害会社分割に係る会社法改正とその後の展開

1　濫用的会社分割と債権者保護

　優良部門と不採算部門を抱える会社が，いずれかの部門を承継会社・設立会社（以下，「承継会社等」という）に移転させ，事業再生を図るスキームとして，会社分割が利用されることがある。そして，分割会社の債務は，承継会社等に移転される部分と分割会社に残存する部分とに分けることができるため，会社分割前の分割会社の債権者の立場が分割前に比べて不利になる危険性がある。これが現実のものとなって，分割会社の債権者を不当に害する会社分割が「濫用的会社分割」と称される。過去の濫用的会社分割の事例の多くは，物的分割において分割会社が優良部門等を承継会社に移転したため，会社分割後も分割会社に対してしか債務の履行を請求できない債権者（以下，「残存債権者」という）に係る債務の引き当てとなる財産が，会社分割前に比べて著しく減少する場合の残存債権者を対象とするものであった。残存債権者は，会社分割において債権者異議手続の対象とはならないため，判例においては，たとえば①法人格否認の法理，②会社法22条1項の類推適用，③否認権の行使，そして，④詐害行為取消権（民法424条）の行使等によって債権者の保護を図ってきた。

　しかし，法人格否認の法理は法人格の形骸化・濫用と認められる事例に限られ，会社法22条1項の類推適用は承継会社による分割会社の商号の続用がある事例にのみ適用できる救済手段であり，とりわけ否認権の行使は，分割会社について倒産手続（破産手続・再生手続・更生手続）が開始された場合の救済方法に過ぎない。したがって，濫用的会社分割についての残存債権者の一般的な救済手段は，民法424条の詐害行為取消権行使に限られていた。しかも，民法の詐害行為

取消権の規定が会社分割に適用できるかどうか，また適用できるとしてもその要件・効果はどのようなものか等についても見解が分かれていた。このような状況下にあって，最判平成24年10月12日民集66巻10号3311頁が，残存債権者に民法の詐害行為取消権の行使を認めたことで一応の決着をみた。なお，本判決については，北村雅史「濫用的会社分割と詐害行為取消権——最判平成24年10月12日を踏まえて——(上)(下)」商事法務1990号4頁，1991号12頁（2013年）が詳細な検討を加えており，近年の本件解説としては，小出篤・会社法判例百選〔第4版〕186頁（2021年）がある。

　しかし，民法の想定する場面と異なる会社分割を詐害行為取消権の規定により解決するとしても，取消権行使で元に戻すことも事実上できず，自ずと限界があった。そこで，2014（平成26）年改正会社法が，詐害的な会社分割が行われた場合に，「承継した財産の価額を限度」として，残存債権者は承継会社に対して債務の履行を直接請求できるという救済を認めた（会社法759条4項～7項，761条4項～7項，764条4項～7項，766条4項～7項）。同時に，事業譲渡についても，同じく直接請求権を認めた（会社法23条の2）。

　一方，会社分割の前に会社分割の債権者であった者のうち残存債権者ではない債権者が，濫用的会社分割によって不利益を受ける場合，そのような債権者をいかにして保護するかは課題として残されたままであった。ここで想定される債権者は，①債権者異議手続の対象となる債権者，②分割後も分割会社と承継会社に債務の履行を請求できる債権者，そして，③会社分割により分割会社との継続契約関係が承継会社に承継される債権者である。濫用的（詐害的）会社分割には2つのパターンがある。前掲の最判平成24年10月12日は，採算部門を切り離して残存債権者を害した事例であったが，これに対し，逆に不採算部門を切り離し，承継・新設会社に免責的債務引受けをさせて承継債権者が害される事例が，以下での検討対象となる。

　なお，事業譲渡には，このような「債権者異議手続」がない。事業譲渡は取引としての法的性質を有しており，財産の移転手続は個別に行われ，譲渡会社の債務も民法472条の免責的債務引受によることとなる。これは債権者からみれば債務者の変更であり，債権者の承諾が必要となることで債権者保護が図られている。また，事業譲渡には商号続用者責任（会社法22条）が認められており，これに該当する限り債権者は保護されることになる。この規定は会社分割法制には存在しないが，類推適用するのが判例の立場である（前掲最判平成20年6月10日）。

その他につき付言すると，重大な手続違反に備えて，会社分割には差止請求や無効の訴えの制度が整備されているが，事業譲渡については，特別な制度がないため，総会決議を欠く事業譲渡等は基本的に無効となり，その結果が不当な場合には，信義則違反を根拠に解決した前掲の判例がある（最判昭和 61 年 9 月 11 日判例時報 1215 号 125 頁，その調査官解説として，塚原朋一・ジュリスト 877 号 67 頁（1987 年），近年の解説として，伊藤雄司・会社法判例百選〔第 4 版〕14 頁（2021年））。前述したこの事例は，譲渡会社で総会決議のなかったことを理由に，「譲受人側から無効を主張」するといった予想外のケースであった。ただし，信義則で解決するのは法的地位が不安定という難点があり，片面的・取消的無効などによる解決が望ましい（詳しくは本書第 1 章参照）。

2　期間内に異議を述べなかった債権者の保護

吸収分割の場合の承継会社の債権者はすべて債権者異議手続の対象となる（会社法 799 条 1 項 2 号）。分割会社の債権者のうち，会社分割によってその債権に係る債務が承継会社に免責的に承継され，分割会社に対し債務の履行を請求することができなくなる債権者（承継債権者）が債権者異議手続の対象となる（会社法 789 条 1 項 2 号，810 条 1 項 2 号）。ただし，人的分割の場合は分割後も分割会社に対して債務の履行の請求ができる債権者であっても債権者異議手続の対象となる。なお，債権者異議手続の対象となる債権者が異議を述べることができる期間内に異議を述べた場合の救済は，弁済，相当の担保の提供または当該債権者に弁済を受けさせることを目的とする信託である（会社法 789 条 5 項，799 条 5 項，810条 5 項）。

債権者異議手続の対象となる債権者が，期間内に異議を述べなかった場合に，詐害行為取消権や否認権などの法制度や法理によって保護されるべきか否かについては，見解が分かれている。前掲最判平成 24 年 10 月 12 日は，債権者異議手続による保護の対象ともされていない債権者については，詐害行為取消権によってその保護を図る必要性がある場合が存する旨を判示した。しかし，設立会社にその債権に係る債務が承継されないものの，新設分割に異議を述べることができる債権者に詐害行為取消権の行使を認めることについては慎重な意見もある（谷村武則「判批」法曹時報 67 巻 8 号 252 頁（2015 年））。これに対し，会社分割において債権者異議手続の対象となる債権者に対する個別通知は必須のものとはされておらず，債権者が異議を述べる機会は実質的に保障されているとはいい難いことを理由に，債権者異議手続の対象となる債権者についても，詐害行為取消権等の

保護を認めるべきとする実務家からの強い意見もある（今中利昭編集代表『会社分割の理論・実務と書式（第6版）』（民事法研究会，2013年）280頁〔赫高規〕）。

　これについて，会社法は，公告をもって個別通知に代えることを認める規定を設けており（会社法201条4項など），そのような場合において会社が個別通知に代えて公告の方法を採ることにより株主等の権利行使が困難になるとしても，会社法に従った手続を履践している以上，当該株主等の保護を否定するのが裁判例の傾向とされ，債権者異議手続は，会社分割によって不利益を受ける可能性がある承継債権者等を保護するために，会社法が定める制度であり，当該手続が会社法の規定に従って履践されているにもかかわらず，債権者異議手続の対象となった債権者がその手続について了知しにくい状況にあったことを理由に，他の方法により当該債権者を保護するのは，会社法の用意する利害調整のシステムを破壊し，法的安定性を害することになるとの指摘に注目しておきたい（北村雅史「会社分割における債権者保護と信義則——最決平成29・12・19を題材として」関西法律特許事務所開設55周年記念論文集『民事特別法の諸問題（第6巻）』587頁（2020年））。

3　会社分割における債権者保護と信義則

　最決平成29年12月19日民集71巻10号2592頁を検討しよう。本件解説として，飯田秀総・法学教室451号139頁（2018年），門口正人・金融法務事情2098号66頁（2018年），北村雅史・民商法雑誌155巻4号98頁（2019年），徳本穰・平成30年度重要判例解説ジュリスト1531号107頁（2019年），笠原武朗・私法判例リマークス58号2019〈上〉94頁，原弘明・会社法判例百選〔第4版〕184頁（2021年）などがある。

　本件は，「賃借人が契約当事者を実質的に変更したときは賃貸人は違約金を請求することができる」旨の定めある賃貸借契約において，「当該賃借人が吸収分割の後は責任を負わないものとする吸収分割により契約当事者の地位を承継させた場合」に，当該賃借人が上記吸収分割がされたことを理由に，上記定めに基づく違約金債権に係る債務を負わないと主張することが，信義則に反し許されないとされた事例である。

　濫用的会社分割における残存債権者保護のために採ることができる会社法以外の救済方法のうち，①会社法22条1項の類推適用は，会社分割により承継会社に承継されない債務の債権者が承継会社に対して債務の履行を請求できるとするものであり，また②詐害行為取消権と③否認権の行使は，承継会社（または分割会社株主）に承継（移転）した財産を分割会社に回復させるものであるため，承

継債権者保護のための手段にはならない。法人格否認の法理自体も信義則に基づくものであるが，以下で検討する最決平成 29 年 12 月 19 日民集 71 巻 10 号 2592 頁は，法人格否認ではなく，一定の事実関係の下で，分割会社は，承継債権者に対して契約上の債務を負わないと主張することは信義則に反して認められないとして，承継債権者の保護を図った。この最高裁決定は，この問題についての初めての最高裁判例として注目される。

〈**本件事案**〉

　Ｘ と Ｙ は，Ｘ が Ｙ の設計等に基づいて老人ホーム用の建物（以下「本件建物」という）を建築し，Ｙ が有料老人ホーム等として使用する目的で本件建物を Ｘ から賃借する旨の契約（本件賃貸借契約）を締結した。本件賃貸借契約には，①賃貸期間は本件建物の引渡しの日から 20 年間とすること，②Ｙ は，本件賃貸借契約に基づく権利の全部又は一部を第三者に譲渡・転貸してはならないこと，③Ｙ は，原則として，本件賃貸借契約を中途で解約することができないこと，④Ｙ が本件賃貸借契約の契約当事者を実質的に変更した場合などには，Ｘ は，催告をすることなく，本件賃貸借契約を解除することができること（本件解除条項），⑤本件賃貸借契約の開始から 15 年が経過する前に，Ｘ が本件解除条項に基づき本件賃貸借契約を解除した場合は，Ｙ は，Ｘ に対し，15 年分の賃料額から支払済みの賃料額を控除した金額を違約金として支払うこと（本件違約金条項）が定められていた。

　Ｘ は，約 6 億円をかけて本件建物を建築し，Ｙ に引き渡した。Ｙ は，本件建物において有料老人ホームの運営事業（本件事業）を開始したが，本件事業は，開始当初から業績不振が続いた。Ｙ は，平成 28 年 4 月頃，本件事業を会社分割によって別会社に承継させることを考え，Ｘ にその旨を伝えて了承を求めたが，Ｘ は了承しなかった。

　同年 5 月 17 日，Ｙ が資本金 100 万円を全額出資して，Ａ 株式会社が設立された。Ｙ と Ａ は，同月 26 日，効力発生日を同年 7 月 1 日として，本件事業に関する権利義務等（本件賃貸借契約の契約上の地位及び本件賃貸借契約に基づく権利義務を含む）のほか 1900 万円の預金債権が Ｙ から Ａ に承継されることなどを内容とする吸収分割契約（本件吸収分割契約といい，本件吸収分割契約に基づく吸収分割を「本件吸収分割」という）を締結した。本件吸収分割契約には，Ｙ は本件事業に関する権利義務等について本件吸収分割の後は責任を負わないものとする旨の定めがある。

　Yは，同年5月27日，会社法789条2項各号に掲げる事項を，官報及び日刊新聞紙に掲載する方法により公告したが，所定の期間内に異議を述べた債権者はいなかった。そこで，同年7月1日，本件吸収分割の効力が発生した。なお，Yは，本件賃貸借契約に基づく賃料を同年7月分まで全額支払ったが，Aは，本件吸収分割の後，上記賃料の大部分を支払わず，同年11月30日時点で合計1450万円が未払であった。

　Xは，同年12月9日，Y及びAに対し，Yが本件賃貸借契約の契約当事者を実質的に変更したことなどを理由に，本件解除条項に基づき本件賃貸借契約を解除する旨の意思表示をした。

　本件は，Xが，本件違約金条項に基づく違約金債権（本件違約金債権）のうち1億8550万円を被保全債権として，Yの第三債務者に対する請負代金債権につき，仮差押命令の申立てをした事案である。

〈決定要旨〉

　原審の決定に対するYの最高裁への抗告が許可された後の許可抗告審が，本件最高裁決定である。最高裁は，以下のようにYの抗告を棄却した。

　「本件において，本件事業に関する権利義務等は，本件吸収分割により，YからAに承継される。しかしながら，本件賃貸借契約においては，XとYとの間で，本件建物が他の用途に転用することが困難であること及び本件賃貸借契約が20年継続することを前提にXが本件建物の建築資金を支出する旨が合意されていたものであり，Xは，長期にわたってYに本件建物を賃貸し，その賃料によって本件建物の建築費用を回収することを予定していたと解される。Xが，本件賃貸借契約において，Yによる賃借権の譲渡等を禁止した上で本件解除条項及び本件違約金条項を設け，Yが契約当事者を実質的に変更した場合に，Yに対して本件違約金債権を請求することができることとしたのは，上記の合意を踏まえて，賃借人の変更による不利益を回避することを意図していたものといえる。そして，Yも，Xの上記のような意図を理解した上で，本件賃貸借契約を締結したものといえる。

　しかるに，Yは，本件解除条項に定められた事由に該当する本件吸収分割をして，Xの同意のないまま，本件事業に関する権利義務等をAに承継させた。Aは，本件吸収分割の前の資本金が100万円であり，本件吸収分割によって本件違約金債権の額を大幅に下回る額の資産しかYから承継していない。仮に，本件吸収分割の後は，Aのみが本件違約金債権に係る債務を負い，Yは同債務を負

わないとすると，本件吸収分割によって，Yは，業績不振の本件事業をAに承継させるとともに同債務を免れるという経済的利益を享受する一方で，Xは，支払能力を欠くことが明らかなAに対してしか本件違約金債権を請求することができないという著しい不利益を受けることになる。

　さらに，法は，吸収分割会社の債権者を保護するために，債権者の異議の規定を設けている（789条）が，本件違約金債権は，本件吸収分割の効力発生後に，Xが本件解除条項に基づき解除の意思表示をすることによって発生するものであるから，Xは，本件違約金債権を有しているとして，Yに対し，本件吸収分割について同条1項2号の規定による異議を述べることができたとは解されない。

　以上によれば，YがXに対し，本件吸収分割がされたことを理由に本件違約金債権に係る債務を負わないと主張することは，信義則に反して許されず，Xは，本件吸収分割の後も，Yに対して同債務の履行を請求することができるというべきである。」

〈解決の視点〉——信義則による解決

　本件最高裁決定は，本件賃貸借契約上の地位（これには，本件解除条項に基づく契約解除権を含む）と本件賃貸借契約に基づく権利義務（これには，本件違約金条項に基づく本件違約金債権に係る義務を含む）が，本件吸収分割によって，Yから（債務については免責的に）Aに承継されたことを前提に，YがXに対し，本件違約金債権に係る債務を負わないと主張することは，信義則に反して許されない，と判示した。本件最高裁決定が信義則違反を認定する根拠は，①Xは長期にわたってYに上記建物を賃貸しその賃料によって上記建物の建築費用を回収することを予定していたと解され，Xが上記定めを設けたのは賃借人の変更による不利益を回避することを意図していたものといえるし，YもXのこのような意図を理解した上で賃貸借契約を締結したものといえること，②Aは，上記吸収分割の前の資本金が100万円であって，上記吸収分割によって上記違約金債権の額を大幅に下回る額の資産しかYから承継しておらず，同債権に係る債務の支払能力を欠くことが明らかであること，そして，③Xは，上記違約金債権を有しているとして，Yに対し，上記吸収分割について会社法789条1項2号の規定による異議を述べることができたとは解されないこと，である。

　このうち②は，本件吸収分割による契約相手方の変更によって，Xの本件賃貸借契約における債権者としての立場が，本件吸収分割前に比べて著しく不利になることを問題視する。しかしながら，この危険は吸収分割における承継債権者一

般について生じうることで，会社法は，それに対処するために債権者異議手続等を定めているわけである。

そこで，本件最高裁決定は，③の根拠を持ち出し，本件ではXは異議を述べることができたとは解されない旨を挙げる。もっとも，Xは債権者異議手続の対象となる債権者と解することも可能であり，実際に，本件吸収分割の手続を開始する前に，YはXに対して業績不振の本件事業を吸収分割により他社に承継させることの了承を求めていることからすれば，Xは，債権者異議手続が行われることを予測して，公告について注意すべきであったともいえそうである。なお，Xが債権者異議手続の対象となるかどうかが必ずしも明らかでなく，本件吸収分割の効力発生の際に解除権を行使するかどうかを直ちに判断できなかったということは，①におけるXの自衛措置のあり方にも関連する。

①の根拠は，本件建物の建築費用を，本件建物を長期にわたりYに賃貸することで回収しようとするXが，将来会社分割等により賃借人が信用力の劣る者に変更されることに対し自衛する意図で本件解除条項・本件違約金条項を本件賃貸借契約に挿入したことを知るYが，自ら本件解除条項に該当する会社分割をしておきながら，会社分割によって違約金の支払いを免れうるとすれば，Xの信頼を害することになるという事情である。

会社分割に対する契約相手方の自衛手段は，間接的に会社分割を阻止するため，もしくは契約相手方が債権者異議手続による保護を受けられるようにするために取られる。本件解除条項および本件違約金条項は，事実上会社分割を阻止する機能を有するといえるが，本件では，確実にXが債権者異議手続をとるには不十分であったことになる。そこで，Xは，会社分割の効力発生前に，Yに対する違約金請求権が発生する旨の契約条項を定めておけば，より適切に自衛できたとの指摘もある（飯田・前掲139頁，笠原・前掲97頁）。しかしながら，実務では，会社分割の効力発生後に解除権・違約金債権が発生するような契約が行われるのが通常であるとの指摘もみられる（粟谷翔「会社分割における債務の遮断効とその限界」法学教室464号85頁（2019年）。いずれにせよ，適切な自衛手段を本件で講じなかったことは，Xの過失ということもできよう。これについては，自衛手段が拙いことを奇貨として債務免脱を図ろうとする債務者の行為に対し，裁判所が介入することを否定すべきでないとの主張がある（笠原・前掲97頁）。これについては，裁判所がその場合に介入するのは，「債務者側の行為が取引上の駆け引きとして許容される範囲を逸脱する場合」に限られるべきであるとの指摘も

みられる（北村・前掲民事特別法の諸問題602頁）。しかし，本件において，本件吸収分割の効果を一部変更してYのXに対する責任を肯定する程度に，Y側に取引上の駆け引きとして許容されない事情があったかどうかは，評価の分かれるところであり，「取引上の駆け引きとして許容される範囲」の明確化が課題となるが，いずれにせよ，客観的で明確な基準の設定は無理といわざるを得ない。

　会社分割は，民法の原則の例外として，契約している相手方の同意なしに契約上の地位を第三者である承継会社に移転し，また債権者の個別同意なしに債務を承継会社に免責的に引き受けさせることを可能にする制度である。そこで，債権者を保護するために会社法が詳細な手続を定めており，会社法上の債権者保護規制に不十分なところがあるが，債権者の自衛手段に実務上の工夫もみられる。したがって，会社分割の効力を信義則等の法理によって修正することは，法的安定性の見地から，慎重でなければならないとし，あわせて，会社法の手続を完全に履行した会社分割の効力を信義則等によって修正するには，分割会社側に通常の取引上の駆け引きとして許容される範囲を逸脱した「悪質性」がある場合に限られるべきであるとの指摘もある（北村・前掲民事特別法の諸問題603頁）。この判断基準は基本的に的を射ている。「許容される範囲を逸脱した悪質性」の判断が容易でない微妙な事例も想定されようが，この判断基準が出発点とされるべきである。

　なお，本件では，Yは，本件事業を会社分割によって別会社に承継させることを考え，Xにその旨を伝えて了承を求めたが，Xが了承しなかったという事実をどう評価するべきか。分割手続の開始前からXに告知していることを重視すれば，X側には手続内に争う余地が確保されていたとみることもできるという指摘もある（門口・前掲68頁）。このような実務家の意見を強調すれば，Xは了承しなかったとはいえ，手続内で争わなかったので，Xにも落ち度があったということもできようが，本件の事実関係のもとでは，判例の結論が妥当といえる。本件賃貸借契約では，権利や建物の第三者への譲渡・転貸を禁じており，中途解約も禁じていたのであるから，Yによる会社分割も禁止事項に該当していたと解され，分割手続の開始前からXに告知していることによって，会社分割手続が容認される可能性はなかったということができる。本件は「信義則違反」に依拠するほかなさそうであるが，今後の課題としては，より自衛の程度が低いと評価しうる債権者を保護すべきか，また，その際に考慮すべき要素にはどのようなものがあるかという点であろう（原・前掲185頁）。

V　機能接近化と実務上の課題

1　事業譲渡に係る規制の類推適用

　事業譲渡と会社分割は会社法では異なる制度とされており，両者には，次のような相違点がみられる。①事業譲渡の対象は事業性を要するが，会社分割の対象は用語の上では事業ではない。②事業譲渡の相手方は会社に限定されないが，会社分割は会社に限られ会社の種類まで制約がある。③事業譲渡の無効の主張方法については制約がないが，会社分割の無効は会社分割無効の訴えによる必要がある。④事業譲渡では，譲渡会社の債務を譲受人が引き受けるには債権者の同意を要するが，会社分割は部分的な包括承継で偶発債務も含まれ，債権者異議手続が存在するため個別の同意は不要である。⑤「会社分割に伴う労働契約の承継等に関する法律」（以下，「労働契約承継法」という）の適用の有無にも違いがある。さらに，⑥税務上の取扱にも差異があり，会社分割について軽減措置がある点が実務上では大きなメリットとなる。

　以上のような相違点があるものの，商号続用者責任について会社分割への類推を認めた前掲の最判平成20年6月10日判例時報2014号150頁も判示しているように，事業等の譲渡と対価取得の取引という点で両者の経済的機能には共通点がある。これに対価柔軟化も考慮すれば，ことさら会社分割を組織法上の行為と位置づける根拠も必要性もなくなり，法的実質においても両者には目に見える差異はないと総括することができる。このように両者の接近化が明らかとなったことで，事業譲渡に係る法規制を会社分割に類推適用したのを一歩進め，原則として両者を統一的に規制することを検討すべきである。それが妥当な方向だとすれば，両者が並存する意義を改めて考えた上で，実務に影響の大きい両者の棲み分けを明らかにする必要がある。

2　労働契約承継の効力

　労働契約承継法の適用を受ける会社分割と民法625条の原則に依拠する事業譲渡とで，労働契約承継の効力に差異があるが，会社分割と事業譲渡の接近化に着目すれば，実務処理上いずれかに統一すべきか，あるいは統一すべきでないのかが問題となる。Ｙ1社がＹ2社に事業を移転する場合，Ｙ1社に雇用されている労働者Ｘらは，Ｙ2社に雇用関係を主張できるか。Ｙ2社が労働契約を承継しなくても，ＸらがＹ2社に雇用の継続を主張できるのか。会社分割と事業譲渡の間で，労働契約の処遇が異なってよいかは実務上重要な問題となる。両者の果たす

機能に違いがないのであれば，労働契約の取扱も同じとすべきではないかが問われる。その場合，どちらに合わせるべきかが大問題で，これを議論する前提として，労働契約承継法の再検討が急務である。

労働契約承継法 3 条によれば，分割される事業に「主として従事する労働者」は，一定の条件のもと承継会社等に移転させられるため，承継会社等の状況によっては労働者に不利益な場合もありうる。その場合に，労働者が移転を拒否することができなければ，深刻な労働問題を生じかねない。労働契約承継法は，そのような問題点を孕んでいるため，実務上，労働者保護に配慮した契約の内容とその手続の進め方に留意すべきである。労働者を不当に排除する手段として，会社分割制度と労働契約承継法をセットで濫用してはならない。

3　新しい法制の動向

会社分割に関する労働契約承継法に係る規則および指針が改正され，事業譲渡および合併に伴う労働関係上の取り扱いに係る指針も新設されてから既に時の経過を経た。2016（平成 28）年 4 月に，「組織の変動に伴う労働関係に関する対応方策検討会報告書」（労働判例 1133 号 94 頁（2016 年）が公表され，事業譲渡等に関しても労働契約承継に係る指針が新設された。8 月には改正された施行規則・指針（会社分割）および新設の事業譲渡に係る指針が公布され，とくに新しくできた事業譲渡に係る指針が注目され，すでにいずれも同年 9 月 1 日から適用されている。

第4章　事業譲渡と会社債権者の保護
──会社分割と対比して

◆一　論点整理

　A社がY社に事業譲渡あるいは会社分割により事業を移転した場合に，①A社の債権者Xは事業承継会社であるY社に対して，自己の債権を行使できるか。②平成26年会社法改正によって，詐害的な事業譲渡・会社分割の場面で，悪意のY社に対する「有限責任」の追及が認められた（会社法23条の2第1項，商法18条の2第1項，会社法759条4項以下，同761条4項以下，同764条4項以下，同766条4項以下）。このような法改正が従来の議論にいかなる影響を及ぼすか。これに関連して，③譲渡人の「債務者」が，譲渡人の商号を続用した譲受人に対し誤って弁済したらどうなるか。会社法22条4項および商法17条4項が，譲受人にした弁済は，弁済者が「善意かつ無重過失」である場合に限って効力を有すると規定しており，受領資格のない者と知ったうえで，その者に弁済しても効力は生じないのは当然である。これに対し，④冒頭の事例で譲渡人Aの債権者Xが，譲受人Yによる「債務引受」のないことを知っている場合でも，商号続用責任規制たる会社法22条1項の規定ぶりでは請求できることになっているが，これは一体どのように説明できるのか。

◆二　結論要旨

　A社の債権者Xは事業承継会社であるY社に対して，会社法22条1項（商法17条1項も同じ）によれば，債権者の過失の有無や善意・悪意を問わず，「商号続用」の有無だけで，「無限責任」を追及できるとしている。そして，この規定を会社分割にも類推適用するのが判例の立場であるが（最判平成20年6月10日判例時報2014号150頁），それにも賛否両論がありうる（類推適用を肯定するものとして，小菅成一「会社分割に対する会社法22条1項の類推適用」嘉悦大学研究論集52巻1号17頁（2009年）。いうまでもなく，実務の処理としては，現時点では判例に従っておくべきであろう。債権者の主観的要件を不問としているため，会社法

22条1項は外観保護規定と理解できないはずであるところ，これまでの学説は外観保護を根拠としてきたため，その理由が問題とされ，現在では外観保護以外の根拠が模索されているが，必ずしも説明に成功しているとは言いがたい状況にある。さらに，詐害的な場面について，民法の詐害行為取消権の他に明文規定が設けられ，事業譲受側が悪意の場合に限って有限責任を負うとされた。そこで詐害行為取消権に関する民法規定の適用の有無が問題となるが，これには議論がある。なお，以上とは場面を異にして，譲渡人の債務者が商号を続用した譲受人に対して弁済した場合は，当然のことながら弁済者の善意・無重過失が要件とされる。

◈　三　問　題　意　識

　企業が倒産寸前に密かに第二会社に事業と商号を移転させ，譲渡人の債権者への弁済を免れる行為に出ることがある。そのため，譲渡人の債権者が事業譲受人に責任を追及できるよう会社法22条1項があるが，2項の免責登記で逃れられるため，2014（平成26）年会社法改正で詐害行為に対処する同法23条の2が新設された。そこで既存の商号続用責任規定との関係が問題となり，実践例をふまえこれを解明する必要が生じた。

　企業再建と第二会社方式の活用について，確認しておきたい。第二会社方式は，破綻した会社の事業を事業譲渡や会社分割によって別会社に承継させ，もとの会社は特別清算手続等で清算して実質的に債権放棄を受けるスキームである。あるいは，スポンサー企業に事業を移さず，旧会社の経営陣が第二会社として新会社を設立し，自己が事業を承継する自主再建もある。この場合は，しばしば新旧両会社は「実質上同一」であると評価される傾向にあるため，ここに旧会社の債権者が新会社に対して旧会社の債権につき責任を追及するという背景が認められる。

　弁済を免れる目的で，債務だけを残して事業を移転する詐害的な行為は許されるべきでない。しかし，債務の弁済を目指して，企業の過剰債務を解消して事業の継続やその円滑な承継を図るため，経営困難に陥っている会社が，事業譲渡や会社分割によって採算部門を第二会社に移転させ，新たな資金提供者や企業承継者などのスポンサーを求めて事業再生を実現するというような第二会社の活用は健全な行為と評価できる。企業の健全な再建には，再建すべき旧会社の債権者保

護と会社再生の実現とを両立させることが求められる。債務の弁済が遅れても再建が実現すれば債権者保護になる。第二会社で事業を継続して，やがて旧会社の債務を弁済するのであれば，そのような事業譲渡や会社分割は保護に値する（山下眞弘『営業譲渡・譲受の理論と実際（新版）』207頁（信山社出版，2001年））。問題は「詐害行為」である。

　単に商号を続用すれば，それだけで事業の譲受会社が譲渡人の債権者に無条件で責任を負うとする現行法のあり方に合理性があるのか。しかも，この責任を負うとの原則には例外規定（会社法22条2項，商法17条2項）が用意されており，例外としてその原則が排除される。譲受人の立場にたてば，商号続用の場合だけでなく「屋号続用」についても，免責登記をしておくのが無難といえるが，債権者としては信義則違反を問いたいところである。なお，商号を続用しなければ，譲受人は譲渡人の債権者に一切責任を負わないという扱いに合理性があるのかという点にも疑問が生じ，「商号続用」の有無だけで結論を左右する現行法の規制の在り方には検討の余地がある。

　なお，本章について詳しくは，山下眞弘『会社事業承継の実務と理論——会社法・相続法・租税法・労働法・信託法の交錯』（法律文化社，2017年）を参照されたい。

◈ 四　論　旨　展　開

I　会社法22条1項の立法趣旨

1　本条導入の経緯

　2005（平成17）年商法改正（会社法制定）による会社法22条以下および商法17条以下が制定される前の商法旧26条〜29条（昭和13年新設）は，現行の規定と内容に変わりがなく，ドイツ商法25条にならったものである（最近の整理として，新津和典「会社法22条の趣旨と2項の意義——その起源であるドイツ法での立法理由から」銀行法務21 752号22頁（2012年））。ドイツ商法25条の規定を要約すれば，①商号を続用する譲受人は譲渡人の「すべての営業上の債務」について原則として弁済の責任を負う旨定め，②商号の続用がない場合は，譲受人が商慣行的方法で債務引受を公告した場合にかぎり責任を負うと規定している。そして，ドイツで通説とされた「権利外観説」の前段階では，譲受人が商号の続用で旧債務

を負う「意思表明」をしたと解されていたが，それが擬制的との批判を受けたため，修正した結果，権利外観説が判例でも採用され通説化したという経緯がある。このような歴史的背景のない日本に，ドイツ商法25条と同様の規定が当初から「権利外観」と理解され導入されたわけである。このような事情で商号続用責任規定の趣旨についても，わが国では外観理論を根拠とするのが通説判例となったが，説得力に乏しく現在では学界の支持を失いつつある。私見は，当初から一貫して，外観理論で説明する考え方には懐疑的であり，新たな見解を学界に投げかけ，近年では下級審でも支持されつつ今日に至っている。

2　これまでの本条の趣旨説明

(1) 外観理論による説明

かつての通説は，禁反言の法理あるいは外観理論を根拠にしており，判例も基本的にはこのような立場であった。要するに，商号が続用される場合は，営業上の債権者は営業主の交替を知りえず，譲受人たる現営業主を自己の債務者と考えるか，あるいは事業譲渡の事実を知っていても，そのような場合は譲受人による債務の引受けがあったものと考えるのが常態で，いずれにせよ債権者は譲受人に対して請求をなしうると信じる場合が多いとされる。これに対しては，外観保護を強調するのであれば，債権者の「主観的事情」が問題とされるべきであるのに，これが問われないのはどうしてかといった批判がなされる。

この批判に対しては，「営業主の交替」を知るだけでなく「債務引受けのないこと」まで知っている悪意者は保護に値しないとの反論もありうるが，規定の上でも，会社法22条4項が弁済者の「善意・無重過失」を要件としているのとは対照的に，同条1項では主観的事情は問われていない。このことからも，外観保護を根拠にするのは問題とする学説が増加の一途にある。なお，立法論として，1項についても善意・悪意（債務引受のないことまで知るという意味での悪意）を問題とすべきかは検討の余地がある。

(2) 企業財産担保による説明

現行法では主観が問われないため外観保護によらず，営業上の債務は「企業財産」が担保となっているので，債権者を保護するため会社法22条1項は，原則として企業財産の現在の所有者である譲受人が併存的債務引受をしたものとみなした規定と解する見解もあった。しかし，これに対しては，企業財産の担保力を考慮したのであれば，債権者保護を「商号続用」の場合に限って規定した理由はないともいえる。そこで，上記の(1)説と併せて規定の趣旨説明をする見解もみら

れた。

(3) 譲受人の意思を根拠とする説明

その後，商号続用の有無によって事業譲受人の債務承継の「意思」を認める見解が現れた。これは，現行規定の立場を解釈論の範囲内で説明するには，債権者側からではなく事業「譲受人側」の事情から説明するほかないとの認識に立つもので，営業上の債権者を保護する諸規定を一貫して説明するものともいえる（山下眞弘「現物出資と商法17条（会社法22条）の適用」商法（総則商行為）判例百選〔第5版〕47頁（2008年））。これに対しても，意思の推定は擬制的にすぎるとの批判もなされた。この批判に対する反論としては，現実の意思の存在を問うものではなく，商号続用の「事実」に意思の存在を認めるものであるとの反論もできよう。

(4) 合名会社の新入社員の責任と同一との説明

さらに，ドイツ学説を参照して従来の議論とは別の観点から，事業譲受会社の責任と「合名会社の新入社員の責任」とを同様のものと捉える見解が現れた（小橋一郎「商号を続用する営業譲受人の責任——商法26条の法理——」上柳克郎先生還暦記念『商事法の解釈と展望』17頁（有斐閣，1984年））。しかし，両責任を同一とする根拠が不十分であるとの批判は避けられず，この説明には無理がある。

(5) 詐害的な事業譲渡の防止が目的との説明

近年の説明として，商号続用の有無で区分する会社法22条の適用が問題となるのは，債務者の弁済資力が危機的状況にある場合であるから，事業譲渡の方法による債務者の「詐害的行為」を抑制するとともに，債権者・債務者・譲受人の三者による協議に向け誘導するルールが必要となり，抜け駆け的な事業譲渡による詐害的な再建を防止するために本条がある。商号続用の譲受人は，会社法22条2項に定める「登記」をしない限り，当然に譲渡人の営業上の債務をも引き受けたものと扱うことによって，免責登記をするよう誘導するのが狙いであると説明される（落合誠一「商号続用営業譲受人の責任」法学教室285号31頁（2004年））。これに対しては，登記することで譲渡人の営業上の債務を引き受けなくてよいとされる根拠が明らかでないとの批判もあるが，この点については，同条2項の免責登記制度に問題があるということもできる。

(6) 見解の総括

以上により，現行法を単一の根拠をもって完全に説明し尽くすのは困難であることが分かる。そこで，会社法22条の「詐害譲渡防止機能」も重要な根拠にな

るとの視点から検討がなされてきたが（山下眞弘「会社分割と事業譲渡規制の類推
──商号続用責任を中心として──」阪大法学 59 巻 2 号 237 頁（2009 年）），現行の会
社法 22 条はそのまま維持されて，平成 26 年会社法改正で詐害事業譲渡（会社法
23 条の 2，商法 18 条の 2）および詐害会社分割（会社法 759 条 4 項以下）の規定が
新設された。そこで改めて，現行会社法 22 条が存在する意味はあるのかが問わ
れる。会社法 23 条の 2 新設に至った経緯に照らして，22 条を削除すべきとの立
法論もありうるが（齊藤真紀「商号続用者の責任再考」齊藤真紀ほか編『企業と法を
めぐる現在的課題』443 頁（商事法務，2021 年）），その前に検討すべき事柄が残さ
れている（削除に慎重な立場として，新津和典『株主権の再評価』341 頁（成文堂，
2020 年））。会社法 22 条（商法 17 条）の全体を一貫して説明できないのは，同条
1 項のみならず，それぞれ 2 項・3 項に看過できない問題があるからではないか。

　そこで最近になって，ドイツ商法 25 条 1 項一文・2 項やオーストリア法・ス
イス法の現状を参考にした立法論も展開されている（高橋英治「営業譲渡人の商号
を続用した譲受人の責任──ドイツ法を中心に──」商事法務 2319 号 20 頁以下（2023
年））。論者は，日本法の改正に当たっては，「営業譲渡があった場合，当該営業
上の債務につき営業譲受人が譲渡人と連帯して責任を負うとする」のが譲渡人の
債権者保護になると提言される。確かに債権者の保護は重要であるが，本来は譲
渡人の債務なのに，当然のごとく譲受人に連帯責任を負わせるのが妥当と断定し
てよいのであろうか。

Ⅱ　関連する近年の裁判例

1　商号と屋号の続用

　商号続用者責任に関する会社法 22 条 1 項が類推適用された事案として，「ゴル
フクラブの名称」を続用した事案（最判平成 16 年 2 月 20 日判例時報 1855 号 141 頁）
があるが，「屋号」続用の事案につき例外的に直接適用した事案（東京地判昭和
54 年 7 月 19 日判例時報 946 号 110 頁）もある。しかし，商号と屋号は法律上区別
すべきであるとの指摘もある（江頭憲治郎編『会社法コンメンタール(1)』220 頁〔北
村雅史〕（商事法務，2008 年））。その理由のひとつに，「免責登記」が屋号には認
められていないことが挙げられたが，「登記実務」では屋号の続用にも免責登記
を認めるようで，この取扱いは会社分割も同様のようである（「商業登記の栞 13」
登記研究 674 号 97 頁，「質疑応答 7792」同誌 675 号 247 頁（2004 年））。ただし，条
文上は「商号」に限定されるかのように規定されているため，事前に管轄法務局

と協議しておくのが無難であろう。また，免責登記を根拠にした支払拒絶が信義則違反とされた事案にも留意すべきである（東京地判平成 16 年 7 月 26 日金融・商事判例 1231 号 42 頁）。

2　譲渡会社の略称を商号の一部に用い標章も用いた最新事例

近年，譲渡会社の従前の「略称」を商号の主たる部分に用い，かつ同社が使用していた「標章」を用いた譲受会社に会社法 22 条 1 項が類推適用された事案（東京地判平成 27 年 10 月 2 日金融・商事判例 1480 号 44 頁）が現れた。「ブランド」力に注目した判決である。本判決は，会社法 22 条 1 項の趣旨を外観信頼の保護とする立場に立ち，ブランド力を有する譲渡会社の社名を英語表記した場合の頭文字「Y」（略称）を商号の主たる部分とし，かつ，ブランドの象徴である当該標章を続用したことは，商号を続用した場合に準じ，会社法 22 条 1 項の類推適用により，譲受会社は譲渡会社の債権者に対する債務を負うものと解するのが相当であるとした。屋号続用に慎重な判例の姿勢との関係で，ここまで商号続用を拡張することには議論が予想されるが，本件では，ブランド力があったため，例外的扱いがされたものと推測できる。なお，分割会社がホームページ上で事業主体を示すものとして使用していた名称を続用した場合に同条が類推適用された先例もある（東京地判平成 22 年 11 月 29 日判例タイムズ 1350 号 212 頁）。

3　債権者の主観不問の宇都宮地裁判決

宇都宮地裁判決では，事業を譲り受けた会社に会社法 22 条 1 項による責任が認められたが（宇都宮地判平成 22 年 3 月 15 日判例タイムズ 1324 号 231 頁），その際に裁判所は債権者の「主観的事情」を問題としなかった。本判決は，会社法 22 条 1 項の趣旨を「外観保護」とは別に理解するものであり，学説の多数も，現在では債権者の「善意・悪意」といった主観的事情は問わない。現行法の解釈としては，正しい方向を示すものと評価できる（山下眞弘「本件評釈」私法判例リマークス 43 号 78 頁（2011 年）。最高裁も同様であるとの指摘について，江頭憲治郎・中村直人編『論点体系会社法 1』77 頁〔木俣由美〕（第一法規，2012 年））。なお，本判決は，譲渡会社 A の商号「仙禽酒造株式会社」と譲受会社 Y の商号「株式会社せんきん」とで商号の続用を認める理由として，その主要かつ最も特徴的な部分である「仙禽」ないし「せんきん」の部分で読みを共通にしており，会社の種類「株式会社」も共通であるから，譲渡会社の商号を引き続き使用する場合に当たると判示した。しかし，A の商号の判読が難しく，一見して同一類似の商号と認められるのかという点には疑問の余地もある。

〈**本件事案**〉

　Ｘは，段ボール製品の納入等を主たる業務とする株式会社である。訴外Ａは，昭和 27 年 10 月 1 日に設立され，酒類の製造・販売等を目的とする株式会社で，商号は「仙禽酒造株式会社」である。Ｙは，平成 20 年 7 月 1 日に設立され，同じく酒類の製造・販売等を目的とする株式会社であり，その商号は「株式会社せんきん」であって，両社はいずれも栃木県さくら市を本店所在地としていた。そして，ＸはＡに対し遅くとも平成 19 年 6 月以降平成 20 年 4 月までの間，代金翌月末日払いの約定で，清酒等の販売用段ボール製品等を継続的に販売していたところ，Ａは，平成 19 年 11 月から平成 20 年 4 月までの間にＸが販売した段ボール製品等の代金のうち 223 万余円（本件代金）を支払っていない。このような状況にある中，Ｙは，Ａとの間で平成 20 年 7 月 5 日に事業譲渡契約を締結し，ＡからＹへの清酒製造免許の移転許可を条件としてＡの事業を譲り受け（以下「本件事業譲渡」という），同年 8 月 29 日に同免許の移転許可がおりた。平成 20 年 9 月 6 日付の下野新聞は，本件事業譲渡について，「仙禽酒造が事業譲渡」との見出しで記事を掲載したが（以下「本件新聞記事」という），譲渡契約から約 8 ヶ月後の平成 21 年 3 月 4 日，東京地方裁判所はＡに対し破産手続開始決定をした。

　以上の事実関係のもと，Ｘは，①ＹはＡから事業譲渡を受け，同社と実質的にほぼ同一の商号を引き続き使用したと主張して会社法 22 条 1 項にもとづき，②上記事業譲渡に際し同社の債務を引受ける旨の広告をしたと主張して同法 23 条 1 項にもとづき，③ＹがＡとは別個の法人格を主張することは許されないとの法人格否認の法理にもとづき，Ｙは本件代金債務をＡと連帯して負うべきであると主張して，Ｙに対してその未払の売買代金及び遅延損害金の支払を求めた。これに対し，Ｙは，①上記の両規定は外観法理・禁反言にもとづく規定であり，ＸはＡとの取引を平成 20 年 4 月には終了し，その後の取引継続・再開の意思はなかったのでＹとは何らの関係もなく，Ｙから支払を受けられると期待する立場になかったのであるから，Ｘは上記両規定により保護すべき第三者にあたらないとし，②ＹとＡの商号は「株式会社」の部分しか共通せず，商号の続用はないとし，③Ｘは，Ａの破産の通知を受けており，繰り返しＡ代表者に請求をしていたので，Ｙが債務引受けをしていないことを知っていたから，外観法理に照らしてＸに会社法 22 条は適用されないとし，④Ｙは，本件新聞記事に何ら関与しておらず，譲受会社として債務引受の意思表示をしていないから，会社法 23 条の債務引受広告がないとし，さらに，⑤ＹとＡは全くの別法人であるなどと反

論した。

〈判　旨〉（請求認容・確定）

「YはAから事業の譲渡を受けたものであるところ，Aの商号『仙禽酒造株式会社』と，Yの商号『株式会社せんきん』とは，その主要かつ最も特徴的な部分である『仙禽』ないし『せんきん』の部分で読みを共通にしており，会社の種類『株式会社』も共通で，後者は前者の『酒造』を除くと共に『株式会社』の表示を後ろから前に移したのみである。このうち，『酒造』の点については，Yの営業目的が酒類製造販売等であることからすれば，これがYの商号にないとしても，Aの商号とYの商号とが画然と区別されるとは認められない。そして，譲受会社であるYの商号にAとの関連性が遮断されていることを想起させるべき字句は用いられていない。

以上のほか，AとYとは所在地が同一で，営業目的も同一であるほか，Aがその主たる事業に必要不可欠と考えられる清酒製造免許を平成20年8月29日許可によりYに譲渡していること，Aはその不動産も同月27日競売により失い，現在はYがこれを使用していること，Aの従業員は包括的に本件事業譲渡の前日にAを退社し本件事業譲渡日にYに雇用されていることを考え合わせると，AとYとで役員が異なることを考慮してもなお，Yが『株式会社せんきん』との商号を使用することは，会社法22条1項にいう『譲渡会社の商号を引き続き使用する場合』に当たると解するのが相当であって，Yは，会社法22条1項に基づき，Aの事業によって生じた債務である本件代金債務を弁済する責任を負うというべきである。

会社法22条1項は債権者の認識等を要件としていないから，XとAとの取引状況等を根拠としてXに同項が適用されないとするYの主張は採用できない。また，Xは，AとYのいずれに対しても本件代金の支払を請求することができるのであるから（ただしAが破産したことは前記のとおりである。），XがAの破産手続において債権届出をしたことや，A代表者に対しその支払を求めたことは，本件請求と矛盾するものではない。さらに，Yは，本件事業譲渡が専門家関与の下で行われた経営再建のためのスキームである旨主張するが，YがAから事業譲渡を受けた後その商号を続用し，かつ，その債務を承継しないための十分な措置をとらなかった以上，会社法22条1項によりYが本件代金債権を負担することはやむを得ないと解されるのであって，経営再建という目的がこの結論に影響を与えるものではないというほかない。」

〈解決の視点〉

　A社の債権者Xが事業承継会社Yに請求できるかどうかは，Y社が商号を続用するか否かによるのではなく，本質的には詐害性の有無が重要である。たとえば，①譲渡して短期間で倒産に到ったとか，②譲渡対価が過少で不適正であるとか，③譲渡対価の換価が著しく困難になったような場合は，詐害性が強く疑われる。その判断にあたり譲渡会社の状況等が決め手となるが，本件についてその詳細は不明である。A社に積極財産が存在していたのに，それをY社に譲渡した結果，A社に見るべき財産が残されない場合であって，しかも対価が適正でなければA社の債権者Xは害される危険性が高い。本件は，破産法160条以下の規定の趣旨に照らしても，詐害性が強く推認されよう。これに対し，事業を移転する前に，すでにA社が破綻状態にあって見るべき財産が残存していなければ，Xの有する債権はもともと無価値であったため，A社の債権者Xは譲渡前の段階ですでに債権回収が不能状態にあったわけで，その後どのような形でA社の事業がY社に移転されようとも，Xの利害には影響がないと評価することができる。この場合は詐害性も認められない。そこで，譲渡会社が無資産の破綻状態にある場合は，商号続用の有無で区別する現行規定を前提としてもその適用は避けるべきであるが，このような解決は解釈論としては微妙であるところ（山下眞弘「事業承継会社責任規制の立法論的検討――商号続用基準か詐害性基準か――」阪大法学60巻5号870頁（2011年）），詐害的な場合に限って会社法22条を適用するとの解釈論も可能であるとの主張もある（沢野直紀＝山崎淳司「判例批評」西南学院大学法学論集42巻1・2号78頁（2009年））。上記の判断基準例①～③などに則して，本件事案も検討されるべきであろう。

　なお，詐害性を強調するのであれば，民法424条の適用で足りるとの見解もありうるが，詐害行為取消権の行使によると，事業の返還による復元が困難であることに加えて，価格賠償をするにしても譲渡した事業の価値が譲受会社の責任の上限となる。これに対し詐害性を問題とする会社法が実現すれば，事業の譲受会社が譲渡会社の債務につき債務引受をしたのと同じ効果を生じるという点で差異がある。立法論になるが，商号続用基準を詐害性基準に変更した上で，譲受会社が無限責任を負うべき場合に，それを可能とする法規制が検討されるべきである。なお，会社分割に詐害行為取消権を認めた東京地判平成22年5月27日判例時報2083号148頁（山田純子「判例解説」法学教室／判例セレクト2010〔Ⅱ〕22頁）が注目される。

霊感商法・高額献金の被害救済

消費者法研究 第13号【特別号】　河上正二 責任編集

菊変・並製・256 頁　ISBN978-4-7972-7553-7 C3332
定価：3,080 円（本体 2,800 円）

消費者法、民法、心理学、憲法、刑事法等からの
多角的検討を試み、救済の実効性と今後の課題
を問う。【執筆者】河上正二・宮下修一・村本武志・
山元一・長井長信・藤原正則・沖野眞已

債権総論〔民法大系4〕

石田　穣 著

A5 変・上製・1068 頁　ISBN978-4-7972-1164-1 C3332
定価：14,300 円（本体 13,000 円）

民法（債権法）改正の問題点を精緻に分析し、
今後の進むべき方向性を提示。グローバルな
民法の展開において、日本民法学の学理的発
展状況を示す、待望の体系書。

司法の法社会学(I・II)

佐藤岩夫 著

I　定価：7,480 円（本体 6,800 円）
　　A5 変・上製・304 頁 ISBN978-4-7972-8698-4

II　定価：7,480 円（本体 6,800 円）
　　A5 変・上製・320 頁 ISBN978-4-7972-8699-1

現代日本の司法制度が、近年の大きな変化に
対応しているか、実証的・経験科学的に考察。

〒113-0033 東京都文京区本郷6-2-9-102 東大正門前
TEL:03(3818)1019 FAX:03(3811)3580 E-mail:order@shinzansha.co.jp

信山社
http://www.shinzansha.co.jp

新海商法概論

小林　登 著

四六変・並製・440 頁　ISBN978-4-7972-7528-5 C3332
定価：4,620 円（本体 4,200 円）

学生の大学での講義や、海事代理士等の
国家試験向けにコンパクトに整理、ス
ピーディーに理解できるように構成。

新海商法〔増補版〕

小林　登 著

A5変・上製・572 頁　ISBN978-4-7972-2392-7 C3332
定価：9,680 円（本体 8,800 円）

航海で生ずる事項を規律対象とした〔海商法〕
の学説・判例を、海運実務の状況を取入れて
詳説。新しい判例・学説などの最新情報に対
応した増補版。

新漁業法

辻　信一 著

A5変・上製・720 頁　ISBN978-4-7972-2398-9 C3332
定価：12,100 円（本体 11,000 円）

水産資源管理制度の内容を盛り込んだ、平成
30 年改正の漁業法（新漁業法）について、
主要な判例や都道府県から水産庁への照会と
その回答などをとりあげて解説する。

〒113-0033　東京都文京区本郷6-2-9-102　東大正門前
TEL:03(3818)1019　FAX:03(3811)3580　E-mail:order@shinzansha.co.jp

信山社
http://www.shinzansha.co.jp

4　宇都宮地裁と同一方向の先例

債権者の主観を不問とした先例として古くは，①東京高判昭和 50 年 8 月 7 日判例時報 798 号 86 頁があり，新会社は事業譲渡によって，その債務を旧会社と重畳的に引受けたものと解するのが相当とし，「善意・悪意を問題とせず」に債権者の請求を認容した。続いて，②東京地判昭和 54 年 7 月 19 日判例時報 946 号 110 頁も，会社法 22 条 1 項について個々の具体的な「知，不知を問わず」，商号の続用を要件として，「法定の責任」として譲渡人と同一の義務を負担させるものと理解する前提に立っている。

その後，詳細な理由を挙げるものとして，③東京地判平成 18 年 6 月 5 日 LLI ／DB 判例秘書登載は，「会社法 22 条 1 項がその適用の要件として債権者の善意などの主観的要素を何ら規定していないこと，債権者が事業譲渡を知らなかった場合に，債権者がその存在すら知り得ない譲受人を自己の債務者であるとの外観を信頼するという状況が生じる余地はないこと，譲受人の事業譲渡後の商号続用によっても，債権者にはその外観によって譲渡人と譲受人との間の営業の同一性に対する信頼が生じるのみであって，これによって直ちに譲受人が譲渡人の債務を引き受けたとの外観が生じ，これに対する債権者の信頼が生じるとは解されないこと」に照らせば，会社法 22 条 1 項を「権利外観法理に基づく規定と解することは相当ではなく」，むしろ，営業上の債務が営業財産等を担保とするものであることから，債権者の保護のために，譲受人が譲渡人の債務を引き受けない旨を積極的に表示しない限り，譲受人の債務引受の意思表示の有無及び「債権者の善意悪意等にかかわらず」，譲受人が「債務引受をしたのと同一の法的責任」を負わせた規定と解するのが相当であると判示した。注目すべき判決である。

Ⅲ　商号続用基準か詐害性基準か

1　私法学会で提案された新基準

平成 26 年会社法改正の数年前，第 74 回日本私法学会シンポジウム「商法の改正」で報告者から提起されたのは，現行法の「商号続用」基準に替えて，新たな「詐害性」基準の提案であった（後藤元「商法総則——商号・営業譲渡・商業使用人を中心に」NBL935 号 22 頁（2010 年），私法 73 号 64 頁（2011 年））。このような問題提起は以前からあったが，これによれば，事業の譲受人の責任は「商号続用」と無関係になる。この主張は，詐害性を唯一の根拠とする立法論である。

その骨子は，商号を続用する事業譲受人の責任規定の適用が問題となるのは，

「倒産に瀕している商人・会社が過大な債務から切り離して営業活動を別の主体に移転することで再建を試みる場面」であり，経営状態の悪化した商人・会社による詐害的な再建を抑止するという観点から検討すべきと指摘する。そこで，民法424条の「詐害行為取消権」との関係が問題となるが，たとえば詐害行為取消権を行使した場合の効果は，譲渡された事業の返還等であるため「事業の価値」が譲受人の「責任の上限」となるのに対し，会社法22条が適用される場合には，譲受人が譲渡人の債務につき債務引受をしたのと同じく「無限責任」を負うことになる。したがって，詐害行為取消権とは別に事業譲受人の責任を定めることに意義があり，事業譲受人の責任規定も詐害行為規制であるから「詐害性」を要件とすべきであるとされた。

2　詐害性基準の問題点

事業譲受会社の責任は「有限責任」にとどめるべきか，それとも「無限責任」まで負わせるべきか。民法上の「詐害行為取消権」によると，取消で復元するだけであり債権者の保護として不十分であると評価されるのであれば，民法の一般規定を超えて，あたかも「法人格否認の法理」が適用されたのと同様に，債務者に無限責任を課す結果を導く解決もありうる。

これに対しては，詐害行為取消権で対処すべきとする見解もありうるが，いずれが衡平であろうか。さらに問題は，「詐害性の立証」である。この点については，詐害性を立証するための情報が「譲渡人・譲受人」に偏在しているため，立証責任の転換も考慮の対象となる。

詐害性の認定については，たとえば，①譲渡して短期間で倒産に到ったとか，②譲渡対価が過少で不適正であるとか，③譲渡対価の換価が著しく困難になったような場合は，「詐害性」が強く疑われる。その判断にあたっては，譲渡会社の状況に応じて場合を分け，譲渡会社Aに「積極財産」があってそれをY社に譲渡した結果，A社に見るべき財産が残されていない場合で，対価が適正でなければ，A社の債権者Xは害される危険性が高い。形式的に対価が供与されても，無価値の株券あるいは事実上換価できない株券などが対価とされれば，その対価は適正と評価できないため詐害性が強く推認される。これに対し，事業を移転する前に，すでにA社が「破綻状態」でプラス財産が残存していなければ，Xの有する債権はもともと無価値であり，A社の債権者Xは譲渡前の段階ですでに債権回収が不能状態にあったわけで，その後どのような形でA社の事業がY社に移転されようとも，Xの利害には影響がないと評価することができるため，詐害性も認

められない。そこで，譲渡会社が無価値の場合は，現行の規定を前提としても，商号続用基準による解決は妥当でないということもできるが（山下・前掲阪大法学 60 巻 5 号 869 頁），これは解釈の範囲を超えるかも知れない。

3　商号続用責任規制の混乱原因

　一貫した説明が困難な原因はどこにあるのか。昭和 13 年に導入された商号続用責任の規定が想定していたのは，「同一商号のまま同一営業が継続」されておりながら，「営業主体の変更」がなされていたという事例であった。しかし，この法規制が現実に適用されたのは，そのような想定とは異なるケースについてであった。初期の事例では，企業の「倒産・再建」の局面に関するもので，明確な事業（営業）譲渡が認定されないまま，「商号，営業目的，人的構成，営業施設等」の実態がそのままでありながら，営業の移転があった事例が多数みられた。その後，同じ局面でも，譲渡人と譲受人が「同一視」できそうにない事例が目立ちはじめ，商号続用から「屋号」や「ゴルフクラブの名称」などの続用にまで類推適用されるようになり，さらに営業の「現物出資」や「賃貸借」にも類推され，そして「会社分割」にまで類推を及ぼすに至った（山下眞弘「判例評釈」商事法務 1497 号 38 頁（1998 年），同・私法判例リマークス 26 号 82 頁（2003 年），同・私法判例リマークス 38 号 86 頁（2009 年））。

　そこで，①商号続用責任規制が詐害的な企業再建の場面で機能しているという事実をどのようにみるか，②商号続用という要件の意味をどう考えるか，③譲受人の無限責任という効果が生じる根拠をどう考えるか，そして，④登記や通知であっさり免責されることもあわせて，「全体を統一的に一貫して説明」することが可能なのか，が問われている（議論の整理について，清水真希子「商号続用責任——事業（営業）譲渡における債権者保護」法学教室 384 号 4 頁（2012 年））。

Ⅳ　詐害事業譲渡規制の新設と会社法 22 条

1　平成 26 年会社法改正と商号続用責任規制への影響

　そのような中，詐害的な場面に関する法規制が実現した。2014（平成 26）年の会社法改正により導入された詐害事業譲渡等の新設規定（会社法 23 条の 2）と会社法 22 条との棲み分けはどうあるべきか。詐害的な事業譲渡の場面については，新設規定で対処するとして，商号続用の有無で解決する既存の規定は無用となるのか。立法者が両者を並存させたため，会社法 22 条の解釈論が問題として残された。もとより両者には違いはある。例えば，新設の詐害規定は「有限責

任」であるが，商号続用規定は「無限責任」であるという重要な差異があり，商号続用規定では詐害の場面に限定されないという規定上の違いもある。

　これまで商号続用規定は，商号続用の面よりも詐害性の有無に着目した立法論が展開されてきたが，新設規定ができた関係で，商号続用規定の趣旨を詐害性から切り離して，「商号続用」の場面に特化した規定と解釈し直すべきかどうか。そのように解しても，商号の続用によって債務引受の効果が生じる理由を明らかにしなければならない。

2　立法的解決の方向

　振り出しに戻って，立法論も含め抜本的に考えてみる必要がある。仮に無限責任である「商号続用」責任の法規制が妥当であるとすれば，①従来の諸規定をそのまま文字通り適用し，新設の「詐害事業譲渡」規制との棲み分けをするか，あるいは，②「商号続用と詐害性」の2要件を規定上明記し，それを満たす場合に，債権者の主観を不問とし会社法22条1項を適用して無限責任とし，「詐害性」だけが認定される場合は，有限責任である新設規定の守備範囲とすることで両者の棲み分けをするという立法の道もありうる。あるいは，譲受人に無限責任を負わせる必要がなければ，③商号続用責任に関する諸規定は，善意・無重過失の債務者弁済条項（同条4項）を除いて，廃止する方向の立法論もありうる。なお，事業譲渡の認識に加え債務引受のないことまで知った債権者が，保護に値しないのであれば，④1項についても4項と同様の主観的要件を付して「外観保護」で統一して説明する方向も検討の対象となる。

3　立法論の検討

　これまでの検討からいえることは，①は採用できなくても，②は検討の対象となり得るが，これを採用するとしても，商号続用基準の合理的説明を要する。経済的価値のある商号を継続使用する利益を享受するからには責任も負担すべきであるとでもいうほかない。その場合，「屋号」など他への類推適用の限界が問われる。③を採用する場合は，譲受人の「無限責任」を一切放棄してよいかにつき実証的に詰めなければならない。

　なお，債務者の善意・無重過失による弁済の効力規定（22条4項）は維持すべきであるが，立法論として，譲渡人・譲受人の免責規定（同条2項・3項）は，問題があるとして削除すべきかどうか。その検討に際しては，1項に関して，上記2④も検討の俎上に載せるべきである。今後，実務界の要請も踏まえて，これら関連する諸規定の再構築が急がれる。

第5章　事業譲渡と労働契約の承継
——会社分割と対比して

◈ 一　論 点 整 理

　①会社法には使用人に関する定めがあるものの，それは労働者の保護を目的とするものではないため，「事業譲渡」の際に労働者保護は視野にないが，それで問題はないか。②「会社分割」には，いわゆる労働契約承継法があるが，これは常に労働者保護に資するものといえるのか。特定の労働者を排除する目的で承継法が濫用される危惧はないか。③事業譲渡と会社分割が類似した機能を有するとして，労働者との関係でも，基本的に事業譲渡と会社分割とを統一的に規整すべきかどうか。④事業譲渡および会社分割の結果，譲受会社や承継会社の労働条件と従前の労働条件との間に不統一が生じた場合に，それを統一する必要はないか。統一するために，一方の労働条件の引き下げをどのようになすべきか。

◈ 二　結 論 要 旨

　会社法の制度趣旨からすれば労働者も会社債権者にすぎず，会社法自身に労働者保護を求めることは基本的に無理であり，事業譲渡も民法625条に従うこととなり，当然には労働契約が事業譲受人に引き継がれるという結論にはならない。そこで，妥当な結果を導くために理論で修正を試みるほかない。これに対し会社分割では，承継される事業の主たる従事者は基本的に引き継がれる手当がなされているが，元の雇用主の下に留まることを望む労働者の保護に欠けるという問題がある。そこで，事業譲渡と会社分割の機能接近化を踏まえれば，労働者の処遇も統一的に行うべきかどうかが，重要な課題となっている。なお，事業譲渡や会社分割の結果，労働条件の不一致が生じることは避けられない。それを解消するには，労働者との十分な話し合いによる事前の調整が望ましい。

　中小企業では労働者も事実上，会社の構成員として位置づけられる傾向にあるが，会社法では一般債権者としての位置づけがなされており，法の建前と実態との間に離齬があるが，特に中小企業では，労働者の理解と協力が重要である。会

社分割と事業譲渡はともに企業再編に活用され，その経済的機能も類似しているにもかかわらず，民法 625 条の適用の有無や労働契約の承継に係る取り扱いに差異があるが，特に中小企業では，可能な限り労働者の意思は尊重されるべきである。会社分割の対象が会社法の改正で変更されたことに伴い，労働法と会社法との間で乖離が生じたことに起因する困難な課題を解消する必要があり，かりに会社法が会社分割の要件に事業性を要しなくても，会社分割の対象は単なる個別財産と解すべきではない。企業グループ内か別会社との再編であるかで利害状況に差異があり，グループ内であれば実態は会社内部での配置換えに実質上近似し，解雇を避ける方向で解決すべきである。そして，労働契約承継法による規制に妥当性・実効性をもたせるためには，立法論ではあるが，現行の労働法規制（特に労働契約承継法）の見直しを検討する必要があるのではないか。なお，本書では，正式名称である「会社分割に伴う労働契約の承継等に関する法律」は，「労働契約承継法」あるいは「承継法」ということにする。

◆　三　問　題　意　識

　本章では，事業譲渡と会社分割を対比しながら，会社法学から労働法学への問題提起を行う。伝統的な会社法学では，従業員も会社債権者と同列に扱われ労働者保護に関する規制は見当たらないが，会社法学にも少数ながら各種ステークホルダーの利益を考慮すべきとする立場がみられる。会社分割の場面では労働者保護を直接規制する労働契約承継法があるが，それにも課題が少なくない。2016（平成 28）年 9 月，同法施行規則および同法 8 条に基づく指針の改正等が実現し施行されているが（「分割会社及び承継会社等が講ずべき当該分割会社が締結している労働契約及び労働協約の承継に関する措置の適切な実施を図るための指針」（平成 28 年 8 月 17 日厚生労働省告示第 317 号。以下「労働契約承継法指針」という），「事業譲渡又は合併を行うに当たって会社等が留意すべき事項に関する指針」（平成 28 年厚生労働省令告示第 318 号。以下「事業譲渡等指針」という），両者を合わせ原則として，以下「指針」という。），課題の根本的な解消には至っていない。

　なお，企業再編がグループ会社内で行われるか，それとも別会社との再編であるかという点にも目を向け，事業譲渡か会社分割かの選択では労働者保護規制の有無だけでなく，税制優遇措置の有無にも目配りするのが実務界の動きである。本章では，中小企業基本法における中小企業を念頭に，最近までの到達点をもと

にして，その後の新たな展開を扱うものである。

　本章の検討については，水島郁子＝山下眞弘編著『中小企業の法務と理論――労働法と会社法の連携』（中央経済社，2018年），山下眞弘『会社事業承継の実務と理論――会社法・相続法・租税法・労働法・信託法の交錯』（法律文化社，2017年），野川忍＝土田道夫＝水島郁子編『企業変動における労働法の課題』（有斐閣，2016年）等が参考となる。

◆ 四　論　旨　展　開

I　会社分割・事業譲渡の統一的把握

　会社分割もしくは事業譲渡によって，Y_1 社の事業の全部が Y_2 社に移転する場合，Y_1 社に雇用されていた労働者Xは，当然に Y_2 社に雇用関係を主張できるか。会社分割には承継法の手当てがあるが，事業譲渡の場合，Y_2 社が労働契約を承継しなくても，Xが Y_2 社に雇用の継続を主張できるだろうか。Y_1 社の事業の一部門が Y_2 社に移される場合は，全部門の移転の場合と労働者への影響が異なる。しかも労働者の継続的雇用への期待は，労働者の身分に関わるため単なる賃金債権とは質的に異なる。しかし，Y_1 社と Y_2 社は法的には別会社であり，両者が実質的に一体であるなど例外的な場合は別として，特定承継の事業譲渡の場合は，当然に雇用が承継されるともいいがたい。

　経済的機能が類似するにもかかわらず，会社分割か事業譲渡であるかによって労働者の処遇が異なるのは疑問ということもでき，両者の共通点に着目すれば，基本的には労働者の処遇につき両者を統一的に処理すべきであるともいえそうである。労働法学にも，このような方向を志向する見解がみられる（本久洋一「事業の移転と労働契約」西谷敏＝根本到『労働契約と法』245頁（旬報社，2011年））。ただし，仮に統一的に処理するのが妥当であるとしても，どの方向で統一すべきかが検討課題となる。

II　会社分割と労働契約の承継

1　会社法における会社分割の対象

　会社法は，会社分割で承継の対象となるものは，「事業に関して有する権利義務の全部または一部」と規定している（会社法2条29号・30号）。この「権利義

務」の意義については，会社法の規定からすると「単なる権利義務」の承継で足りるとし，明確化のためにも事業性（有機的一体性や営業的活動の承継）は要件でないと立案担当者は説明する（相澤哲＝葉玉匡美＝郡谷大輔『論点解説 新・会社法 千問の道標』669 頁（商事法務，2006 年））。有機的一体性という要件は不明確であり，会社分割の安定性を害するため，財産に着目した規定を設けたと説明している。これに対して，「事業性」を要件とする見解も多数存在する（青竹正一『新会社法（第 4 版）』592 頁（信山社出版，2015 年），龍田節＝前田雅弘『会社法大要（第 3 版）』519 頁（有斐閣，2022 年），前田庸『会社法入門（第 12 版）』721 頁（有斐閣，2009 年），吉本健一『会社法（第 2 版）』411 頁（中央経済社，2015 年）など）。

　立案担当者が会社分割に事業性を要件としない理由として，有機的一体性という不明確な要件は法律関係の安定を害する点を指摘する（相澤哲＝葉玉匡美＝郡谷大輔『論点解説 新・会社法 千問の道標』669 頁（商事法務，2006 年））。そして，実務家の中にも事業性を維持すれば承継する権利義務の取捨選択の範囲に悩まされるので，事業性の要件を外す実務的メリットは大きいという声もあるが（長島・大野・常松法律事務所編『アドバンス新会社法（第 3 版）』713 頁（商事法務，2010 年）），有機的一体性を要する事業譲渡の制度は機能している。現実には起こり得ないとしても，「事業性」を不要とする姿勢が極端に徹底されると，たとえ機械 1 台の譲渡でも（極論すれば鉛筆 1 本ですら）会社分割が成立すると，理屈の上ではいわざるを得ない。ただ，ここまで拡大解釈するのは現実的ではない。基本的には平成 17 年会社法制定前の旧商法と同じく，会社分割の対象も会社法 467 条の事業譲渡の規制対象となる「事業性」を有する財産と解すべきではないか。会社分割と事業譲渡の経済的効果は類似しており，両者とも原則的に株主総会の特別決議を要し，反対株主には株式買取請求権が認められる点でも共通している。なお，「事業性」が不明確というのが事業性を不要とする立場の理由だとすれば，事業譲渡の制度は維持できないこととなるが，事業譲渡の制度は機能しており，これを存続させることに異論はみられない。

　なお，現行法の規定ぶりをもとに，事業譲渡と会社分割の相違点を挙げるとすれば，①事業譲渡の対象は事業性を要するが，会社分割の対象は規定の「用語」上では事業ではない，②事業譲渡の相手方は会社に限定されないが，会社分割の承継人は会社に限られる，③事業譲渡の無効の主張方法については制約がないが，会社分割の無効は「会社分割無効の訴え」による必要がある，そして，④事業譲渡では，譲渡会社の債務を譲受人が引き受けるには債権者の同意を要する

が，会社分割では，「債権者異議手続」が存在するため個別の同意は不要である。さらに，⑤承継法の適用の有無にも違いがある。ただし，事業譲渡等指針が設けられたため，実質的には同様の取り扱いになり得る。

2　事前開示「債務の履行の見込み関する事項」への変更の影響

会社分割に関する会社法制定前の商法旧 374 条ノ 2 第 1 項 3 号・374 条ノ 18 第 1 項 3 号は，事前開示事項として，分割後に「債務ノ履行ノ見込アルコト」と規定されていたため，債務の履行の見込みのあることが会社分割の「効力要件」であると解されていた。ところが会社法では，開示事項に関する会社法施行規則 183 条 6 号・192 条 7 号等では債務の履行の「見込みに関する事項」と規定ぶりが改められたため（782 条 1 項・794 条 1 項等参照），債務の履行の見込みが要件となるかが議論となった。これについて立案担当者は，債務の履行の見込みがないことは会社分割の無効事由にはならないとした上で，債務の履行の見込みのない会社分割を行った場合は，詐害行為取消権（民法 424 条）行使の余地があると説明してきた。債務の履行の見込みは将来予測であり法的安定性を害することが主な理由とされた。

これに対し，2005（平成 17）年改正前商法と同じく「債務の履行の見込み」があることを会社分割の効力要件とする有力な見解もみられる（江頭憲治郎『株式会社法（第 8 版）』945 頁（有斐閣，2021 年））。しかし，債務の履行の見込みを要件としない立場に立っても，詐害行為取消権の適用や法人格否認の法理などの活用で適切に対処することも可能であり，取締役の責任追及の余地もあるため，債務履行の見込みのない会社分割は，かなりの部分で防止できよう。それでも労働者保護に欠ける場面が想定される。

3　日本 IBM 事件最高裁判決

会社分割に伴って，労働契約が承継されることが必ずしも労働者の保護とならない場合もある。たとえば，日本 IBM 事件（最判平成 22 年 7 月 12 日民集 64 巻 5 号 1333 頁）がそれである。本件は，「一部の労働者 X らが承継の効果を否定するため，もとの分割会社 Y に対し労働契約上の権利を有することの確認を求めた」最初の事案である（最高裁判決の解説として，齊藤真紀・会社法判例百選〔第 4 版〕188 頁（2021 年），成田史子・労働判例百選〔第 10 版〕67 頁（2022 年），その原審については，荒木尚志・労働判例百選〔第 8 版〕148 頁（2009 年），山下眞弘・金融・商事判例 1348 号 2 頁（2010 年））。

なお，本件は会社分割の事例とされているが，これは事業譲渡ではないかとの

見方もできよう。会社分割とされたため，もとの分割会社から承継先に移された
わけであり，これが事業譲渡であれば，労働者の個別同意が必要とされたはずで
ある。

⑴ 5条協議と7条措置

　労働者の同意を求めない会社分割においては，分割計画書や分割契約書での記
載が決定的であるため，分割会社の労働者を保護するために特則がおかれてい
る。まず，「商法等の一部を改正する法律附則」（平成12年法律第90号）5条1項
により，承継される事業に従事している労働者との事前協議（5条協議）が必要
とされるが，その違反の効果や違反の有無の判断基準について明文を欠いている
ため，本件のような紛争事案が現れた。しかも，5条協議での合意成立は要件と
されないため，どの程度の協議がなされれば足りるかについても不明なままであ
る。この5条協議と併せて，承継法7条に定める労働者の理解と協力を得るよう
努めること（7条措置）も求められ，労働契約承継法指針（以下，判旨では「指針」）
も出ているが，結局，協議や説明が何度も繰り返されれば上記の要件が充足され
たという判断がされやすくなる。

⑵ 争　点　　5条協議および7条措置の手続に違法な瑕疵があったか

　本件については，第1審から上告審まで「会社分割」の事案と位置づけられて
いるが，「事業譲渡」の事案に分類できる事例とみることもできる。事業譲渡で
あれば労働者の意思が尊重されるが（民法625条），会社分割と位置づければ承継
法によって当事会社に都合のよい解決を導くことが可能となり，労働者が犠牲と
なる危険性が少なくない。しかも，承継される労働者に対し，行先の経営状況の
説明が十分であったかどうかも不明である。

⑶ 判　旨

　① 5条協議が全く行われなかったときには，当該労働者は承継法3条の定め
る労働契約承継の効力を争うことができる。また，5条協議が行われた場合で
あっても，分割会社からの説明や協議の内容が著しく不十分で，5条協議を求め
た趣旨に反することが明らかな場合には，5条協議義務の違反があったと評価し
てよく，当該労働者は承継法3条の定める労働契約承継の効力を争うことができ
る。

　② 7条措置は，分割会社に対して努力義務を課したものと解され，十分な情
報提供等がなされなかったため5条協議がその実質を欠くことになったといった
特段の事情がある場合に，5条義務違反の有無を判断する一事情として7条措置

いかんが問題になるに留まる。

③　指針は，7条措置において労働者の理解と協力を得るべき事項として，会社の分割の背景および理由ならびに労働者が承継される営業に主として従事するか否かの判断基準等を挙げ，また5条協議においては，承継される営業に従事する労働者に対して，当該分割後に当該労働者が勤務する会社の概要や当該労働者が上記営業に主として従事する労働者に該当するか否かを説明し，その希望を聴取した上で，当該労働者に係る労働契約の承継の有無や就業形態等につき協議をすべきものと定めている。

以上の点を本件についてみれば，本件の分割会社は，7条措置および5条協議ともに指針の趣旨にかなう説明を行っているものと判断できる。

4　日本IBM事件の問題点

会社分割無効の訴え（会社法828条1項9号10号）には，「無効原因」の定めがなく，「提訴権者」も株主等，破産管財人もしくは分割否承認債権者に限定されており（同条2項9号10号），提訴権者の中に労働者は含まれていない。仮に労働者保護の規定違反が認定され，それが分割無効原因とされても，会社法上は労働者に会社分割無効の提訴資格はない。提訴資格がなくても，本判決のように解決できるのであれば，強いて労働者に会社分割無効の訴え提起資格を認める必要はない。5条協議違反に遭遇した労働者について，労働契約の承継が否定されるのであれば労働者保護の実現が可能となる。明文の根拠もなく会社分割無効の訴え提起権者を拡大するのは，解釈の限界を超える疑いもある。具体的な未払賃金債権などを有している労働者は，その限りで債権者異議手続（会社法799条・810条）により異議を述べることが認められ，異議を述べた者は会社分割無効の訴えの原告適格があることになる。

この債権者異議手続は具体的な金銭債権回収について債権者が有する期待を保護する制度であり，継続的な労働契約の当事者としての地位は，この手続によって保護される対象とはされない。このように，会社分割無効の訴えによって継続的契約関係にある労働者の救済を図ることには困難がある。そこで，分割無効原因が認められなくとも，一部労働者との間で手続的瑕疵がある場合には，分割会社との間で個別に承継の効力を争うことを認める「相対効説」ともいうべき見解がある。本判決は，最高裁としてはじめて相対効説を採用し，5条協議の趣旨のみに照らして承継の効力を判断した。その趣旨は，承継される事業に従事する個々の労働者の希望等をも分割に反映させる可能性を確保することを通じて労働

者の保護を図るものであると解して，承継法 3 条の効果（主従事労働者の承継）は 5 条協議が適切に行われることを前提とし，特定の労働者との関係で 5 条協議が全く行われなかったとか，分割会社からの説明や協議の内容が著しく不十分なため，5 条協議の趣旨に反することが明らかな場合は承継の効力が否定されるとした。最高裁が，特定の労働者と明示して相対的無効の立場をとったことは評価できる。

　本判決は 5 条協議義務違反がないとしたが，この結論には議論があり，労働法学からの批判が目立つ。分割会社は労働者と誠実に 5 条協議を行う義務があるとか，本件はグループ会社間の移転事案であるのに，単独新設分割に関する形式的な説明や回答に留まっていて，誠実さに欠けるなどと批判される。確かに，形式的に説明を重ねるだけでは十分とはいえず内容が問題である。会社分割を媒介にすることで，労働者保護の法理が実質上潜脱されることのないよう慎重に判断すべきである。

5　IBM 類似のエイボン事件（東京地判平成 29 年 3 月 28 日労働法律旬報 1891 号 78 頁）

　本件は，会社分割にともなって新会社に転籍となった後に解雇された元従業員の男性が転籍の無効と地位確認，未払い賃金支払いを求めていた訴訟で，東京地裁は転籍の無効を認める判決を言い渡した。本件は，労組法 7 条違反の問題でもあり，会社が元従業員の組合脱退を求めた「支配介入」事案でもある。事案の概要は以下の通り。元従業員で原告の男性(54)は化粧品会社「エイボン・プロダクツ」（東京）の厚木工場で勤務していたところ，同社は 2012 年 7 月に会社分割の手続によって同工場を同社の 100 ％子会社として分社化した。その際に原告も労働条件に変更はないと伝えられ，エイボン社所属から同子会社に移籍となった。その後 2014 年 1 月に同社は同子会社を解散し，工場も閉鎖し，それにともない原告ら従業員も合意退職を求められ多くの従業員はこれに応じたところ，原告が応じず労働組合に加入し，エイボンに雇用を求めたが新会社から解雇された。そこで，原告はエイボンが会社分割の際に労働者と十分に協議を行っていなかったとして転籍は無効であるとし，エイボンでの雇用を求め地位確認と未払い賃金分の支払いを求め提訴した。

　本件で東京地裁の湯川克彦裁判長は「会社は会社分割の大まかな説明をしたが，個別の話し合いは不十分だった」とし，転籍は無効であるとした。基本的には日本 I BM 最高裁の判断枠組みにそったものといえるが，最高裁は，従業員か

らの新会社の経営見通し等の質問や出向扱いにして欲しい等の要望に応じていない点を認めた上で，なお「著しく不十分」とはいえないとして棄却しており，協議不足によって無効となる場合というのは相当限定的である。本件も上級審で判断が覆る可能性は否定できないが（本件控訴審で和解），支配介入を含む本件事案を直視すれば，本判決の結論は維持されるべきといえる。労働者側弁護士による解説として，穂積匡史・労働法律旬報1891号34頁（2017年）参照。徳住堅治・ジュリスト1514号120頁（2018年）は判旨に賛成し，田中勇気・労働経済判例速報2317号2頁（2017年）は，留保付きで本件の結論もやむを得ないとする。

Ⅲ　事業譲渡と労働契約の承継

1　事業譲渡の意義

譲渡に際して株主総会の承認を要する「事業」は，個別財産の単なる集合体ではなく，一定の事業目的のため「組織化され有機的一体として機能する財産」（事業性の要件）であり，社会的活力を有するものであると解される。その中核をなすものは，財産的価値ある「事実関係」（伝統，得意先関係，仕入先関係，営業上の秘訣，経営の組織，地理的条件など）であり，これによって事業はそれを構成する各個の財産の総和よりも高い価値を有することとなる。この価値を高める上で，「労働者」（会社法では「使用人」）の存在は大きいが，労働契約の承継が常に事業譲渡の成立要件とまではいえず，業種によって具体的に認定すべきである。たとえば，駐車場経営，出版社，あるいは精密機械製造業を比較すれば，そこで働く労働者の位置づけは自ずと異なる。事業譲渡は，会社の事業の全部または重要な一部を譲渡することであり，その結果，譲渡会社がこれまでの活動を維持できなくなるとか，大幅な規模の縮小を招くなど株主の利益にとって重大であるため，ここに株主保護の要請がある。

留意すべきは，事業の重要な一部の譲渡にも全部譲渡の場合と同じ「事業性」を要すると解すべきであり（山下眞弘「事業の重要な一部の譲渡と株主総会の特別決議」会社法の争点198頁（2009年）），経済的効果の点で共通する会社分割についても，このことは基本的に当てはまる。単なる「財産の処分」は，それが重要であっても業務執行機関の守備範囲に属することは会社法上明らかである（会社法362条4項1号）。ただし，その「子会社の株式等」の譲渡帳簿価額が当該会社の総資産額の5分の1を超えるときには総会決議を要すること（同法467条1項2号の2）に留意すべきである。事業譲渡の場合に移転されるべき財産の範囲が問

題となるが，事業に関する一切の財産を移転する必要はなく，特約で一部を除外することができるため，特約による「労働契約」の除外が認められるかという労働問題が生じる。労働契約関係を除外しても営業活動の承継ができる業種等もあり得る。たとえば，駐車場経営は人より便利な場所が決め手である。

2　事業譲渡と労働契約の承継

合併に関しては，消滅会社の権利義務が包括的に存続会社または新設会社に承継されることが会社法で認められているため（会社法750条1項・754条1項），消滅会社の労働契約も当然承継されることになる。先に見た会社分割については承継法の適用がある。これに対して，そのような規定のない事業譲渡については，譲渡会社に雇用されていた労働者の引継はどうなるかが問題となる。

事業譲渡は包括承継を生じる組織的な行為ではなく，譲渡当事者間の債権契約に過ぎないと解されてきた。これを前提とすれば，労働契約が当然承継されると解することは困難で，事業譲渡契約の当事者間で労働契約の承継を排除することもできそうである。また，民法625条1項に定める労働者の同意の要否についても，特別の規定がない限り例外を認めることはできず，労働者は譲受会社への移籍を拒み得ると解される。そして，不当労働行為があれば，労働法の問題として解決されることになる。労働契約の承継を事業譲渡の絶対要件とすると，事業譲渡が不可能となる場合も生じ，労働契約の承継をいかに強調しても，譲渡会社での整理解雇が有効要件を満たせば事前に解雇され，絶対的当然承継説にも限界がある。

3　事業譲渡と労働契約承継に関する原則論

⑴　当然承継説

その理由は，実質的に「営業主体の変更」に過ぎず，労働契約は原則として営業と一体をなすものとして承継されるという点にある。ただし，その例外も認めている。

⑵　当然承継ではないとする説

譲渡当事者間の合意によって労働者の引継ぎを協定し，引継ぎに当たっては各労働者の同意を要するとする。その根拠は，①事業譲渡は全部の譲渡を要するものではない，②労働契約は事業譲渡の本質的内容ではない，③事業と労働者全体を不可分のものとすると事業譲渡が不可能となる，そして，④労働契約上の権利義務関係のみ一体として移転すると解すべき根拠がないことをあげている。

⑶ 労働者の代替性の有無で区別する説

特約がなければ，合理的な理由のあることを条件に「代替性のある労働者」の除外はできるが，代替性のない労働者は当然に移転するとする。基本的には会社法学における事業譲渡の法的性質に沿うものといえるが，特に保護を要する代替性のある弱い立場の者が承継から排除されるという点で労働者保護に欠ける問題がある。

⑷ 労働法学における見解

絶対的な当然承継説はみられないが，当然承継を原則とするという方向で仮に労働法学と会社法学が一致したとしても，その理由は同じでない。会社法学では事業譲渡の概念から出発して当然承継を導くもので，労働者保護の理念がその基礎となっているわけではない。

以上，議論の詳細については，これまでの労働法学会での議論を参照されたい（日本労働法学会編『企業変動における労使関係の法的課題』（法律文化社，2016年），日本労働法学会編「営業譲渡と労働関係（ミニ・シンポジウム）」日本労働法学会誌94号76頁以下（1999年）。後者の大会では，商法学の立場から筆者も学会報告をしている。）。

4　原則論の限界

原則論は，問題解決には意味をもつとはいいがたい。解決策として，たとえば，事業の全部譲渡と一部譲渡とを分け，①全部譲渡の場合は，実質的に合併と同様に解して，労働者は原則一体として移転するものとし，移転に異議のある労働者の意思を尊重する。ただし，その実効性については検討を要する。事業全部の譲渡の結果，譲渡会社は消滅するか，あるいは存続していても大幅な変更を余儀なくされるから，移転先の経営状況さえよければ，労働者は事業の移転先へ移るのが従来の労務内容を維持する上で有利といえる。これに対して，②事業の一部譲渡については，従来と同様の業務内容を有する部門が残存している場合は，残っている部門への配置転換を可能な限り実施することで労働者保護を図る。一部譲渡の場合は移転先へ移ることが常に労働者の保護になるとは限らない。不当な労働者排除については，不当労働行為等によって解決する。

しかし，これにも検討すべき点がある。移転先の採算性が問題となる。承継されることが職場を失わない点で労働者保護になるかといえば，不採算部門への移転は労働者にとって有利とは限らない。会社が事業を譲渡する場合には，採算部門を切り出して解散し承継先で活路を見出す場合もあれば，逆に不採算部門を切

り捨てて，そこに労働者を移転させることで生き残りを図る場合もあり得る。事業譲渡の対象となる部門の状況を具体的に見なければ，労働者処遇の有利・不利は判断できない。

労働契約関係は，単なる債権関係と同一視できない。労働契約を承継する場合に労働者の同意を要するかは，労働契約の移転に関する原則論とは別に考察すべきで，民法 625 条 1 項の例外は，特別の規定や合理的理由がある場合に限定して認められるべきである。事業譲渡に伴い労働契約が承継された結果，労働者が不利な立場に追いやられることも考えられるので，労働者の同意を要件とすることは労働者にとって大きな意味がある。このことは，会社分割についても基本的に当てはまるといえそうである。

5　事業譲渡に関連する参考判例

⑴ **タジマヤ事件**（大阪地判平成 11 年 12 月 8 日労働判例 777 号 25 頁）

A 社が経営悪化のため従業員を全員解雇し解散手続をとった後，その親会社 Y 社に主要資産のほぼ全部を売却したという事実が実質上の事業譲渡とされ，A 社の従業員が Y 社に承継されたと認められた。A 社解散前に解雇されていた X が，Y と A は実質的に同一であり，事業譲渡によって雇用関係も承継されると主張したのが本件である。本件では従業員の労働契約も譲渡内容に含むと判示されたが，その根拠の説明が不十分ではないか。なお，本件解説として，野川忍・労働判例百選〔第 7 版〕84 頁（2002 年）。

⑵ **東京日新学園事件**（東京高判平成 17 年 7 月 13 日労働判例 899 号 19 頁）

経営破綻した A 学園が解散し，その後新設の X が A の教育施設の同一性を保持する形で運営を承継したが，従業員については AX 間の譲渡覚書において，A が全員解雇し X が新規採用する旨を定めた。そこで，A を解雇され X で不採用となった Y らが不当労働行為として地労委に救済申立てをしたのに対し，X が Y らとの雇用関係不存在の確認を求め，Y らが反訴提起。原審（さいたま地判平成 16 年 12 月 22 日労判 888 号 13 頁）は，X の不採用には客観的，合理的な理由がないとして，XY 間の雇用関係の存在を認めた。X 控訴。本件判旨は，特段の事情がない限り，X に採用の自由があるとした。なお，本件解説として，成田史子・労働判例百選〔第 9 版〕132 頁（2016 年），柳屋孝安・労働判例百選〔第 10 版〕132 頁（2022 年）。

以上 2 件を通じ，それぞれの事例が異なるので断定はできないが，判例の傾向としては，地裁は雇用関係を認める傾向にあるが，高裁は厳格に判断しているよ

うにもみえる。

Ⅳ　会社法学と労働法学の交錯

1　会社法における労働者の位置づけ

　会社法には使用人概念はみられるものの，労働法が対象とする労働者は規定されておらず，賃金債権等を有する債権者として登場するだけである。会社法の使用人規制（会社法 11 条・13 条〜 15 条）の主目的が取引安全にあり，代理権を有する使用人の代理権を規制対象としており，雇用関係は対象外とされる。したがって，労働者が詐害的会社分割において残存債権者として保護されるのも，債権者として保護されるのであり雇用が対象とはならず，ここに労働者保護の限界がある。会社法の目的は会社関係者の利益調整にあるが，そこでは株主利益の最大化が基本とされている。

　このような会社法学の通説的見解に対し，「労働者の利益も含む企業概念」をもとに，株主全体の利益と公共的側面に目を向ける見解も会社法学には少数ながら存在する。それは，次のような主張である。会社の組織再編の自由は尊重されるべきであるが，その自由も公共の福祉に従う必要がある以上，組織再編により不利益を受ける労働者の利益にも法的に配慮しなければならない。会社法と労働法は，これら相対立する利益の調和を目指すべきであり，その上に立って，労働者保護の見地から，一定の場合，組織再編の自由が制限される。たとえば，明らかに労働者切り捨てを意図した会社分割など事後的な救済策では労働者が救済されないような場合は，自己の利益に対する明白かつ差し迫った危機の存在を立証した場合には，会社分割の「事前の差止」を求める権利を認めてもよいと提案される。

　この見解は，事前差止によって，詐害的会社分割を阻止できるとされる（高橋英治『会社法の継受と収斂』295 頁，299 頁（有斐閣，2016 年））。しかし，事前差止の適格要件をここまで拡張できるかが問われる。また，この論者は事業譲渡については言及されない。伝統のある事業譲渡について，従来の会社法学の通説に従うのであるとすれば，特に会社分割に限定して労働者の保護を重視するには，その合理的理由の説明が求められるのではなかろうか。

2　労働法学からの批判

　株主利益の最大化を重視するのが会社法の通説的見解であり，この学界状況については，労働法学から以下のように批判されている（根本到「組織再編をめぐる

法的問題」毛塚勝利編『事業再構築における労働法の役割』28 頁（中央経済社，2013年））。会社にとって労働者は不可欠の存在であり，重要なステークホルダーである労働者の登場を会社法学が無視するのは疑問とされ，会社法が「会社の法人性に関する基本法」であるのなら，多様なステークホルダーを視野に入れるべきで，労働者を単に債権者として登場させるのは不十分であり，企業の意思決定システム等に組み込む必要があるとの主張である。

　この主張に対して，会社法学から，現代においては従業員の利益保護は労働法の守備範囲であると反論される。つまり，会社法は会社の利害関係者の保護を図るものであるが，労働者の保護は労働法に委ねたとする。しかし現在では，それで足りるか否かが問われており，ここに会社法と労働法との対話が求められる理由がある。

3　会社分割における労働者保護

　合併の場合に労働契約の包括承継が認められる根拠について，合併においては承継を拒否しても残るための法人がなく，法人全体が承継されるため労働者間に不平等問題も生じないので，民法 625 条 1 項の適用を排除する強行的な承継効果が会社法に定められた。このように解した上で，会社分割と労働者の異議申出権について，民法 625 条 1 項が憲法 22 条 1 項や 13 条に基礎を置くものと理解し，当該事業に主として従事している労働者に異議申出権を認めない承継法 3 条ないし 4 条は憲法に抵触するとの主張もあるが，異議申出権のない労働者に新たな救済措置を講じるには，憲法論議まで持ち出さなくても，事業譲渡と比較しながら異議申出権の付与に合理性があるかどうか検討すれば足りるのではないか。

4　承継法類推適用の当否

　2016（平成 28）年 9 月 1 日に改正労働契約承継法指針および新設事業譲渡等指針が施行・適用されたが，事業譲渡と労働契約承継については，従来から諸学説による解釈論が展開されてきた。指針による対応が実現しても，問題は完全に解消したとはいえず，以下，これまでの議論を紹介する。

　近年，会社分割と事業譲渡の本質的類似性に着目して，労働契約承継法を事業譲渡に類推適用するという見解が現れた（有田謙司「事業譲渡における労働契約の承継をめぐる法的問題」毛塚・前掲書 96 頁）。すなわち，承継法は，企業再編に際して，労働契約承継の場面での労働者保護を目的としており，この点に類推適用するための第 1 の法的基礎を求めると説明される。そして，第 2 の法的基礎として，会社分割と事業譲渡の本質的類似性を指摘する。そして，承継法を類推適用

する場合に関し，承継事業に主として従事する労働者に異議申立権が認められていないが，このような労働者について，その同意を前提とせず労働契約の承継を肯定した上で，2つの対応が提示される。すなわち，①承継対象の事業性が明確でないときは当該承継には事業性がないものと推定することで，主たる従事者でない者の承継対象のルール（承継法5条）を適用すること，そして，②平成12年商法附則5条の協議義務の実質的違反が，承継法3条の労働契約承継の効力について労働者が争うことができる効果を有すると解されていることから，5条協議によるチェックを働かせるというものである。

　この新説に対しては，類推適用のもととなる承継法が多くの問題を抱えており，これをどのように克服するかが課題となる。この論者もこれを自覚した上で，立法的解決までの過渡的なものと認めている。しかし，事業譲渡について，どのような立法の解決が望ましいかが問われており，立法的措置はかなり慎重に考えざるを得ない。会社分割については承継法による一定の解決が用意されているが，これは真に労働者保護に資するのか疑わしい。分割される部門に専属する労働者が承継会社等へ移されるという扱いは，失業を避ける意味では一定の意義を有するが，既に日本ＩＢＭ事件でみたように，承継先に移ることを望まない労働者にとっては不利な結果となる。会社分割の場合にも，事業譲渡と同じく労働者の意思を重視すべきではないか。確かに，承継法にも一定の事前協議や措置が用意されているが，それで十分であるかが問われる。理由づけは別としても，結論的に承継法の類推適用は無理というほかない。そこで，立法的措置は慎重にすべきことを強調するのが，次の反論である。

5　倒産時の事業譲渡と承継される不利益の有無

　事業譲渡の場合に，労働者には「承継される不利益」があるかどうかについて，事業譲渡は会社倒産時に活用されるのが実情であることに着目すべきである，との指摘がみられる（金久保茂『企業買収と労働者保護法理』431頁（信山社出版，2012年））。すなわち，倒産時の事業譲渡については，破産手続に関して破産法に労働者保護に関する諸規定があり（破産法36条・78条2項3号），民事再生法や会社更生法にも保護手続規定がある（民再法42条1項2項3項，会更法46条2項・3項3号）。事業譲渡には譲受会社について責任限定機能（偶発債務の遮断など）があり，これが企業再建に有益な機能を果たし，移転対象を選別し債務の承継をしないという選択の可能性もある。それゆえ承継会社は「労働契約の承継」も強制されないし，労働契約の移転には労働者の同意が必要と理解されることと

なる。よって労働者には「承継される不利益」はないと結論する。次に，全員解
雇，一部採用型において，「承継されない不利益」はあるかについて，事業の一
部譲渡の場合は，譲渡会社に残存する余地があるが，全部譲渡の場合は失業を意
味するため深刻であり，事業の同一性があるような場合は，黙示の合意の推認，
法人格否認の法理等で解決すべきこととなるとされる。

　この論者は，事業譲渡について，会社分割のような立法的措置をすることについ
いては，次のように批判する。①当然承継を義務づけることは，譲渡会社と無関
係である譲受会社の採用の自由を制限し企業再編を制約することになる。承継を
義務づける方向で立法することにより倒産の増加することが懸念される。労働者
引継ぎを強制すると事業譲受がなされない可能性があり，その結果として事業破
綻と全員解雇が待ち受けている。②事業譲渡においては，労働者を保護すべき場
面は例外である。健全な企業は労働契約を承継するのが通例で，問題のある事例
には不当労働行為で対処が可能である。③要件や適用範囲を明確に立法化するこ
とは困難である。要件論等の解釈で紛争が増大するリスクも危惧される。そし
て，④このような立法は，採用の自由に対する重大な制限となることも危惧され
る。

　以上，結論として法的措置は妥当でなく不要と主張される。そして，他の手段
で労働者の保護を実現すべきであるとし，「労使協議の場」を設定する手続的ア
プローチや解雇の場合の「金銭補償」の立法化などを提言される。このような主
張は，基本的に傾聴に値するが，会社分割との関係で労働契約承継法をどのよう
に評価されるのか言及がなく不明である。

V　近年の動向と課題

1　承継法に係る規則・指針の改正等

　会社分割に関する承継法に係る規則および労働契約承継法指針が改正され，事
業譲渡および合併に伴う労働関係上の取り扱いに係る事業譲渡等指針も新設され
施行されている。特に新設された事業譲渡等指針が注目される。民法 625 条 1 項
によって，労働者の個別合意が必要とされる事業譲渡については，労働者の意に
反して労働契約の承継が強制されることはない建前となっているが，現実は弱い
立場にある労働者が不本意な同意をせざるを得ない場合もある。そこで，労働者
保護の見地から新たな指針が設けられ，事業の譲渡会社は会社分割の場合と同様
の手続（7 条措置，5 条協議）を行うのが適当とされた（近藤圭介＝鈴木弘記「9 月

1日施行！組織変動に伴う労働関係法制の実務対応」ビジネス法務2016年10月号85頁，原田耕太「会社分割に伴う労働契約の承継等に関する法律施行規則の一部改正等について」NBL1083号4頁（2016年），塩津立人＝小野上陽子＝覺道佳優「労働契約承継法施行規則・指針および事業譲渡等指針の改正等と実務上の留意点」商事法務2112号44頁（2016年），本久洋一「労働契約承継法および事業譲渡等に関する新指針（平成28年8月17日厚生労働省告示317号・318号）等について」労働法律旬報1872号6頁（2016年））。

2　施行規則・指針改正後の実務対応

会社法で会社分割の対象が事業に関して有する権利義務に変更されたが，承継法2条1項1号では事業性を維持したことへの対応として，会社分割について5条協議を要する対象が従来の者に加え承継される「不従事労働者」にまで拡大された。また，同協議で説明すべき事項も「債務の履行の見込み」が追加された。そして，5条協議義務違反は会社分割の無効原因とされていたが，個別に効果を争う可能性を認めた。

事業譲渡についても，新たに事業譲渡等指針が制定されたため，譲渡会社は会社分割の場合と同様の手続（7条措置・5条協議）をとることが「適当」とされたが，事前協議違反の効果については明確にされず，その違反だけでは承継の効果が否定されるわけでもなさそうである。ただし，上記指針制定の趣旨に照らせば，将来起こり得る争いに備えて実務上は手続を履践するのが適正であろう。

3　残された労働問題

会社法においても会社分割の対象に「事業性」を要件とすべきであり，それによって承継法をめぐる議論の混乱も一定回避することができるということ，そして債務超過の会社分割には労働者保護の上で大きな問題があるということが確認できた。これまでの議論の到達点に立って，労働法固有の課題ではあるが，以下検討してみたい。

①　労働契約承継法では，承継される事業に「主として従事する労働者」の労働契約は承継会社に承継され，その労働者の同意は要件となっておらず「異議申出権」もないが，そのような労働者にも異議申出権を認めるべきかどうか。

②　会社法では債務超過分割が容認されるため，「不採算部門」の切り離しの際に承継会社に承継される主従事労働者の保護が問題となり，逆に「採算部門」の切り離しの際に元の分割会社の不採算部門に残留する非従事労働者の保護も問題となるが，いずれの労働者にも「異議申出権」を認めるべきかどうか（①②に共

通する問題点について，毛塚勝利「企業組織の変動にかかる労働法制の問題点と整備課題」季刊労働法 255 号 88 頁（2016 年），村上陽子「事業組織再編時における労働者保護の法制化に向けて」労働法律旬報 1872 号 24 頁（2016 年））。

　③ 最後に，異議申出権制度は承継法 2 条 1 項で書面による通知を前提としており，分割会社が通知を怠れば通知義務違反を問うのは困難であり，そもそも異議申出権は機能しているのかという根本的な問題もある。

　これらは労働法分野の課題であり，会社法の立場から安易に判断すべきではないが，立法論としては，①②については結論的には，いずれも肯定するのが妥当ではなかろうか。事業譲渡に労働者の承諾を要するという要件は，同様の経済的機能を果たす会社分割にも等しく当てはまるといえる。ただし次の通り，いずれにも課題は残されている。①については，主従事労働者か否かの判断基準の曖昧さの解消が急務であり，②についても，企業存続の危機を乗り切る上で，不採算部門に係る企業再編を余儀なくされる企業経営上の要請と労働者保護との兼ね合いが重要な課題となる。そして，③における通知義務違反の効果について，異議申出期間を過ぎても異議申出権の行使を認めるという対処方法もあり得るが（荒木尚志「合併・営業譲渡・会社分割と労働関係──労働契約承継法の成立経緯と内容」ジュリスト 1182 号 23 頁（2000 年）。神戸地尼崎支判平成 26 年 4 月 22 日判例時報 2237 号 127 頁〈阪神バス事件〉もほぼ同趣旨か。），それは承継法 4 条 1 項で異議申出権行使が要式行為とされる関係で解釈上の難があるもといえよう。しかし，異議申出権制度を維持するためにも通知義務違反の効果は放置できない問題である。

Ⅵ　関連問題（海外情報）

　日本の法人企業がイギリスで事業を開始する際に，イギリスの法人が営む事業の譲渡を受ける場合，TUPE（Transfer of Undertakings（Protection of Employment））という規制を受けることがある。TUPE とは，事業を譲渡する会社の雇用を守ることを目的とした法規制である。上記の例では，事業譲渡を行うイギリス法人が雇用している従業員のうち，一定の要件を満たす従業員については，日本法人が雇用を継続しなければならない場合があるということである。このことは，日本法人として事業承継を受けた後の人事は，譲渡会社とは全く別に独自に構成したいという思惑があっても，TUPE によって，それが一定程度阻まれるということがありうるということを意味する。

　日本の法人企業がエージェントなどを指名しイギリスで商品販売展開をしてい

て，後に販売会社を設立してそれによって販売展開を承継するような場合も，販路や顧客などを承継し，それについて対価を支払うような場合には，このTUPE の規制を受ける可能性があるということに注意する必要がある。

　なお，日本の法人企業がイギリス現地法人を買収（株式の取得）して，事業を継続する場合には，TUPE の適用はない。TUPE は，事業譲渡により雇用主の変更がある場合に，新しい雇用主に雇用を継続させるというものであるが，株式譲渡による買収の場合，雇用主である法人は買収前後ともにイギリス法人であり，株主が変更されただけなので，雇用主が変更される場面ではないからである。つまり，法律上は当然に，買収後もイギリス法人は引き続き従業員を雇用した状態にある。ただし，日本法人とイギリス法人が共同出資してイギリスに新会社を設立し，その新会社に事業を承継させる場合は，雇用主に変更があるため，TUPE の規制を受けることに注意が必要である。なお，譲渡会社が Redundant（日本でいうリストラのような制度）を実行する場合や倒産のような場合は，例外的に雇用承継をする必要がないと例外規定が定められている。

第6章　独占的状態・企業破産と事業譲渡

◆一　論点整理

　本章では，事業譲渡をめぐる会社法と会社法以外の適用関係について，2つの問題を検討する。第1は，行政法規と民事法規との適用関係である（四Ⅰ～Ⅱ）。①企業が自らの努力で結果として寡占状態まで経営圏を拡大してしまった場合，行政法規によって公正取引委員会が「事業譲渡命令」を発することに問題はないか。このような独占禁止法の規定の存在する意味はどこにあるのか。②事業譲渡命令に従うとして，会社内部の総会決議は不要なのか。仮に決議を必要とした場合，株主総会で事業譲渡を否決することは可能か。次に第2の問題は，倒産法との関係である（四Ⅲ～Ⅳ）。③赤字経営が続き破綻しつつある場合に，どの段階まで総会決議を要件とする事業譲渡がありうるのか。④倒産法の適用を受けるまで経営が悪化しても，事業再生手段としての事業譲渡は可能なのか。事業譲渡が可能であるとした場合の経済的効果はどのようなものか。

◆二　結論要旨

　第1の問題，行政法規と民事法規との適用関係について，公正取引委員会の命令に全く従わないという結論は問題であろう。そこで，無条件に従うとの結論と「一定の条件」のもと命令に従う結論で考えることなりそうであるが，結局，命令に服従するのであれば，事業譲渡に総会決議を求めても実質的には意味がない。事業譲渡すべき会社側と行政側との十分な協議相談がなされることに期待するほかないであろう。独占禁止法の事業譲渡命令の規定については，その評価が分かれるが，市場独占に対する抑止力の効果は期待できよう。

　第2の問題，倒産法と会社法との関係であるが，「破産手続を事業再生の手法」として活用するという時代の流れに注目したい。企業が破産状況になったからといって，突然，事業性が消滅するわけでもない。わずかでも事業活動の可能性が残されているのであれば，それを最大に活かすのが国民経済の視点からも歓迎さ

れる方向といえる。たとえば，メーカーが破産会社である場合に，①得意先から評価される「技術力」があって取引を継続する可能性があり，②「生産設備」も残されており，③それを稼働させる従業員の協力も得られ，④資金提供をしてくれるスポンサーが存在すれば，破産会社といえども事業譲渡を可能とする要件が整っている。破産管財人による事業譲渡の実現を追求すべきである。事業の継続は雇用の維持にも資する。

◈　三　問 題 意 識

　会社法467条は，株式会社が事業を譲渡するには総会決議が必要であると規定しているが，いかなる場合でも決議を要するかについては検討すべき問題がある。「事業性」を完全に喪失した状況にあれば，株主を保護する前提条件がないといえそうであるが，具体的にどのような状態をもって事業性がなくなったと認定すべきかの判断は必ずしも容易ではない。破産状態にあっても直ちに事業性がなくなるわけではなく，単なる個別財産の塊に過ぎないということにはならない。活動を休止していても事業活動の再開が見込まれる場合であれば，事業性を失っていないと評価することもできる。これは「倒産法と会社法の交錯」問題である。もうひとつの交錯する問題は，「行政法規と民事法規」の適用関係である。会社法と独占禁止法の関係をどのように理解すべきであるかという理論上の問題も重要である。そして，具体的には，「独占禁止法8条の4と会社法467条の適用関係」が実務では問題となりうる。公益の保護に対して，株主の保護はどこまで認められるべきかという課題である。ただ，実際にはこの独占禁止法の競争回復措置命令は発令された例がないということであるが，だからといって無意味な規定と速断するのは禁物で，将来に備えて慎重な検討が必要といえる。

◈　四　論 旨 展 開

Ⅰ　行政法規と民事法規の交錯

1　会社法と独占禁止法
　会社法（商法）は私益間の調整を図る私法であるのに対し，「私的独占の禁止及び公正取引の確保に関する法律」（以下，「独禁法」という）は，公法的な規制

として機能し，公正かつ自由な競争秩序を維持する目的を有するものであり，両法分野はその性格と機能の両面において大差がある。そうはいうものの，会社法の規制のあり方が独禁法の目的に少なからず影響を及ぼし，たとえば，企業集団に関する会社法規制の充実度が，非競争的な性格の企業結合を招くこともある。つまり，企業結合に関する会社法規制の充実が競争秩序を左右する側面もある。会社法は，株主，役員その他の主体間の利益調整の枠組み内で，各主体の合理的行動を規整する法であるが，そこでの合理的行動は市場経済と無関係ではなく，公正かつ自由な競争秩序の維持を目的とする独禁法の観点から，合理的行動を決定づけるべきであるともいえる。すなわち，会社法の規整のあり方が競争秩序に影響を及ぼしうる。それと同時に，独禁法の規整のあり方が会社法からみて合理的行動に大いに関係するということもできる。たとえば，持株会社規制（独禁法9条）や銀行・保険業による他社議決権保有制限（同法11条）などがその典型例である。このように，会社法と独禁法は大きく違いがあると同時に，相互に影響し合う関係にある。

　そこで，会社法と独禁法の関係について，会社法に独禁法を含むかどうか，つまり両者を統一的に把握すべきか否かが議論されてきた。両者は体系的に区別されるべきであるとの立場に対し，統一的に捉える立場もある。統一的に捉える中心的な理由は，次のようなものである。すなわち，独禁法は企業一般の組織および活動に関する基本的なあり方，基本原理を宣明するものであり，それは民法第1条の公共福祉の原則・権利濫用禁止の原則，または民法第90条の公序良俗の原則が，社会全体の立場から私法関係一般の基本的なあり方を定め，私法秩序一般のよって立つ基本原理を宣明しているのと類比的である。したがって，民法におけるこれらの諸原則が私法一般の基本原理として私法体系に包摂されるべきものである限り，独禁法もまた企業法の基本原理を定めるものとして商法の体系に属する，とされた（大隅健一郎『商法総則（新版）』52頁（有斐閣，1978年））。いずれの立場に立つかによって，実務の結果が左右されるかどうかはともかく，学問的には興味深い議論ではある。

2　独占的状態と事業譲渡命令

　会社は事業の譲受けによって一定の取引分野での競争を実質的に制限することとなる場合には，事業譲渡をすることができないが（独禁法16条1項・2項），自らの経営努力の結果，独占的状態となったときでも，公正取引委員会は競争回復措置として事業の一部譲渡命令（独禁法8条の4第1項）を発することができる。

その場合に，譲渡命令の対象が譲渡会社にとって事業の重要な一部にあたる場合には，株主総会の特別決議を要するかが問題となる。これは，株主の保護を優先するかそれとも競争の回復を重視するかの議論であり，学説上，「決議を不要とする特別な規定」がないことを根拠に株主の利益を強調する決議必要説（林修三「行政処分の株式会社および株主に対する応力」商事法務 764 号 2 頁（1977 年），竹内昭夫 = 松下満雄「企業の合併と分割」竹内昭夫・龍田節編『現代企業法講座 3 企業運営』460 頁［松下執筆］（東京大学出版会，1985 年））に対して，公共の利益を保護する目的をもつ行政処分は企業の意思を問わないとする決議不要説（龍田節「営業譲渡命令と株主総会決議」公正取引 334 号 9 頁（1978 年），上柳克郎ほか編・新版注釈会社法(5) 272 頁［落合誠一］（有斐閣，1986 年））の対立がある。

　前者の「決議必要説」は，譲渡命令は会社に対しては法的拘束力があるが，個々の株主まで拘束するものではなく，株主総会での議決権行使は自由であるとする。その結果，承認決議が成立しなかった場合は，会社は行政処分に従わなかったという意味で法律違反をしたと評価されるにすぎないとする。これに対して，「決議不要説」は，総会決議を必要とすると総会の否決によって命令が宙に浮いてしまい，また個人企業が命令を受けた場合には従うほかないのに，株主は命令に反することができるというのは問題であると批判する。いずれの見解にも，それなりの説得力があるが，いずれか一方の利益を優先するのではなく，もし可能であるならば，この問題については株主の利益と公共の利益を調和させる解決が，理想的である。

　そこで，かつて筆者は，競争原理を尊重しながら株主保護をも図るため，事業譲渡命令の拘束力は事業を譲渡すべきであるという限りで効力を有し，命令が出ても株主保護のため総会決議は必要としたうえで，事業譲渡の合意ができるまで決議を繰り返すほかないとする折衷的見解を私案として示したことがある。このような考え方については，調和を追求する余り中途半端であるなど批判はあろうが，一方の利益を過度に強調するのも問題であると考えた末の苦肉の策であった。

　しかし，このような折衷案は，結局のところ命令に従うことを前提としていることに変わりはなく，決議不要説の範疇に属するといわざるをえない。そこで現在の結論としては，行政命令が発せられたならば従うほかないという前提（決議不要説）をとったうえで，行政庁と会社代表者が十分に相談を重ね，企業のダメージを最小限にする方向を目指すのが現実的で妥当であろうと考えるに至っ

た。相談する中で必要に応じて株主の意見も聴取すれば，実質的には，かつて筆者が提唱した私案であった折衷的見解に近い結果となる。

Ⅱ　債務超過・休業中・清算中と事業譲渡

1　債務超過

　債務超過の場合であるが，純資産がマイナスである債務超過の場合は，総会決議は不要であるとする見解がある（龍田節「営業譲渡と株主総会決議（二）完」京都大学法学論叢 105 巻 3 号 12 頁（1979 年））。このような状況にあれば，株式買取請求権（会社法 469 条）を行使させる意味がないことをその理由とする。このように破綻状況にあれば，保護されるべき株主の利益はほとんどなく，むしろ債権者保護を優先すべきであるともいえる。これに対して，債務超過の程度にもよるが，たとえ株式買取請求権の行使が実質的に無意味であっても，基本的に最終判断は株主に委ねるべきであるとする見解もある（神作裕之「株式会社の営業譲渡等に係る規律の構造と展望」落合誠一先生還暦記念『商事法への提言』152 頁（商事法務，2004 年））。いずれにせよ，実務的な取り扱いとしては，疑わしい場合は株主総会の承認決議を経ておくのが安全といえる。なお，会社法制定前の旧商法と対比すると，会社法では株式買取請求権制度の機能について以下のような変化がみられるが，これは上述の議論に微妙な影響を及ぼさないであろうか。

　会社法制定前商法旧 245 条 2 第 1 項では，買取価格が「決議ナカリセバ其ノ有スベカリシ公正ナル価格」となっていたのが，会社法では「公正な価格」で買い取ることを請求できるとされた（会社法 469 条 1 項）。これは，救済されるべき株主の利害状況が多様なため，柔軟に対応することに配慮したものである（藤田友敬「新会社法における株式買取請求権制度」江頭憲治郎先生還暦記念『企業法の理論（上）』270 頁（商事法務，2007 年），松尾健一「株式買取請求権」ジュリスト 1346 号 51 頁（2007 年），山本真知子「新会社法における株主の株式買取請求権」山本為三郎編『新会社法の基本問題』77 頁（慶應義塾大学出版会，2006 年））。改正の前後で株式買取請求権制度の機能を比較すると，旧商法の下では，「決議ナカリセバ」基準は，事業譲渡前の状態に戻すことを株主に保障したものであったと理解することができる。そこでは，事業譲渡前に比べて状態が悪化する株主にとっては有効な救済手段として機能するといえる。しかしながら，事業譲渡の前後で状態に変化はないが増加した企業価値を分配されない少数派株主にとっては救済手段とならない。とはいえ，旧商法の下では，買取請求権制度には企業価値を毀損する事業

譲渡の抑止効果はあった。これに対して，会社法の下で端的に「公正な価格」と改められたのは，事業譲渡によって生じる企業価値の増加分を買取価格に反映させて，買取請求権行使を通して企業価値の増加分の公正な分配に与る権利を株主に保障することにあると理解できる。したがって，そこでは少数派株主が買取請求権を行使した場合の買取価格には，増加した企業価値の分配分が反映されていなければならない。会社法における買取請求権制度は，公正な条件で事業譲渡が行われたら得たはずの利益を反対株主に保障する機能を果たすものといえる。しかも，会社法でも旧商法における買取請求権制度の機能を併せ有するとの解釈がなされている。そうであれば，買取請求権の行使場面を広く認めることによって，反対株主の保護をはかるべきであるということもできよう。

2　休　業　中

休業状態が継続している場合はどうか。経営状態が悪化している場合には，営業活動が休止するのは自然の成り行きである。客観的に完全な廃業状態であればともかく，休業中であっても，客観的にみて「営業再開の可能性」が残されている限り企業は生きており，事業性が認められる限り，直ちに株主保護の必要性がなくなったとはいえない。実務上，その判断基準が問題となるが，一律に休業期間のみで判断することはできない。労働者が残されているか，取引先との関係に繋がりがあるか，事業活動に必要な特許など無形財産が確保されているかなど，総合的に状況をみて活動再開の見込みを判断すべきである。

さらには長期の休業であっても，経済が回復するとか，業種によっては社会的ニーズが回復して客観的に営業再開が可能となる場合もある。著しい債務超過が原因で金融機関の協力も得難いということであれば，長期休業でなくても廃業状態へと向かうこともあろう。その意味では，社会経済の環境も重要な判断材料となる。

3　解散後清算中

最後に，会社解散後，清算中の事業譲渡の場合であるが，会社の解散決議は営業廃止の意思表示を意味する。しかし，解散決議があっても直ちに有機的一体として機能してきた組織的な財産が単なる個別財産に変質するわけではなく，解散決議後といえども「事業性」が認められれば事業譲渡はありうる。その場合に解散前と同じく総会決議を要するかについては，決議必要説が多数のようである。筆者もそのように考えている。すなわち，いまだ有機的一体として機能する組織的財産が存在する限り事業性は残されていると評価することができ，その処分に

ついての最終判断は株主に委ねるべきである。

　破産に追い込まれても諦めるべきではない。たとえば，半導体メーカーがコロナ感染拡大の影響で廃業に追い込まれていても，世界的な半導体不足のため電子機器メーカーや自動車業界から注文が殺到するといった外的な影響で，半導体の需要が高まりニーズに応えるため，量産体制が復活することもあり得る。破産手続を開始して従業員を全員解雇していたとしても，コロナ感染拡大で従業員が他社に転職できなければ，不幸中の幸いで従業員の協力も得られ，半導体の生産再開も可能となる。

Ⅲ　破産手続と事業譲渡

1　倒産法の基本法たる破産法

　倒産に関わる法体系（倒産法）において最も基本となる法が「破産法」である。他の倒産手続である会社更生・民事再生なども，破産法を基本としてそれぞれの法律に規定されている。破産法は，倒産手続の基本類型である破産手続について規定する法律で，破産手続の要件・効果などの実体面だけでなく，実際の破産手続の方式など手続面も規定している。破産手続とは，裁判所によって選任された破産管財人が，破産者の財産を管理・換価処分して，それによって得た金銭を各債権者に対して弁済または配当する手続である。破産手続によって，破産者である法人・会社は消滅するため，破産手続は「法的整理」の「清算型」に含まれ，その清算型倒産の基本類型でもある。

　破産法1条によれば，その第1の目的は，「債権者その他の利害関係人の利害及び債務者と債権者との間の権利関係を適切に調整し，もって債務者の財産等の適正かつ公平な清算を図る」ことにある。つまり，債権者や利害関係人の利益をいかに図るかということが重大な目的とされ，各債権者について適正かつ公平に取扱わなければならないということである。破産手続は，倒産状態に陥った債務者の財産が，債権者等の間で奪い合いになり，債権者間での公平・平等が害されるのを防ぐため，裁判手続によって債務者の財産を公平・平等に分配するための手続である。したがって，破産法の第1の目的は，債権者の利益を確保するというところにあるとされる。そして，破産法の第2の目的は，「債務者について経済生活の再生の機会の確保を図ること」にある。すなわち，破産手続によって負債を清算することによって，債務者の経済的更生を図るということであるが，これを前に一歩進めて，事業譲渡を活用し他社において，破産会社の事業再生を実

現することも視野にあるといえなくもない。

2　会社更生と民事再生

⑴　会社更生法

　会社更生とは，会社更生法に基づく裁判手続であり，経済的に行き詰まった株式会社について，裁判所の選任した更生管財人の主導の下，会社債権者等の利害関係者の多数の同意の下に更生計画を策定し，これを遂行することにより，利害関係者の利害を適切に調整しつつ会社の事業の再建を図る制度である。会社更生の手続は，株式会社のみが利用できる強力な手続で，無担保債権者のみならず担保権者や株主の権利をも制約することができ，合併，減増資等の会社の組織再編行為も簡易に行うことができる。ただ，株式は全て無価値になり，通常はスポンサーが新たな株主となり，基本的に代表取締役は交代することになる。このため，単独オーナーや同族経営が多い中小企業にとっては，選択の対象外ともいえそうである。

　会社更生を成功させるポイントは，会社の再建に協力してくれる資金協力をともなう援助をする者（スポンサー）が存在することである。援助の方法としては，更生会社への出資，事業譲受等さまざまな方法がある。スポンサーの援助が絶対必要なわけではなく，更生会社が自力で再建を成功させることも可能であるが，スポンサーからの支援によって再建を果たした例が多いようである。会社更生手続の開始決定があったときは，破産，民事再生などの他の手続は中止されるため，他の倒産手続を開始したものの，会社更生手続に移行するケースもある。他の倒産手続の開始後に会社更生手続を利用することも可能であるが，他の手続を行った時間・費用のロスになり，会社資産，企業価値の劣化も進み，それが会社の再建を難しくすることも考えられるため，倒産手続の開始に当たっては，当初から最適な手続を選択することが重要といえる。

⑵　民事再生法

　民事再生法は，いわゆる再建型の倒産手続を定めた法律で，再建型の手続を定める点では会社更生法と共通するが，会社更生法が株式会社のみを対象とするのに対し，民事再生法は個人から大企業までを幅広く利用される点で，会社更生法と異なる。債務者，破産手続開始の原因となる事実が生ずるおそれがある場合に，再生手続開始の申立てを行う（一般的には，民事再生法の適用申請という）ことができるが，この申立ては，債権者も行うことができる。

　再生手続開始の申立てがあった場合，手続開始を判断することになるが，裁判

所は，「事業の継続を内容とする更生計画案の作成若しくは可決の見込み，又は事業の継続を内容とする更生計画の認可の見込みがないことが明らかであるとき」などを除き，手続開始を決定することになる（決定されない場合は，破産手続に移行することがある）。

　手続開始が決定された後は，再生計画案を作成し，それに対する関係者の決議及び裁判所の認可を得た上で，事業を継続することになる。会社更生法に基づき会社が再建を目指す場合，一般的に，元の経営陣は経営から離脱し，管財人の管理下で更生計画を遂行するが，民事再生法に基づき会社が再建を目指す場合には，元の経営陣が再生計画を遂行する。再生計画を遂行し，会社の経営が軌道に乗れば再生手続を終了し，経営を継続することになるが，逆に，再建の見込みがないと判断された場合には，破産手続等に移行することもある。

3　破産法における規整——破産手続にも事業譲渡を活用

　破産申立の前にすでに完全な債務超過となっていても，企業価値を最大限に活かすために，破産申立の段階で事業譲渡を試みる意義は大きい。破産手続を利用した事業譲渡を推進するには，十分な事前の準備と速やかな譲渡行為が求められる。準備活動が万全であれば，スポンサーの突然の撤退など予期しない障害が生じても事業譲渡を成功に導くことが可能となる場合もある。

　現行の破産法36条は，破産手続の開始決定がなされた後であっても，破産管財人に対して，裁判所の許可を得ることで「破産者の事業を継続」することが認められている。旧破産法では，営業の継続が最初の債権者集会の決議事項とされていたため，第1回集会までに限って裁判所の許可を条件に営業の継続が認められていたところ，営業の継続を債権者集会の決議事項としていたため，継続のタイミングを失するという難があった。継続ができなければ譲渡もできない。そこで，手続の簡素化と迅速化が重視されることとなり，裁判所の許可によって営業又は事業の譲渡が認められた（破産法78条2項3号）。ただし，裁判所は労働組合等の意見を聴くことが許可の前提条件となっている（破産法78条4項）。このことは民事再生法42条3項3号および会社更生法46条3項3号にそろえるべく規定された。企業に雇用されている使用人（従業員・労働者）の身分安定に配慮する趣旨であるが，譲渡先に再雇用されることが常に使用人にとって有利であるかどうかはケースバイケースである。しかし，一般論としては，破産会社の使用人は元の企業が存続できない状況下にあるため，譲渡先に再雇用されるのが有利ということはできよう。

　なお，労働者・従業員・使用人と類似の用語があるので，念のため，それぞれ
の相違点を確認しておきたい。まず「労働者」の意義であるが，それは労働法の
用語といえる。いまさら説明するまでもないが，労働法は労働に関する法令の総
称であり，労働者を守るための基本的な法律である労働基準法，労働組合法，労
働関係調整法（いわゆる労働三法）だけではなく，その他に労働契約法，労働安
全衛生法，職業安定法，男女雇用機会均等法，労働者派遣事業の適正な運営の確
保及び派遣労働者の保護等に関する法律（労働者派遣法）など，労働法といわれ
る法分野は多岐にわたる。そして，法律ごとに「労働者」という用語が示すもの
は異なるため，労働法全般において労働者を一律に定義することはできない。た
とえば，労働基準法における労働者は，使用者に使用され，賃金を支払われる人
を指し，この条件に当てはまるのであれば，職業分野や職種，雇用形態は問われ
ない。正社員，パートやアルバイトなどの短時間労働者なども労働者に該当する
が，業務委託や業務請負といった一部の労務を委ねられる人は，労働基準法上の
労働者には当てはまらない。
　次に「従業員」とは，企業と雇用契約を結んでいる労働者を一般に指してい
る。正社員に限らず，契約社員やアルバイトとして雇用された人も雇用契約を結
んでいれば「従業員」に該当する。最後に，従業員と紛らわしい「使用人」は，
それ自体は法律上の定義はなく，商法の分野では，「商業使用人」について規定
されており（商法20条以下），特定の商人に従属する営業の補助者とされ，商人
の指揮の下にあることが要件とされる。しかし，商業使用人の範囲については学
説上争いがあり，とくに「雇用関係」が要件となるかについて，通説は雇用関係
が必要であるとしている。そのため，商人が友人等に営業活動を行わせる例のよ
うに委任関係にある場合は，友人は商業使用人とは認められない。会社の「使用
人」については，会社法が商法総則と類似の規定をおいている（会社法10条以
下）。
　商法・会社法で「使用人」の意義が問題とされるのは，その者の代理権の範囲
についてであり，包括的代理権を有する支配人その他が規定されている（商法21
条以下，会社法11条以下）。そこで，商人のために代理権を有していることが要
件となるかが議論となり，規定の仕方からみれば，代理権のない技術者などは使
用人に該当しないと解されそうであるが，雇用関係さえあれば代理権のあること
は使用人の要件ではないとする見解も少なくないようである。なお，「使用人」
という用語は，商法・会社法の他にも用いられるが，それぞれの法の目的に照ら

してその内容を判断する必要があるが，ここでは，厳密に区別せず，商法・会社法の「使用人」の用語を広義に用いておく。

4　利害関係人

(1)　債　権　者

　基本的に，会社更生法は，計画案の中で事業譲渡の詳細を定め，債権者に情報開示をした上で，多数決による決議に委ねるという建前になっている（会社更生法46条1項参照）。しかし，民事再生法も含め，事業の更生のために必要であると認める場合に限り，迅速性・秘匿性の観点から，計画外事業譲渡を認めている。その場合に債権者の利益は，債権者の意見聴取（民事再生法42条2項，会社更生法46条3項1号・2号）を踏まえた裁判所の許可の際に斟酌される（民事再生法42条1項，会社更生法46条2項）。破産法78条2項3号とその前提となる同法36条では意見聴取は不要で，事業継続が破産債権者一般の利益に適合すると認められたときに，裁判所の許可が下される。

(2)　株　　主

　会社更生法は，株主の利益について，更生管財人に事業の経営権及び財産の管理処分権が専属することから（会社更生法72条1項），株主総会の特別決議（会社法467条1項，309条2項11号）を不要とするものの，事業譲渡が株主の利益に重大な影響を及ぼすことに配慮して，特別の拒否権を株主に付与する（会社更生法46条4項2号，7項2号）。ただし，更生会社がその財産をもって債務を完済できない状態（債務超過）であるときは，この手続は不要となる（同法同条8項）。民事再生法は，株主総会の特別決議を必要としながらも，債務者が債務超過の場合は，裁判所に代替許可を認める（民事再生法43条2項）。これに対し，破産法では，株主総会の特別決議が必要な事業譲渡に該当しても，破産管財人に財産の管理処分権が専属しているため，民事再生法と異なって，総会決議は不要と解されている。

(3)　使用人（従業員・労働者）

　使用人は内部の者として会社の重要な情報を保有しており，事業譲渡が内部者にも多大な影響を与えるため，事業譲渡に際しては，破産法，会社更生法，民事再生法のいずれによっても，裁判所は使用人の利益を代表する労働組合等の意見を聞く必要がある（破産法78条4項，会社更生法46条3項3号，民事再生法42条3項）。なお，会社更生法46条3項3号では，労働組合等を組織する者について「使用人」という用語を用いている。

Ⅳ　破産管財人による事業譲渡（事例紹介）

　「破産会社の事業譲渡を可能とする要件」を知る上で参考となる最近の事例として，破産管財人が実行した中小企業の事業譲渡の実践例（井口喜久治「破産管財人による事業譲渡とその諸問題」銀行法務 21 890 号 12 頁（2022 年））について紹介しておきたい。この事例のようにメーカーが破産会社である場合，得意先から評価される「技術力」があって取引を継続する可能性があり，「生産設備」も残されており，それを稼働させる「従業員」の協力も得られ，かつ資金提供をしてくれる「スポンサー」が存在すれば，破産状態であっても事業譲渡を可能とする要件が整っている。

　事実の概要を抜粋すると以下のようである。破産会社は，昭和時代に創業した金属切削加工の専門企業で，とくに半導体製造装置に用いられる超精密バルブ製造メーカーに対し精密部品を納品することを事業内容としていたが，①過去 5 年間の経営状況は債務超過の赤字経営であった。そこで，②赤字を打開するため大手機械部品メーカーとの新規取引を開始することとなり，高額のリース料を覚悟で最新設備を導入したところ，海外の状況悪化とコロナ感染拡大の影響で大手得意先からの受注も激減した。そこで，③破産申立直前の経営状況も厳しく，手持ち資金も枯渇しつつあったので，令和 2 年 6 月に破産開始決定を受けるに至った。

　④破産会社は，A 社と B 社から 3 工場の建物を賃借して操業し，大型金属加工機械の大半はリース物件であった。従業員も廃業日に全員解雇したが，再就職も困難なため，「主要な人員の協力」を得られる状況にあり，破産会社の「技術力」は高く評価されていた。大手「得意先」からも製品加工の再開を強く求められ，事業を継続することで，当面の間は破産財団の維持が可能と考えられた。そこで，破産会社を解体清算せず，事業譲渡の可能性を検討することにした。⑤事業譲渡の可能性を模索するためスポンサーを募集し，C 社が一括事業譲渡を希望したので，譲渡先として手続を開始し，工場の賃貸人 A・B 両社，工作機械リース会社，仕入先・外注先，得意先，従業員確保など関係者との交渉もまとまり，事業譲渡に向けた環境も整った。ところが，事業譲渡の実行の直前に C 社が撤退したが，その後，新たな事業譲渡先として D 社が現れ，D 社が設立する新会社 E 社が事業を譲りけることとなった。⑥事業譲渡の実行までに，工場の本格的再稼働に向けて，令和 2 年 9 月，事業継続の必要性と許容性を明らかにした上

で，裁判所に対して「事業継続の許可」を申し立てた。そして，令和2年9月30日に，破産会社とE社との間で事業譲渡契約が締結され，同年10月1日に事業譲渡が実行され，従業員全員もE社に再雇用された。その後，新会社の業績は好調に推移した。

　以上が事実の概要であるが，「破産管財人による事業譲渡」が社会的に有用であることが明らかとなった一事例であるといえる。会社法471条5号によれば，株式会社が破産手続開始の決定を受けた場合は「解散」するとされ，破産法35条が「破産手続による清算の目的の範囲内において，破産手続が終了するまで存続するものとみなす」と規定していることからすれば，会社が解散した場合は，「事業の継続」は清算の本来の目的ではないと理解されてきたはずである。しかし，事業を解体・清算すると雇用の維持もできず，破産財団が乏しければ工場の賃貸人に損害を与えることもあるだけでなく，得意先にも損害を与えかねない。これらの問題を防止解消するためにも，事業譲渡によって対処する効用は大きい。それを実現するためにも，破産法78条2項3号が「営業又は事業の譲渡」という形での財産の換価を認め，破産法36条も事業譲渡がなされる場合には事業の継続を認めている。破産法では，破産管財人が事業再生を目的として事業譲渡を行うことは想定されていないとしても，破産管財人としては，この事案のように事業譲渡が可能な場合であれば，事業譲渡を活用した破産手続内での事業再生を目指すべきであるという示唆を，本事案の検討を通じて得ることができた。

　本件は，破産申し立て前の段階で「完全な債務超過」であったため，これまでは事業譲渡を活用した破産手続内での事業再生は不可能とみられてきたが，幸いにも半導体市況の回復という経済環境の改善にも助けられ，事業再生に成功することができた。本件で再生が成功した大きな理由として注目すべきは，従業員の高い技術力であろう。いったんは解雇したが，主要な従業員の協力を得ることができたのが幸いした。本件では，とくに従業員の協力なしには事業の再生は不可能である。事業が破綻しても諦めることなく，可能な限り破産手続を利用した事業譲渡も視野に入れておくべきである（なお，本事案に対するコメントとして，藤本利一「破産手続における事業譲渡の活用」銀行法務21 890号22頁（2022年）がある）。

第7章　相続と円滑な事業承継
――中小企業を中心として

◆　一　論 点 整 理

　円滑な事業承継を実現するには，「相続争い」を避けるのが何よりも肝要である。それには創業者が「遺言制度」を活用するのがよいが，相続争いは起こらないと身内の関係者は信じ込む傾向がある。相続する側としても，遺言書を求めるのは気が引ける。しかも，たとえ遺言によったとしても，①「遺留分侵害」の問題は避けられない。この問題への対策としては，「中小企業における経営の承継の円滑化に関する法律」（以下，「円滑化法」という。）による「民法特例」もあるが，その特例の適用条件が厳しいため（円滑化法4条），特例の活用には限界もある。2018年の民法〔相続関係〕改正（平成30年7月13日法律第72号）で「遺留分制度の見直し」も具体化したが，根本的な解決には問題が残されている。

　とくに相続財産が株式の場合は，遺言がなければ相続した株式が（準）共有となるため，②会社法106条の「議決権行使者」をどうするかという難題があり，③会社法174条により定款に「相続人等に対する株式売渡請求」に関する規定を設けてあると，経営者が亡くなったときに，少数派株主が株主総会を招集して，相続人が承継した株式について，会社が売渡請求をして強制的に相続株式を買取ってしまうことも可能となる。とりわけ当該相続人に「経営能力がある場合」に問題となる。しかしながら，④経営能力の有無という区分けは現実的であろうか。また，⑤株式相続人は議決権の行使ができないが（会社法175条2項），そのことに合理性があるのか。

　さらに，⑥遺言制度を活用するとしても，それに内在する限界として，子から二代目の孫へ相続させるように指定することまではできないという難点もあり，これを克服する制度として「信託制度」もあるが，未だ十分に周知・普及には至っていない。これらの事業承継をめぐる課題を克服するには，どうすればよいか。

◈ 二　結 論 要 旨

　経営権の奪い合いは，個人企業や中小会社に特有の事象ではなく，とくに同族的な会社であれば，周知のごとく大企業でも華々しく起こりうる。いずれも，経営権引き渡しのタイミングに問題があり，創業家が会社を私物化しているようにも見受けられる。企業とりわけ会社は公の存在であり，創業者個人の所有物ではないはずであるが，苦労して会社を育ててきた創業者の心情としては理解できないでもない。

　共有状態の相続株式について，会社法 106 条の議決権行使者は「過半数」で決めるというのが判例の立場であるが，少数株主の保護の観点から，これにも議論がある。結論としては，判例・通説の立場が支持されるべきである。「相続人等に対する株式売渡請求」に関する規定を定款に設けている場合には，経営者が亡くなったときに，少数派が，死亡した経営者の相続人が承継した株式について，会社として売渡請求をすることで株式を買取ってしまうことも可能となる。この売渡請求の場面では，当該相続人は十分な経営能力と意欲があっても議決権を行使することができない（会社法 175 条 2 項）。その後，少数派株主が新しい役員を選任したり会社を第三者に売却したりできる。いわゆる悪い「相続クーデター」である。大株主の相続人にとっては，このような定款規定は困りもので，どのように対処すべきかが議論となる。ただし，大株主の相続人が経営手腕もなく意欲もなければ，相続クーデターは必ずしも悪であるとはいい切れない。悪いか良いかの判別は難しく，売渡請求権に関する規定については，実務家からの批判もあり，会社法 174 条以下を削除すべきだとする声もある。

　近年，このような課題を解決する理論や株式相続人の議決権行使を排除する会社法 175 条 2 項を改める立法論も展開されている。会社法 106 条および 174 条以下の諸問題については，極めて詳細な研究成果が相次ぎ公刊されており，本章で詳しく紹介し検討する。以下，中小企業基本法における企業モデルをもとに検討する。

◈ 三　問 題 意 識

　事業承継の形態としては，①親族内承継のみならず，②親族外の従業員などが承継する事例もあり，③事業売却である「事業譲渡」や「会社分割」など M&A

の世界もある。事業譲渡や会社分割によって事業を他社に移す場合には，もとの職場で働いていた労働者の処遇も深刻な問題となる。会社法上，労働者の保護を要しないとはいえ，労働争議は事業承継にとって大きな障害となり，会社法と労働法の交錯する問題が横たわるが，この交錯する問題を連携に変える時代が来ている。本章では，事業承継全体を見渡した上で，相続と事業承継を中心に，相続法，会社法から信託法まで幅広く，とくに実務を意識して実践的な検討を試みたい。

　本章の基本情報としては，中小企業庁『事業承継ガイドライン（改訂版）』（2016年），同『事業引継ぎガイドライン――M&A 等を活用した事業承継の手続き――』（2015年），同『事業承継を円滑に行うための遺留分に関する民法の特例』（2012年），同『中小企業事業承継ハンドブック』（2011年），同『信託を活用した中小企業の事業承継円滑化に関する研究会「中間整理」』（2008年），事業承継研究会『事業承継問題の研究』（大阪弁護士会，2012年）などがある。なお，従来型の事業承継は，1人の後継者に集中させるというパターンが主流であったが，新しいモデルとして，ファミリー全体による集団統治型も提案紹介されている（森・濱田松本法律事務所編『変わる事業承継』（日本経済新聞，2019年））。

◆ 四　論旨展開

I　相続法改正による遺留分制度の見直し

1　遺留分制度の改正

　民法改正によって，遺留分減殺請求権は「遺留分侵害請求権」に変更された（1年間の消滅時効，相続開始時から10年経過でも消滅）。遺留分侵害額の計算方法は，改正前民法の解釈と基本的に変更はないが，遺留分侵害額の計算式は，2018（平成30）年の改正で追加された民法1046条2項に明記された。「遺留分を算定するための財産の価額」に算入すべき「相続人に対する生前贈与」に係る限定規定1044条3項も新設された。以下，断りのない限り条文は改正民法を指す。

　遺留分に算入される①対第三者の生前贈与は，相続開始前1年間にした価額（1044条1項）とするが，②相続人については，特別受益（婚姻・養子縁組・生計の資本として受けた贈与額）に限り，相続開始前10年間にした価額とする（同条3項）。特別受益でなければ算入は不要である（財産処分の自由拡大）。ただし，対

第三者もしくは相続人の場合のいずれについても，悪意の場合は上記の1年や10年の期間制限はない。これまで遺留分が受遺者・受贈者に対して物権的効力が生じるとされたため，遺産である不動産や株式等について共有関係が生じたが，改正により遺留分に関する権利（遺留分権）の行使によって，遺留分侵害額に相当する金銭債権が生じることに変化し（1046条1項），債権的効力とされた。これにより金銭債権に一本化されたので，不動産などの共有関係は生じないが，すべて金銭の支払いで解決することになるため，現金を用意する必要がある。これに対応できなければ，不動産などの単独での相続ができない。

2　遺留分事前放棄と民法特例

(1)　放棄の限界

これまでも非後継者が遺留分の事前放棄によって未然に遺留分をめぐる紛争を防止することができたが（改正前民法1043条，改正民法1049条），遺留分の事前放棄には2つの点で限界がある。①非後継者に手続上の負担がかかる。遺留分を放棄しようとする非後継者が，自ら家庭裁判所に申し立て許可を受ける必要があり，自身に何ら利益がないにもかかわらず相当な負担となる。②後継者の貢献が価額変動に影響を及ぼす財産について，一定時点における価額に固定し，その後の価値上昇分について遺留分を主張しないということに非後継者の同意が得られる場合であっても，遺留分の事前放棄では，推定相続人全員の同意があったとしても，あらかじめ特定の財産について遺留分算定基礎財産に算入すべき価額を固定することができないという点で限界がある。遺留分の事前放棄では，全遺産について遺留分を放棄するか，遺留分の一部放棄でも特定財産の全部を放棄するほかない。

(2)　円滑化法による民法特例

円滑化法による民法特例が適用されるには，①遺留分権利者全員の合意，②経済産業大臣の確認，③家庭裁判所の許可という3つの要件を満たす必要がある（円滑化法3条以下）。そして，遺留分に関する特例としては，①生前贈与株式を遺留分算定の対象から除外する特例（除外合意）および②遺留分算定において生前贈与株式の評価額をあらかじめ固定する特例（固定合意）がある。前者①によれば，後継者が旧代表者からの贈与等により取得した株式等は，民法上は特別受益とされるところ，当該株式等を除外合意の対象とすれば遺留分算定基礎財産に算入されず，遺留分権請求の対象ともならない。後者②は，後継者が取得した株式等を遺留分算定基礎財産に算入する価額は相続開始時を基準とする評価額とな

るところ，当該株式等を固定合意の対象とすれば，後継者の努力で価値上昇があっても，贈与時の価値をもって算入価額とするという特例である。

　なお，除外合意と固定合意は組み合わせることが認められ，取得株式の一定割合を除外合意の対象とし，残りを固定合意の対象とすることもできる。いずれにせよ，円滑化法による民法特例は適用要件が厳しく，これの活用に限界もある。

Ⅱ　事業承継とは

1　承継の対象

　承継の対象となるのは，①事業用の資産，②役員，従業員など，③顧客，取引先，④商品，ノウハウである。会社の経営理念・事業の存在意義を具現したものが，その事業が扱う商品であり事業用資産であり従業員であり，その商品やサービスを利用する顧客であって，これらをトータルで承継するのが事業承継で，いわば「経営理念」の承継ともいえる。

　事業承継には，承継する意思と能力のある後継者が必要であり，現時点で適任者がいない場合は，後継者の養成が必要になる。また，相続税や株式取得のために資金が必要となるため，事前の十分な対策が必要である。そこで，後継者の養成，資金の準備，関係者への周知などを考慮すると5年ないし10年くらいの猶予が必要で，早めのスタートがよい。

2　承継の方法と留意点

　事業承継の方法として主として3つの手法があるが，中小企業の事業承継者に変化が見られ，かつては親族内承継が主流であったが，事業引継ぎ支援プロジェクトマネージャーからの情報によれば，近年では親族外が多数となっている（宇野俊英「M&Aを活用した事業承継の実際」銀行法務21　804号4頁（2016年））。

　弁護士による近年の分析によると，中小企業におけるM&Aの手法としては，実務上の手続の簡便さも重視すれば，「株式譲渡」，「事業譲渡」，そして「会社分割」が中心とされる（髙井章光「M&Aを利用する場合の法的問題」銀行法務21　804号11頁（2016年））。親族内承継のメリットとしては，内外の関係者らの受入れやすさ，準備のしやすさがあるが，デメリットとして，親族の中に経営の能力や意欲がない場合があり，複数の相続人間の相続分バランスをとるのが難しい場合のあることも挙げられる。これに対し，親族外承継のメリットは，候補者を広く探しやすいことであるが，デメリットとして，親族関係者らの納得が得にくいこと，株式の取得のための資金の確保が難しいこと等が挙げられる。M＆Aのメ

リットとしては，候補者を広く対外に求めることができること，高く売って売却益を確保できることが指摘できるが，デメリットは売却の条件の一致が困難な場合があること，経営の一体性を確保するのが難しいことが挙げられる。

　事業承継での留意点としては，「経営権」を確実に承継させることが最優先であり，それには，議決権の3分の2以上を押さえておく必要がある。後継者以外の相続人の「遺留分」，税金対策（贈与税，相続税），業界規制などにも注意を払っておく必要がある。そして，以下の5つのことを意識しておく必要がある。

　①「事業の魅力」を高めること，つまり，後継者に事業を承継しようという意欲を持ってもらうためには，事業の魅力を高めておくことが必要となる。

　②「株式の評価」で留意すべき点は，親族内承継では，株式の買取費用や相続税のことを考えて，株式の評価を下げておくことが望まれるが，M&Aの場合には，株式の評価を上げるよう早期に方針を立てておく必要がある。

　③「承継のタイミング」として，いつ後継者にバトンタッチするのか，承継する時期の何年前に後継者を公表するのか，後継者を教育するのにどれくらいの時間がかかるのかなどを意識して，スケジュールを考えておく必要がある。

　④「負債の処理」について，事業承継する際には，金融機関から後継者に保証を求められるので，できるだけ負債を減らしておく必要がある。会社の現状をよく把握した上で，何を，いつ，どのように，実施していくかスケジュール化していく。事業承継計画は，事業承継の視点から現状の課題を抽出し解決するために作成する。主に承継時期，経営理念，ビジョン，目標数値，後継者育成と関係者の理解，地位と財産の承継等について検討しておく。

　⑤事業承継には，「後継者の教育」と「関係者の理解」が不可欠である。単に子どもだからという理由では，従業員や取引先の理解を得難く，顧客離れを生じる可能性がある。会社の経営者として，経営能力だけではなく，組織のトップとしてのリーダーシップ力，先見性，財務に関する知識などのスキルを高めるとともに，「経営理念」を承継しておく必要がある。なお，後継者以外の親族の理解を得た上で，役員・従業員，社外への発表のタイミングを計りながら，準備を進めていく必要がある。このタイミングを誤ると時期早尚と評価され，事業承継が頓挫してしまう可能性もある。

3　親族外の役員や従業員による承継

　親族外の役員や従業員に承継させる方法としては，役員や従業員に株式を譲渡する方法があり，譲渡先別に前者はMBO，後者はEBOと称される。①まず，

株価の算定を行い，②次に，資金調達方法を考え，③最後に株式譲渡に関する契約の内容などを考える。役員や従業員に株式買取りの資金が十分にない場合は，①事前に役員や従業員の報酬・給与額を上げておくことが考えられる。これだけでは不足すると思われる場合には，②公的な融資制度の利用や，金融機関からの資金調達も検討する。③事業の収益性や将来の成長性が見込まれれば，投資ファンドからの出資を得られる場合もある。

　社内に後継者がいない場合は，M＆Aによって，株式を第三者に譲渡することが考えられる。M＆Aによって事業承継する場合には，①株式譲渡，②事業譲渡，③合併などがある。①による場合は，社名も変わらず，許認可にも影響しない。そして，他の方法と比べて，手続が簡単であり，迅速に行うことができるため，中小企業ではこの方法を利用することが一般的に多いようである。②の場合は，会社の個別資産を譲渡の対象とするため，債務を自動的に引き継ぐということはないが，許認可を要する事業においては許認可を引き継ぐことができない。さらに，従業員を引き継ぐには，従業員の同意が必要とされているなど手続が煩雑になる。③「合併」は包括承継であることから，会社の有形・無形の資産および負債まで引き継いでしまい，売り手の潜在債務，簿外債務などを引き継いでしまうリスクがある。

　なお，M＆Aによって役員はどうなるかについて，「株式譲渡」の場合，当然には退任にはならないが，議決権の過半数を取得した承継会社はいつでも役員を株主総会の普通決議で解任することができる。「合併」や「事業譲渡」によった場合は，承継会社の役員として選任されなければ，承継会社の役員になることはできない。従業員について，「株式譲渡」や「合併」の場合には，当然に雇用関係が維持されるが，「事業譲渡」の場合は，当然には雇用関係は承継されないため，新たに承継会社と雇用契約を締結する必要があり，そのため従業員の同意が前提となる。したがって，契約書に雇用条件についての条項を設け，雇用を維持し雇用条件も変更しない旨を記載しておくとトラブルが防止できる（福原哲見監修／中小企業事業承継・実務研究会編『Q＆A中小企業事業承継のすべて』（民事法研究会，2014年），岡野・白井ほか著『実務目線からみた事業承継の実務（三訂版）』（大蔵財務協会，2018年）など参照）。

Ⅲ　共有株式の議決権行使

1　株式は遺産分割の対象

　最高裁は一貫して，株式は遺産分割までは相続人に分割帰属せず，共同相続人間で準共有（民法264条）の関係が生じるとしており（最判昭和45年1月22日民集24巻1号1頁，同昭和52年11月8日民集31巻6号847頁），現在もその立場を維持している（最判平成26年2月25日民集68巻2号173頁）。その理由を要約すれば，株式は，法律上の地位を意味し，株主は，自益権と共益権を有するので，このような株式に含まれる権利の内容および性質に照らせば，「共同相続された株式は，相続開始と同時に当然に相続分に応じて分割されることはない」という。これは通説でもある。大多数を占める非公開の同族会社を念頭におけば，株式相続が会社支配権を左右するため，この結論は実務上も妥当といえる。

　相続によって当然に分割されてしまうと，株式が分散されてしまう結果，事業承継に支障を生じる。当然分割で生じる不都合を回避するためにも，結論としては，準共有説が妥当というべきである。しかしながら，準共有の場合，相続人間の意向が対立すると，議決権が行使できなくなる可能性があり，経営者は，株式が準共有になることで生じる不都合を回避するために，予め生前贈与や遺言等の形で保有する株式を事業承継者に承継させるように準備しておく必要性がある。しかし，事前の対応策を講じないまま相続が発生してしまい，共有株式の議決権行使者が定まらないケースが少なからずある。このような混乱は事前の準備で避けることができるということを充分に認識しておくべきである。

2　株式相続と事業承継の視点

　共同相続による財産の共有は，その後の遺産分割までの暫定的な状態を意味し，遺産分割は，遺産に属する財産の種類や性質，各相続人の年齢，職業，心身の状態および生活状況その他「一切の事情を考慮」して行われる（民法906条）。これまで被相続人とともに企業経営に従事してきた相続人は，それ以外の相続人とは立場が異なり，事業承継に直結する株式の相続に際してもこのことは「考慮されるべき事情」になりうる。結果的に生じる財産的不均衡は，現金等で埋め合わせすればよい。株式は社員の地位をあらわし，会社との継続的な法律関係を前提としているため，円滑な事業承継を実現するには株式は経営従事者に集中するのが望ましい。高裁判決も，非公開で典型的な同族会社の株式について，その規模からして経営の安定のために，株式分散を避けるのが望ましいという事情があ

り，その事情が民法 906 条所定の事情に当たると認定して，他の相続人らには代償金を支払うことで，遺産分割において次期社長に就任予定の相続人の 1 人に当該株式の単独取得を認めた（東京高判平成 26 年 3 月 20 日判例時報 2244 号 21 頁）。

　株式の相続問題は相続法の支配する領域に属するが，とりわけ中小の非公開同族会社については，会社支配権の争奪に関わる問題となる。法定相続人の遺留分割合が小さくないことから生じる問題もあり，事業承継は農地相続と類似する側面もある点を考慮すれば，事業を承継する相続人について特例措置を設けるなど特段の配慮をすべきであろう。事業承継者に集中するのが理想であるとすれば，事業承継については単独相続が望ましく，その意味でも相続株式の当然分割という考え方は採用しがたい。とはいえ，株式共有の立場をとって遺産分割制度によるとしても，事業（非公開株式）の金銭的評価が容易でなく，これは現行の家庭事件の手続には馴染まず，その手続の中で事業承継者を決めるのは至難の業といえる。

　なお，株式だけでなく営業用資産についても，細分化を避けて事業を承継する者に支障のないような分割が遺産分割の審判等でも試みられているようで，経営の継続が不可能になるような分割は合理的でないとされており，家族法の専門家の間でもこの問題は相続法が抱える大きな問題と認識されている。そこで，現行法の枠内で考えられる究極の解決策は，株式や経営資産を事業承継者に確実に集中させる内容の「公正証書遺言」を作成することである。しかしそれにも現実問題として限界があり，法定相続人の「遺留分」の侵害はできず，立法論として事業継承のためであれば「民法特例」を待つまでもなく，遺留分制度のさらなる見直しによって対処することも相続法の課題となる。全く経営にも携わったことのない者が，経営支配権を奪取する目的で相続権を主張し，永年育んできた事業を崩壊に至らしめるような事態は避けなければならない。

3　会社法 106 条の趣旨

　相続の場合に限らず一般に株式の共有は，会社法 106 条で認められており，同条は「議決権行使の方法」について定めている。(準) 共有状態の株式の権利行使に関して，会社法 106 条は，「株式が二以上の者の共有に属するときは，共有者は，当該株式についての権利を行使する者一人を定め，株式会社に対し，その者の氏名又は名称を通知しなければ，当該株式についての権利を行使することができない。ただし，株式会社が当該権利を行使することに同意した場合は，この限りでない。」と規定している（なお，持分会社については会社法 608 条 1 項・5

項)。実務上問題となるのは，①権利行使者の指定方法，②会社側が権利行使に
同意する条件は何であるか。このような会社法106条をめぐる解釈論を実務上避
けるには，事前に遺言書を残しておけばよいといえるが，実際には遺言書を書か
ない傾向が見られるようである。そこで，以下のような議論をすることとなる。

　会社法上，共有の場合，そのままでは権利行使できず，共有者は権利行使者1
人を定めて会社に通知することが要件とされている。これは，①会社の「事務処
理の都合」と一般に説明されているが，同族的な閉鎖会社では事務処理の都合と
いう理由では説明がつかない。そこで，本条の趣旨は，事務処理の便宜のためだ
けではなく，②「株式共有者の保護」のためでもあるということもできる。非公
開・同族会社は株主数も僅かで必ずしも事務処理が煩雑になるとはいえず，株式
共有者の保護という趣旨も付加することで説明が成り立つ。つまり，権利行使者
の指定と通知を要件とし，多数派（会社側）が都合よく任意に議決権行使者を指
定するのを防止することは，共有者の保護とりわけ少数派の保護になる。そし
て，③権利行使者を通じた「議決権の不統一行使」を認めるなど会社法106条の
解釈運用は，「迅速な株式相続」つまり「相続をめぐる紛争の早期決着」（菅原菊
志『企業法発展論（商法研究II）108頁』（信山社出版，1993年））に配慮すべきであ
る。

　なお，ここでいうところの権利行使者は共同相続人の中から選ぶのが当然であ
ると解されているが，これに対してドイツ法を参考に，行為能力者であれば中立
の第三者でもよく資格に制限はないとする異論も一部にはある（大野正道『中小
会社法の研究』132頁（信山社出版，1997年），同『企業承継法入門』56頁（信山社出
版，2001年））。しかし，ドイツ法で議論されている場面が権利行使者の場面に適
合するかにつき疑問もあり，第三者から選ぶ必要性も認めがたく，とくに相続に
第三者が参加することで，余計に混乱が生じないかが危惧されるため，権利行使
者は共同相続人の中から選ばれるのが妥当であろう。

4　権利行使者の決定──多数決か全員一致か

⑴　民法の共有規定との関係

　議決権の行使について，民法の共有規定の類型によれば，それが共有物の「管
理」に該当するとみれば，権利行使者の決定は共有持分の「過半数」で行うこと
となり（民法252条本文），権利行使者は「各共有者の指示に従って議決権行使を
する義務」を負うこととなる。これを共有物の「変更処分」とみれば，「全員一
致」を要求することとなる（民法251条）。これに対し，共有物の使用と同じく共

有者の持分に応じた議決権行使は共有者の本来的な権利とみれば（民法249条），本来，共有者は各自の持分に応じて議決権行使をすることができることとなる。しかし，それを実行すれば会社の事務処理が煩雑となるので，権利行使者を通じて権利行使をするよう求めていると理解するものである。これによれば，各共有者は自己の持分については，「権利行使者に対し自己の指示に従って行使するよう請求できるとともに権利行使者は応じる義務がある」ということになるとする。この最後の見解は，持分権者にはリスクに見合ったコントロールを認めるべきであるとするものである。この段階での持分は遺産分割の前であって，いまだ株式持分の行方は確定していないことをどのように考えるかが問題となる。

(2) **権利行使者の権限**

　権利行使者の権限に制約があるか。これに関して最判昭和53年4月14日民集32巻3号601頁は，「有限会社において持分が数名の共有に属する場合に，その共有者が社員の権利を行使すべき者一人を選定し，それを会社に届け出たときは，…共有者間で総会における個々の決議事項について逐一合意を要するとの取決めがされ，ある事項について共有者の間に意見の相違があっても，被選定者は，自己の判断に基づき議決権を行使しうると解すべきである。」とした。つまり，「権利行使者は自己の判断で権利行使することができ，内部的な制限は会社に対抗できない」としている。これによれば，共同相続人間で権利行使につき内部的な取り決めがあったとしても，それは会社に対して対抗できない趣旨と理解されている。これを徹底すると問題が生じる。権利行使者が共有者の指示に反したことについて会社が悪意の場合は，そのことをもって会社に対抗できると解するのが妥当であるとすれば，そのような解釈の余地はある。とりわけ非公開会社にあっては，その悪意が認定されやすい。ただし，会社に対抗できると解すると，不統一行使の結果，株主総会決議取消訴訟など会社法上の問題が生じることも危惧される。共有の内部関係については，現行法上は民法249条以下の共有規定によって決するほかないが，単純に共有規定から無条件に結論を導き出すのは妥当といえず，実態に見合った判断をすべきである。

(3) **多数決説の妥当性**

　権利行使者の決定は，可能であれば，共有者の「全員一致」によるのが望ましいことはいうまでもないが（全員一致を要件とする見解として，大野・前掲『中小会社法の研究』130頁），共有者の全員一致で権利行使者が決まらないときに備えて，持株数の「多数決」で決定してもよいのではないか。後述するが，これが判

例の立場でもある。全員一致が要件となると，いつまでも権利行使者が決まらないが，多数決で足りるとすれば，少数派の権利が保護されないという問題も生じる。そこで，会社法 106 条但書によって，会社が任意に特定の者を権利行使者と認めてよいかが問われ，もし，会社が任意で権利行使者を決められるとなれば，同族の中小会社では，会社＝代表者＝相続人の一人という構図になっていることが多いため，とりわけこの場合は「議決権の不統一行使」を認めないと，代表者ではない共同相続人の意向が反映されないという，不公平な結果を招く危険がある。相続は公平性が求められ同時に事業承継の迅速かつ合理性も要請される。これを視野に入れて，会社が任意で権利行使者を決められるかについては，慎重な検討が求められる。

(4) 全員一致説の問題点

　結論としては多数決説が妥当であるが，ここで「全員一致説」の主張にも充分に耳を傾けておきたい。「全員一致説」は，会社の経営権をめぐって相続人間に争いが生じている場合には，過半数説を採用すると持分の過半数を占めるグループが相続株式全部について自派に有利な権利行使をし，少数持分権者の利益を完全に無視した不合理な結果となると指摘し，権利行使者の指定は「管理行為」（民法 252 条）の範囲に属するものとは解されず「処分行為」（民法 251 条）であるとする。とりわけ，小規模非公開会社では，権利行使者の指定が実質的な企業の承継者の決定を意味し，権利行使者の指定は単なる共有物の管理行為とみることはできないと主張する。全員一致とする見解は，共同相続人間の合意が成立しない限り，相続株式の権利行使をさせないでおいて，最終的には遺産分割協議が成立するまで現状を維持したほうがよいとの価値判断によっている。しかし，①「共有者の他にも株主が存在」すれば，「共有者以外の株主が総会決議を成立」させてしまうという事態も起こりうるのであり，全員一致を要件としてもこれだけは避けられない。また，②「株主として共有者のみが存在」する場合であっても，遺産分割に適切な企業承継を期待できるとは限らず，全員一致とする見解が常に正しいとは断定できない。さらに，③共同相続人間に争いがあれば，遺産分割協議も円滑に進まず，家庭裁判所での審判となれば（民法 907 条 2 項），企業承継者の決定を裁判所の判断に委ねることになるが，これは司法に期待できそうにもない。

　ところで，下級審には「全員一致」とする判例もある。その詳細を示す徳島地判昭和 46 年 1 月 19 日判例時報 629 号 90 頁は，「（準）共有株式（持分権も同じ）

の権利行使者1名を定めることを規定した商法203条2項の趣旨は専ら共有株主権を行使するさいの会社に対する関係を会社の便宜のために規制しただけのもので，共有者相互（内部）の代表者選定行為自体を規定したものではなく，右内部関係の法的性質についてはこれを別個に検討すべきものである。しかして，前記のような共有者のなす代表者選定行為自体は被選定者（本件では原告）に対し広汎かつ重要な権限（本件の如く，場合によっては会社経営の死命を制することもある議決権の行使のほか利益配当受給権，各種の少数株主権の行使等にも及ぶ）を包括的に委託する一種の財産管理委託行為（債権法の領域）と目すべきものであつて，共有物につき個々の権利行使をその都度行ういわゆる管理行為または保存行為（物権法の領域——この場合は共有物の管理一般にならい，多数決または単独でなしうる。そして，これを規定した民法252条は強行法規である）とは次元を異にするものと解するのが正当であり，それ故その選定行為は性質上全員の合意をもつてする必要がある」とした。

　「全員一致説」は，権利行使者の指定行為は包括的な権限を授権する行為であるという発想を基本にしているため，この立場からは，指定された「権利行使者は自由に株主権を行使することができる」と考える方向に向かう。これに対して，権利行使者の指定方法につき「多数決」を前提とする場合は，権利行使者の権限を無制約とする立場と制約があるとする立場に分かれ，前者では権利行使者は自由に株主権を行使することができるとし，後者（多数説か）は，権利行使者の権利行使は共有者内部の意思決定に基づくとする方向になる。その結果，共有者全員の合意がある場合には合意により，合意がない場合には民法251条，252条に従うこととなる。

(5) 指定方法と権利行使者の権限

　権利行使者の権限もその指定方法と関連づけて理解すべきことになる。権利行使者の権限に制約がないとすれば，その指定は厳格な方法によるべきであるが，「議決権の不統一行使」などによって，権利行使者は共有者の意思を反映すべきであるとするならば，論理的には権利行使者の指定も緩やかな基準で足りるということもできる。しかし，全員一致で権利行使者を指定しないと終局的な解決にならないということもできるため，この点に着目すれば権利行使者の権限と切り離して，その指定要件を厳格にする必要性も否定できない。これについて，権利行使者の権限を無制約とせず，共同相続人に与える影響の大きさで制約の有無を考えるのであれば，権利行使者の指定は，共同相続人に「権利行使の途」を開く

だけであると理解することもできる。現実の問題として，少数派ひとりの反対で権利行使者の指定すらできないという事態は避けるべきで，その点も考慮すれば，結論として権利行使者の指定に必ずしも「全員一致」を要求する必要はないということになり，判例も多数決で足りるとしている（最判平成 9 年 1 月 28 日判例時報 1599 号 139 頁）。妥当というべきである。

　多数決の立場によるのであれば，実務でも「指定・通知」の手続は慎重に行うべきである。つまり，共有持分の過半数を有する準共有者は，まず，他の準共有者に対して，権利行使者の指定・通知に参加するように求め，一部の準共有者が指定・通知への参加をあくまでも拒否する場合は，その準共有者に指定・通知に参加する機会を与えた上で，共有持分の過半数を有する準共有者だけで権利行使者を指定・通知することも可能で，たとえば，実務的には指定・通知について協議を行う日時・場所を合理的に設定し，それを全ての準共有者に知らせるなどの方法がありうる。

5　会社側からの権利行使の認容

　会社法 106 条但書は，権利行使者の指定・通知がなくとも，会社が同意すれば共有者は権利行使ができる旨定めているが，会社の同意というのは，具体的には代表取締役の同意（会社法 349 条 4 項）もしくは総会議長の同意（同法 315 条参照）を意味する。そこで，この同意が代表取締役・議長の自由な判断でできるとすれば，議長などの思いのまま議決権行使されてしまわないかという疑念が生じ，とくに非公開会社では，議長も共同相続人の 1 人であったり主要株主であったりすることが想定される。

(1)　判例の立場と評価

　会社法 106 条が制定される前には，このような但書に相当する明文はなかったが，その当時の最高裁は，権利行使者の指定・通知がない場合について，「共有者全員が議決権を共同して行使する場合を除き」会社側から共有者の議決権行使を認めることも許されないとして（最判平成 11 年 12 月 14 日判例時報 1699 号 156 頁），「会社の勝手な行為」を防止した。その後に会社法 106 条但書が規定されたが，会社の同意についてとくに限定も定められず，「会社の同意があれば共有者は権利行使ができる」とだけ規定されたため，その解釈をめぐって議論が錯綜し，平成 11 年判決の結論が否定されたとみる理解に対し，正反対に同条は 11 年判決と同じ趣旨の規定と理解する見解もありうる。

　そのような中，会社法 106 条但書の法意と会社が同意をすることができる場合

について，次のように最高裁の判断が示された。すなわち，同条但書の適用について，民法の共有に関する規定に従ったものであるときに限り，会社が同意をすることが認められるとした（最判平成27年2月19日民集69巻1号25頁）。そのうえで，共有に関する規定に従った権利行使として，「特段の事情」のない限り，株式の「管理」に関する行為として，（令和3年改正）民法252条1項により，各共有者の持分の価格に従い，その過半数で決せられるとの判断を示した（本件解説として，福島洋尚・会社法判例百選〔第4版〕26頁（2021年））。いずれにせよ，会社の同意が全くの自由判断に任されたと解釈するのは問題であり，これは実務上も留意すべき点である。

(2) 会社法106条但書の適用範囲

これについては，①共有株式の議決権行使の方法について，共有持分の「過半数」で決定すると解するのであれば，各共有者が議決権を行使するのも同じくその「過半数」の決定がなければ，たとえ会社が同意しても行使できないことになる。その理由として，これは共有の内部関係上の問題であるから，会社がその関係を変更できないとする。これに対し，②各共有者が共有持分に応じて本来は議決権行使ができるが，会社の事務上の便宜のために権利行使者に指示して権利行使することが求められているに過ぎないとみれば，会社の同意があれば各共有者は持分に応じて議決権を行使できるという結論になる。いずれにしても，③会社が同意さえすれば，無条件で会社法106条但書が適用され，各共有者は議決権行使ができるという結論は問題である。それが実質的な株式分散に繋がるだけでなく，会社の同意を得られない少数派の排除にも濫用されるからである。

(3) 違法状態の是正と議決権行使

権利行使者が指定されなければ，株式の共有者は株主権の行使ができないとすると，たとえ決議に瑕疵があっても，権利行使者の指定がない限り「違法状態」を是正する途がないということにならないか。最高裁は，このような場合でも「権利行使者を通じた訴訟提起」を求めるとの原則を維持しながら，それが不都合な場合は「特段の事情」を認定することで解決してきた（最判平成2年12月4日民集44巻9号1165頁）。しかし，「特段の事情」という不明確な概念で不都合な状況を回避するのは不安定であり，これには批判も少なくない（本件解説として，大野正道・会社法判例百選〔第2版〕22頁（2011年），荒谷裕子・会社法判例百選〔第4版〕22頁（2021年））。

そこで，いかなる権利行使であっても会社法106条が適用されるとするのは問

題であると批判され，総会決議の瑕疵を争うのは「違法状態を是正する行為」であるから，それは（令和 3 年改正）民法 252 条 5 項の「保存行為」に該当し，共有者が単独で訴訟を提起することができるとするのが多数説といえる。これは「特段の事情」という例外解釈によるのではなく，会社法 106 条の適用外とする考え方である。決議無効・決議不存在の訴えは「確認の利益」がある限り，誰でも訴えを提起できることを理由に，権利行使者の指定・通知を欠く共同相続人の原告適格を認めるべきであるとの指摘がある（吉本健一・判例評論 397 号（判例時報 1406 号）57 頁（1992 年））。これが基本的には正義に適うというべきである。

Ⅳ　議決権の不統一行使

1　会社法 313 条 3 項の解釈

権利行使者の指定について，どのような立場をとるとしても，「権利行使者の権限の範囲」をどうするかという難題が残され，共同相続人は権利行使者に全権委任したと理解してよいかが問われる。とりわけ，過半数で権利行使者を指定した場合に，少数派の保護をどのようにして図るかが現実的な問題となる。少数派の立場からすれば，「権利行使者を通して自己の株式持分について自分の指示による議決権行使を求めたい」ところであるが，会社法 313 条 3 項の解釈として，会社はこのような不統一行使を拒むことができるという考え方もありうる。会社が不統一行使を拒めないと解釈しても，権利行使者は共有者の指示に従う義務があるかという民法 249 条以下の共有規定に係る問題もある。

会社法 313 条 1 項によって「議決権の不統一行使」ができる典型例は，株式信託の引き受けなど株主が「他人のために株式を有する」場合（同条 3 項）を念頭においているものと解されている。信託であれば，受託者が法律上株主となるため，信託会社が受益者の意向によって議決権を行使するためには必然的に不統一行使を認めることとなるが，共有については議論がある。かつては，共有者の決議で統一した意思決定が可能であることを理由に，この場合は不統一行使を認める必要がないとする見解もあったが，現在は共有についても不統一行使を認める。これが妥当というべきである。なお，共有者間に意見対立がある場合に「持分割合に比例した議決権の不統一行使」が最適解であるのなら，立法論ではあるが，「裁判所の許可制度」のようなものを導入することも検討の価値がある。

そこで，会社法 313 条 3 項のいう「他人のために株式を有する者」の意味が問題となる。これは，実質上の株主と名義上の株主とが異なる場合に，実質上の株

主に権利行使させるのが妥当な場合であると解されるが，これには共有株式の代表者（会社法106条）も該当する。株式保有についてリスクを負担するという点では，共有者も信託の受益者と同じであり，信託に不統一行使を認めるのであれば，共有にも認めない理由は見出せない（山下眞弘『会社事業承継の実務と理論』134頁（法律文化社，2017年））。ただし，相続による共有につき遺産分割協議の前に議決権の不統一行使を認めた場合に危惧されることは，すでになされた「不統一行使」と後の「遺産分割」の結果とが異なった場合に，困難な会社法上の問題が生じないかという点であるが，これは避けられないであろう。

3　不統一行使を認める理論構成

　議決権の不統一行使について，詳細な理論展開をされる浜田論文の骨子は以下の通りである。会社法106条に関して，自ら提唱される「共有株式議決権不統一行使説」によれば，株式共有者は，その内部関係にあっては，各人がその共有持分に応じて，共有株式の議決権を行使することができる。したがって，遺産未分割の間に開催される株主総会において，共同相続人は各人の持分に応じて賛否棄権の意思表示をすることができ，議決権行使者は各人の指示通りに議決権を行使する義務を負う。その結果，対会社関係においては，議決権行使者は「議決権を不統一行使」することになり，会社は不統一行使を拒むことはできない。議決権行使者が「内部的な指示」に反して議決権行使をしたときは，議長の悪意・重過失が主張・立証される限り，その部分の議決権行使は無効となる。そして，「議決権当然分割帰属説」は，共同相続株式は遺産分割の前は「準共有」状態にあるとする判例・通説を維持した上で，遺産分割前に開催される株主総会で行使される具体的な議決権は，各自の相続分に応じて共同相続人の各人に帰属しているとし，「株式の共有と議決権の共有」を不離一体のものと考える必要はないとされる（浜田道代『株式が相続された場合の法律関係』179頁以下，195頁，206頁（商事法務，2021年））。この結論は支持されるべきである。

Ⅴ　相続株式の売渡請求

1　株式相続をめぐる紛争の発生

　大株主の父親が亡くなり，従業員として働いてきた次男が親の遺志で事業を引き継ごうとしたところ，株式の相続をめぐって相続人間で争いとなったうえ，次男と対立する少数派株主が，会社法174条以下に定める「相続株式の売渡請求」を求めて総会を開催する動きに出た。どうすれば亡き親の遺志は実現できるか。

売渡請求をするための株主総会で「株式相続人である後継者は議決権を行使できない」（会社法 175 条 2 項）ため，少数派が支配する会社から相続人たる後継者に対して売渡請求される危険がある。

2　相続人に対する株式売渡請求

⑴　株式分散の防止

　株式の分散防止策としては，会社法上，相続により「譲渡制限株式」を取得した者に対し，当該株式を会社に売り渡すことを請求することができる旨を定款に定めることで（会社法 174 条），株式の取得者に対して株式の売渡を請求することができる（会社法 176 条 1 項）。これによって，会社支配権を集中させることができるが，この制度を活用するには，株主総会の特別決議をもって定款変更（会社法 174 条・466 条・309 条 2 項 11 号）を行う必要がある。この場合，定款には，「当会社は，相続その他の一般承継により当会社の株式を取得した者に対し，当該株式を当会社に売り渡すことを請求することができる」などと記載することとなる。なお，法定相続人が複数いる場合，遺産分割がなされるまでは相続株式は相続人の準共有状態にあるから，売渡請求の対象は理論上すべての相続人とすべきことになるはずである。

　相続人に対する株式売渡請求には問題点もある。現経営陣である取締役の中に後継者と対立する者が存在する状況で，オーナー経営者が死亡し相続が生じた場合，売渡請求をするための株主総会で「後継者は議決権を行使できない」（会社法 175 条 2 項）ため，後継者に対立する取締役と株主が結び付けば，少数派によって，相続人たる後継者に対し売渡請求がなされる危険がある。それゆえ，この制度の導入に当たっては会社役員や株主構成を考慮する必要がある。なお，会社法 175 条の総会特別決議で，新株主が「会社にとって好ましい者」であるかどうかは既存株主が審査するため，売渡請求の相手方（株式相続人）である株主の議決権排除が正当化されると説明されるが，この論拠では，相続による株式取得者が複数いる場合に，「売渡請求の対象となっていない相続人は議決権を行使できる」という点を説明するのが困難である。そもそも，「売渡請求をするための株主総会で株式相続人（たとえば後継者）は議決権を行使できない」とする会社法 175 条 2 項には問題があり，立法論としては再検討すべきであるとする学説が増えてきた（松井智予「相続人株主の保護に関する会社法の構造」法曹時報 71 巻 10 号 27 頁（2019 年））。

　いずれにせよ，売渡請求制度には実務上の難点もあり，これを回避するには，

①経営者が後継者に株式を生前贈与しておくとか，②事前に譲渡制限を外すとか，さらには，③取得条項付株式あるいは完全無議決権株式への転換，④生前に譲渡制限付拒否権付種類株式（黄金株）を発行するなどの対策を考慮する必要がある。なお，この制度による自己株式取得についても会社法上財源規制があり（会社法461条1項5号），それによる制約や負担も無視できない。

　定款に「相続人等に対する売渡請求」に関する規定を設けておくと，経営者が亡くなったときに，少数派株主が株主総会を招集して，死亡した経営者の相続人が承継した株式について，会社が売渡請求をして強制的に買取ってしまうことが可能となる。前述したとおり，そのわけは，相続人に対する売渡請求の場面では，当該相続人は株主総会で議決権を行使することができないと定められていることによる（会社法175条2項）。そのため，強制的に相続株式を買取った少数派株主が，新しい役員を選任したり，会社を第三者に売却したりすることが考えられるが，大株主の相続人にとっては，このような定款規定は困りものである。

　議決権がない理由は，相続人は「利害関係人」だからということである。しかし，株主の議決権は基本的な権利である。相続の場面に限らず一般的に，「特別利害関係人」の議決権排除には議論された経緯があり，議決権行使の事前排除には批判があった。そこで，1981（昭和56）年改正で逆転させる立法が成立し，原則として議決権行使を認めたうえで，後に不当な決議となった場合に取消事由とすることに方針変更された。このような経緯も考慮すれば，会社法175条2項には問題のあることが明らかとなる。

(2) 相続株式売渡請求の方法

　近年になって仲論文で，各準共有者による不統一行使を認めるための法律構成について詳細な検討をしたうえで，相続株式売渡請求は，「各共同相続人ごとに個別になす必要がある」という見解が示された（仲卓真『準共有株式についての権利の行使に関する規律——事業承継の場面を中心に』324頁，401頁（商事法務，2019年））。これに対して，浜田論文では次のように批判される（浜田・前掲『株式が相続された場合の法律関係』334頁，342頁以下）。すなわち，会社が，共同相続人を相手方として個別に売渡請求をするとなると，①会社は「売渡請求をする順番を操作」できることとなり，「総会決議の成否に影響」する恐れがある。これを防止するためにも，会社は「共同相続人全員を相手方」として一括して売渡請求をしなければならないと解するほうがよいと反論される。さらに，相続人等に対する株式売渡請求制度の趣旨は「会社にとって好ましくない者」が，相続等の一般

承継によって株主となるのを防止することにあるとした上で，②「会社にとって好ましくない者」を決定する方法が問われ，具体的には，それを決定する機関である。現行制度が採用しているのは，株主総会の特別決議によるもので，特別利害関係人の議決権が排除される（会社法 175 条 2 項・309 条 2 項）が，これを改めて，「相続人も含めた株主総会の普通決議」（会社法 309 条 1 項）によるべきであるとの立法論を示唆される。

　確かに，①一括して売渡請求することを要件にすれば，総会決議の成否に対する影響を避けることができるという意味では魅力的な見解である。ただ，現行法を前提とすれば，後述するように別の問題が生じないか。②「会社にとって好ましくない者」を決定する方法に関する立法論は支持されるべきである。相続人等にも議決権行使を認めることで，閉鎖会社の実情に沿った株主構成を維持できるとの指摘は，古くからみられた（来住野　究「新会社法における株式譲渡制限法制の評価」山本爲三郎編『新会社法の基本問題』44 頁（慶應義塾大学出版，2006 年））。そして，昭和 61 年改正試案においても，売渡請求の決定機関を株主総会とされていた理由について，株主・社員の構成に関わる問題は「相続人も加わった株主・社員が自ら決定するのが適当」と考えられていた（大谷禎男「商法・有限会社法改正試案の解説(6)」商事法務 1083 号 29 頁（1986 年））。浜田見解も，結論として改正試案当時の考え方が妥当と示唆されたわけである。

(3) 売渡請求方法に最適解はあるか

　相続株式売渡請求は，「各共同相続人ごとに個別」になす必要があるのか，それとも会社は「共同相続人全員を相手方として一括して売渡請求」をしなければならないと解するほうがよいのか。この問いについては，一長一短があり，条文の上ではいずれとも断定できない。「共同相続人全員を相手方」として一括して売渡請求することが要件とされると，現行法では共同相続人全員が議決権行使できないため，少数派による悪いタイプのクーデターを招来しかねない。また，「各共同相続人ごとに個別」に売渡請求をなす必要があるとされると，売渡請求を受けない相続人は議決権行使をすることができるため，議決権行使のできる相続人が，売渡請求をされた相続人と結びつけば，持ち株数によっては売渡請求を否決することもできる。それで問題はないのであろうか。これは難問であり，暫定的な結論ではあるが，売渡請求者側の任意な方法に任せてはどうであろうか。

　なお，少数派による相続クーデターは常に悪いことと決めつけるのは，慎重に判断すべきである。相続クーデターといっても，それが望ましい場合もありう

る。たとえば，経営意欲もその能力もない相続人が圧倒的多数の株式を相続した場合，その他の相続人の中に経営手腕のある者がいるような場合，売渡請求によって，無能な相続人を会社から廃除するのが合理的ともいえそうである。相続クーデターという表現を早くから用いてきた実務家も，このことは認められる（牧口晴一＝齋藤孝一『中小企業の事業承継(13訂版)』225頁（清文社，2022年))。相続クーデターに問題があるという出発点から考え直してみる必要がありそうであるが，良いクーデターと悪いクーデターの判断が可能なのかという新たな問題も生じる。経営手腕も意欲もない相続人（大株主）を廃除するケースは良いとしても，それを誰がそのように判断するかが問われる。

3　売渡請求制度の法的リスク

(1)　本来想定されたケース

例えば，全発行株式の80％を保有する大株主の創業者社長Aが，共同経営者Bに発行済株式総数の10％の株式を持たせたところ，その共同経営者株主Bが死亡して相続が発生した場合，会社が共同経営者株主Bの相続人に対して，相続株式の売渡しを請求することができる。これがこの制度が想定した本来の適用例である（会社法174条以下）。

(2)　想定外となるケース

この制度は創業者社長Aにとって想定外となる場合もあり得る。たとえば，上記ケースにおいて，共同経営者株主Bよりも先に創業者社長Aが亡くなった場合に，少数株主である共同経営者株主Bの支配下にある会社が，この制度を逆手にとって，創業者社長Aの相続人に株式の売渡しの請求をする場合である。共同経営者株主Bの支配下にある会社が，創業者社長Aの相続人に株式の売渡請求をすれば，創業者社長Aの相続人は売却意思の有無に関わらず，株式売渡請求に応じなければならない（会社法175条2項）。

さらに，株式売渡請求に係る法的リスクは，創業者社長Aの生前において定款に会社法174条の定めを置いているケースだけに限定されない点にも留意すべきである。立案担当者の解説によれば，「相続後の定款変更」に基づき相続人に対して当該株式の売渡請求をすることも可能であるとされている（相澤哲＝葉玉匡美＝郡谷大輔編著「論点解説　新・会社法千問の道標」162頁（商事法務，2006年))。以上が2つの具体例である。

売渡請求制度に対しては，弁護士等の実務家の意見を聴取した印象では，懐疑的な意見が目立つようである。その骨子を紹介すると，本来想定されるケースに

ついて，前もって相談があれば，会社法174条以下の売渡請求制度を勧めること
は多分ない。むしろ「黄金株」の利用などのほうが税制上のメリットを含め使い
勝手がよい。本来想定されるようなケースの場合は，事前に弁護士が関わるので
あれば，株主間契約で譲渡問題の処理をすることも可能である。要するに，売渡
請求制度はあまり使い勝手のいい制度ではないので，仮にこの制度が廃止されて
も実務上の不都合はないということである。クーデター問題が騒がれるわりに
は，それに関連する裁判例が乏しいのは，174条があまり使われていないことの
証明であり，クーデターをする側も費用と労力の負担があることなどが原因なの
かもしれない。結局，本来は閉鎖会社でかつ親族間であっても複数人の出資があ
る場合，あるいは，そうでなくても相続を見据える場合には，事前に株主間契約
や黄金株等を含めた定款上の仕組みづくりが避けられないのに，その事前対応を
怠ったのが問題であると指摘される。今後の対策としては，中小企業の経営者に
対して，遺言作成，定款の整備を含めた事前の相続対策を弁護士として啓蒙して
いかなければならない。これが実務家の感覚のようである。

　以上，指摘された今後の対策は重要な点であり，実務家による事前対策の指導
によって，リスクの大半は回避することができよう。174条以下を削除してもよ
いとの意見も傾聴すべき点である。仮に売渡請求制度の諸規定がなくても，次に
みるように，数々の法的リスクの回避策が考えられる。ただし，経営者が生前に
条件を整えておくことがその前提となる。

　⑶　**法的リスク回避策**

　①　**生前贈与**

　経営者が，生前に保有する株式をすべて相続する後継者に贈与しておく方法
で，これによって相続人に対する売渡請求を回避することができる。

　②　**保有する株式に工夫をする方法**

　会社法174条の規定に基づき相続人等に対する株式売渡請求制度を定款に規定
するだけでなく同時に，支配株主以外の株主が保有する株式を会社法176条の議
案に関する議決権制限種類株式にするか，あるいは相続人等に対する株式売渡請
求制度の適用を制限する人的種類株式（会社法109条2項）にする等の方法があ
りうる。ただし，前者の方法を採用する場合には株主総会の特別決議を要し（会
社法309条2項），後者の方法を採用する場合には株主総会の特殊決議が必要とな
り（会社法309条4項），会社によっては手続上かなり困難となるのが難点といえ
る。

③　取締役会メンバーの過半数を身内で固める方法

　上記のケースでは共同経営者株主Ｂが取締役会の議決を取れることが前提であった。創業者社長Ａの信頼できる身内で取締役会を構成してあったなら，株主総会に会社法175条決議を得るための取締役会決議を取り付けられなくなる。ただし，信頼できる身内で取締役を固めていたとしても，株主がなす招集の請求（会社法297条）による株主総会については，注意が必要である。なぜなら，株主総会の議案の決定は取締役会の決議によらずに決定でき（会社法298条4項），会社法175条2項の規定に基づく株式の売渡請求の議決にあたっては，株式の売渡しを請求された株主の一般承継人には議決権がないので（会社法175条2項但書），少数株主による株式の売渡請求が可決される可能性があるからである。したがって，この手法を考える場合には株主総会対策も併せて行っておく必要がある。

④　支配株主の株式を譲渡制限株式にしない方法

　株式売渡請求の対象になるのは譲渡制限株式であるので，支配株主の有する株式を譲渡制限株式から外せば，その相続人の法的リスクは回避できる。それには，事前に会社を種類株式発行会社にして，経営者の株式の譲渡制限を外しておけばよい（会社法174条）。

⑤　取得条項付株式の活用

　これは経営者以外の少数派株主の普通株式について，経営者の相続開始時に少数派株主の株式を会社が取得することができるという取得条項付株式に転換しておく方法である。ただし，普通株式を取得条項付種類株式とする場合には，当該種類株主全員の同意が必要となる（会社法111条1項）。

⑥　株券発行会社とする方法

　株券発行会社の場合は，株式売渡請求は株券の交付をしなければ効力を生じない。このことを利用し株券発行会社にしておいて，一般承継人が株式売渡義務に対抗して株券を引き渡さないという対抗策も考えられる。

⑦　持株会社に保有させる方法

　創業者社長Ａの相続の際において，相続人等に対する株式売渡請求制度によって，相続による株式継承の防止対象となるのは，創業者社長Ａ個人の保有株式である。そこで創業者社長の株式のうち一定の株式を個人保有するのではなく，保有する株式を現物出資して持株会社を設立し，持株会社に持たせて議決権を確保しておけば，創業者社長Ａに相続が発生しても，創業者社長Ａの間接保有株

式が議決権停止の対象となることはない。したがって，相続が発生する前に会社を設立し，創業者社長Aの所有株式のうち一部または全部を持株会社に保有させておけばよい。

⑧　黄金株

経営者の生前に，後継者に「譲渡制限付拒否権付種類株式」（黄金株）を発行しておく方法である。後継者が黄金株を保有していれば，相続人に対する売渡請求に関する株主総会とは別に種類株主総会の決議が必要となるため，この種類株主総会の決議によって売渡請求決議を拒否することができる。なお，出資をせずに名義上株主となっている「名義株」がある場合は，創業時の事情をよく知っている経営者が存命のうちに，交渉して名義を変更しておくべきである。経営者の存命中に名義を変更しておかないと，名義株主に相続が発生するなどして，権利関係が複雑になることが想定される。

⑷　**株式売渡請求を受けた相続人等の税務**

株主の相続に際して，会社から株式の売渡しの請求を受けて株式の売渡しをした相続人には，相続財産である非上場株式を発行会社に売却した場合のみなし配当停止の特例（租税特別措置法9の7）及び相続財産を譲渡した場合の相続税の取得費加算の特例（同法39）の適用がある（国税庁HP参照）。

Ⅵ　株式承継をめぐる留意点

1　株式承継の方法と留意点

相続によって引き起こされる問題を回避するため，株式を後継者に承継させる方法としては，生前贈与と遺贈がある。「生前贈与」は，特別受益として，遺留分算定の基礎財産として算定される可能性がある。また，贈与税についても検討しておく必要があり，遺言による「遺贈」の場合にも，遺留分に注意する必要がある。民法特例を活用すると，後継者を含めた現経営者の推定相続人全員の合意の上で，現経営者から後継者に贈与等された自社株式について，①遺留分算定基礎財産から除外（除外合意），または，②遺留分算定基礎財産に算入する価額を合意時の時価に固定（固定合意）をすることができる。しかしながら，推定相続人全員の合意を得ることは現実的に困難であるため，民法特例が活用できる場面は限定的といえる。

そこで，民法上，遺留分を有する相続人が，被相続人の生前に自分の遺留分を放棄することによって，相続紛争や自社株式の分散を防止することもできそうで

あるが，遺留分を放棄するには，各相続人が自分で家庭裁判所に申立てをして許可を受けなければならず負担が大きいこと，また，家庭裁判所による許可・不許可の判断がバラバラになる可能性があることなどから，株式の分散防止対策としては利用しにくい。

2　非公開会社の株式評価

上場会社は株式市場での株価という客観的指標があるが，株式を公開していない閉鎖会社の株式（非上場株式）については，会社の規模，業容，資産，収益力その他企業評価の基準となる諸要素が千差万別で，その評価方法が確立していない。株価算定方法には，①収益還元方式および配当還元方式，②類似業種比準方式，③純資産価額方式などがあるが，それぞれの株価算定方式は企業の一面だけ捉えて株式の時価とするものにすぎず，非上場会社の多様性を直視すると，ある特定の算定方式をもって全ての会社の客観的かつ合理的な株価を算定するには無理がある。そこで，これらの方式のいずれによるべきかは，各会社の収益・配当・資産の状態，発行株式数，持株割合その他を勘案して決めざるをえず，評価を確定することが困難な状況である。したがって，相続した株式の株価評価が争いのもととなり実務上も深刻な問題となる。これは非上場株式に限ったことではなく，それに類似する医療法人や中小企業協同組合などの持分評価をめぐっても，脱退者に対する持分払戻額の計算に際して同様に問題となる。その状況については，これに関する意見書・鑑定書の実例も参考となる（河本一郎＝濵岡峰也『非上場株式の評価鑑定集』106頁（成文堂，2014年））。なお，紛争事例をもとに実務家が株式評価を検討した最近の専門誌記事として，特集「紛争事例から学ぶ非上場株式の評価」月刊税理66巻2号（2023年）がある。

3　名義変更について留意すべき事項

①　名義株主の承諾が得られる場合は，名義変更に応じる旨の確認書を交わした上で株式の名義を変更する。贈与税が課される可能性があり注意が必要である。

②　名義株主の相続人の承諾が得られる場合は，株主総会の特別決議を経ることで，会社が名義株を取得することが可能である。

③　名義株主の承諾が得られない場合は，定款で「相続人に対する売渡請求」の制度を設けておくことで，会社が対価を支払って名義株を取得することができる。

Ⅶ　資産を譲渡する場合の注意点——事業承継の関連事項

1　売買や生前贈与

　万一，経営者の判断能力が低下した場合には，売買や贈与の効力に争いが生じるため，経営者が元気なうちに計画的に行う必要がある。次に，売買によって資産を承継しようとすると，後継者に買取資金が必要となる。なお，親族間の譲渡の場合には，譲渡価格を低く設定すると時価との差額が贈与と認定されて贈与税が課される可能性がある。また，このような場合には，「遺留分」の問題が生じることもあるので注意を要する。

2　遺言や死因贈与

　遺言や死因贈与（契約）は，相続開始によって効力が生じるまでは，自由に変更や撤回をすることができ，後継者としてふさわしくないことが発覚した場合には，変更することができるという点でメリットがある。他方で，①権利関係が安定しない，②遺言作成時には思いもしなかった事態が生じた場合に，経営者の意図したとおりに資産が承継されるか不安定な面がある，③経営者が亡くなるまで経営権を持ち続けることが前提となっているので，経営者の判断能力が低下した場合に，適切な経営判断を行うことができるかという点で不安要素がある。

3　遺言書の留意点

　「自筆証書遺言」では，①形式の不備によって無効となる可能性があり，②利害関係を有する者による遺言の隠匿，破棄の可能性があるなどのリスクがあるだけでなく，③家庭裁判所の「検認」が必要であるなど手続も煩雑であったが，現行の民法改正で要件が大幅に緩和され，「法務局における遺言書の保管等に関する法律」によれば検認も不要となる。これに対し，「公正証書遺言」は，費用はかかるが，①形式の不備はなく，②隠匿・破棄の可能性もなく，③「検認」手続も当然不要という点でメリットもある。したがって，多少の費用を要しても公正証書遺言が安全ということができる。

　遺言書作成のポイントとしては，①すべての相続財産の分割方法を遺言で指定しておくこと，そして，遺言書記載の財産の分割に漏れがないように，「以上に定める財産以外のすべての財産を××に相続させる。」という文言を入れておくとよい。②遺言執行者を指定しておくこと。相続人の一人を遺言執行者とすることも考えられる，円滑な遺言執行の観点からは，利害関係者を遺言執行者とすることは避け，専門家を指定しておくのが望ましい。

　なお，新しい遺言制度として，インターネット上で作成・保管できる「デジタル遺言」の創設が政府内で調整されているようである（2023年5月6日付け日本経済新聞1面記事参照）。この制度の方向性は，2024年3月を目指して研究会から提言される。

4　遺言執行者の履行代行（復任権）

　遺言執行者に代わって職務の全部を引き受けて遺言を執行すること（履行代行）が認められるか。これについては，改正前民法1016条1項が「やむを得ない事由」がなければ，履行代行者の選任は認められないと規定していた。その理由は，遺言執行者の職務内容は被相続人の意思で決まっており，遺言者との信頼関係を基礎としているので，一身専属的な職務であることによる。したがって，遺言者が遺言で履行代行者の選任を認めた場合は別であると規定していた。これが改正民法1016条1項では，遺言者が遺言で別段の意思表示をしていなければ，遺言執行者に復任権を認めるとされた。

5　事業承継の事前対策と事後処理

　経営者が個人的に所有していた事業用不動産は，経営者の死亡によって相続人の共有となり，相続人の1人から共有物分割の請求がなされる可能性がある。遺産共有の解消は，遺産分割協議または調停・審判による。事業用資産の共有関係の解消方法としては，①会社または後継者が，他の共有者の持分を買取る方法があり，②共有物である事業用資産を共有者の同意のもとに会社に現物出資するとか経営者等の持分のみを現物出資するという方法もある。

　次に，経営者が個人で会社に貸付けをしている場合，貸金返還請求権が相続財産となる。そして，非後継者がこの権利を行使すると，会社の債務として顕在化して，たちまち経営を圧迫することも考えられる。また，相続財産として，相続税の対象にもなる。以上のリスクを回避するために，①生前に売買や贈与を行う方法，②経営者の相続開始に備えて，遺言や死因贈与などで対策を講じておく必要がある。①は確定的に効果が生じる点で安定的な承継ができる点にメリットがあり，②の方法は遺言の変更や撤回が可能なので，事業承継の面からすると不安定な方法であるといえる。

Ⅷ　信託による事業承継

1　遺言の限界

①　形式不備による無効の危険があり，②遺言者の死後に遺言執行者の懈怠や

相続人によって遺言内容が変更される余地もある。また，③遺言では第二相続以降の受遺者指定ができないため，遺言によって相続人の子（生まれていない孫）に事業資産を承継させることができない。そして，④株式を均等に分けた上で経営は特定の子に任せるということも遺言では実現が困難であるなど難点がある。そこで，信託の活用が考えられる。

2　信託制度

信託とは，契約・遺言等により，特定の者が一定の目的に従い，財産の管理・処分等のために必要な行為をすべきものとする制度である（信託法2条1項）。信託に際して財産を拠出（信託）するAを「委託者」，信託を受けて財産の管理・処分等を行うBを「受託者」，信託による利益を受けるCを「受益者」という。受託者Bは，信託に際して拠出される財産の財産権を取得し，B自身が元から有する「固有財産」とは別に，委託者Aが拠出した「信託財産」を有することとなる。利益を享受する受益者Cは受託者Bに対して，信託に供した「信託財産」の引き渡し等の債権（受益債権）を有し，この「受益債権」およびB等に一定の行為を求める権利をあわせて「受益権」という（信託法2条7項）。信託の関連当事者として，「自益信託」は委託者＝受益者，「他益信託」は自益信託でない信託のことである。「自己信託」は委託者＝受託者，目的信託」は受益者が存在しない信託を意味する。

なお，事業の信託は，信託法に定義された用語ではない。債務の信託はできないため，財産と債務が一体の事業を信託することは不可能であるが，信託契約で委託者の債務を信託設定時から受託者に引受けさせるのは可能である。これによって，実質的に事業を信託したのと同様の状態を作出できると解されている。事業承継の場面での事業信託の活用例としては，一定期間，事業運営を受託者に委ね，信託期間満了後，子（受益者）に事業を帰属させることで，未成熟な子が成長するのを待って事業承継を実現できることが期待される。

3　信託による解決と課税

議決権制限種類株式の代わりに，信託で議決権を後継者に集中できる。すなわち，受託者（株主）に対し議決権行使を指図する権利を後継者（受益者）に付与する。この議決権行使の「指図権」は取引対象でないことから遺留分算定基礎財産から除外される。委託者の意思を信託目的とし受託者に執行を任せることで，第三者の介入を防止できる。信託財産は受託者に移転され管理される結果，確実に執行することができる。第二相続以降の受遺者指定も「後（跡）継ぎ遺贈型受

益者連続信託」により可能となり，受託者が管理処分できない資産や身分行為等については遺言で対応する。

　信託と課税について，家族内の信託での贈与税課税対象者は「受益者」である。受益者は法的には所有者ではないが，経済価値が移転（他益信託の場合）する。そして，委託者＝受益者（自益信託の場合）では贈与税の課税はないが，法人課税信託では受託者に課税される。なお，信託財産が不動産の場合は，所有権移転登記とともに信託財産であることの登記が必要である。信託財産が受託者の固有財産でなくなるので（倒産隔離），信託財産であることを明らかにすることで受託者の債権者を保護するためである。

4　一般社団法人を通じた信託の活用例

(1)　受託者は法人（とくに一般社団法人）

　受託者は一般社団法人にしておくのがよいといわれる（岸田康雄『信託＆一般社団法人を活用した相続対策ガイド』（中央経済社，2015年））。その理由は，受託者が自然人の場合の問題点として，受託者が死亡するとその任務遂行ができなくなるため，新しい受託者を選任することになるが，その個人的信頼性に不安がある。これに対して，受託者が法人であれば，法人の代表者が死亡しても親族内で代表者の交代を行えばよく，受託者の選任手続は不要となる。そして，財産を預かる法人の役員が複数存在すれば，複数人による牽制機能に期待することができる。

(2)　一般社団法人の特色

　一般社団法人は持分のない法人で，その出資者オーナーが存在しない。一般社団法人には持分がないため，法人の財産に「相続税」の課税はないが，個人財産を一般社団法人に移転する際には，個人に譲渡所得税が，一般社団法人に法人税（受贈益）が課される。

(3)　経営権が曖昧な場合

　株式の分散で経営権が曖昧となった場合，一般社団法人を受託者として株式を信託する。信託財産を株式とする受益権（経済的価値だけの受益権）と議決権行使の指図権に分離し，経営承継者に後者の指図権を付与する。それにより，各株主に相続が発生しても株主は一般社団法人のみということになる。

(4)　経営権付与が時期尚早の場合

　後継者が若年で株式を生前贈与したいが経営権付与は時期尚早の場合には，一般社団法人を受託者として自社株式を信託し，経済的価値・受益権だけ後継者に

贈与する。議決権指図権は贈与者が保持し，将来的に指図権を移転（評価額ゼロで課税なし）する。

5　自社株承継スキームによる事業承継

具体例をもとに検討してみよう（米田保晴「相続と中小企業の事業承継」ジュリスト1491号48頁（2016年）参照）。たとえば，「非上場中小企業であるX株式会社の株式（議決権株式，2万株発行）の100％株主で同社の代表取締役Aが事業を長男Bに承継させる場合について検討する。Aの法定相続人にはB以外に子C・D・Eがおり，Aの財産はX社株だけで，A死亡時の価額は2億円（1株1万円）とする。」

⑴　Aが何ら対策を講じないまま死亡した場合（法定相続）

B・C・D・EはX社株を各4分の1の持分で準共有（民法898条以下，同264条）する。Bが単独でX社を経営するためには，①持分過半数の同意によってBが権利行使者（106条）とされるか，②遺産分割（民907条）によって，BがX社株の3分の2以上を取得しない限り，円滑な事業承継はできない。仮にX社株100％を相続できたとしても，Bは高額の相続税を納める必要があり（相続税法11条以下），これに対処するには，一定の要件を満たすことで非上場株式等相続税納税猶予制度を活用することができる。

⑵　遺贈による場合

AがX社株の100％をBに遺贈（民法964条）することで，法定相続を避けることもできる。しかし，遺留分（民法1042条）の問題があり，①C・D・Eは各8分の1の権利を有している。もし，遺留分侵害額請求（民法1046条）してきた場合は，②Bが価額弁償（民法1047条1項）をしないと，C・D・EはX社株を各8分の1の持分で準共有することになる。そこで，③遺産分割によった場合，C・D・Eは各2500株（2万株の8分の1の割合）取得し，Bの持分比率が3分の2を満たさない結果となる。これに備えて，④遺留分の事前放棄（民法1049条）の制度があるが，家庭裁判所の許可が条件となっており，また話し合いがつかない場合があるため，利用しがたいという実態がある。

⑶　生前贈与による場合

遺言の難点を克服するため，AがBにX社株を生前贈与（民法549条）することもできる。しかし，生前贈与時の株価がBの経営努力の結果，Aの死亡時に大幅に増加した場合に問題となる。たとえば，生前贈与時に1000万円であった株価が死亡時に2億円となったとする。遺留分算定の基礎財産は相続開始時の価

値2億円を基準に算定（民法1043条1項，最判昭和51年3月18日民集30巻2号111頁）されるので，C・D・Eは，各2億円の8分の1を有する。これに対処するため，円滑化法があるが，推定相続人全員の合意が条件となっており，この活用は事実上困難である。

⑷ 種類株式を活用するスキーム

Aが生前にX社の定款を変更して，普通株式のほかに完全無議決権株式（会社法108条1項3号）を発行し，Bに普通株式，C・D・Eに完全無議決権株式を遺贈もしくは生前贈与する方法もありうる。以上，信託を活用しないスキームをみたが，信託を活用する方法もある。

⑸ 信託によるスキーム

① 遺言代用信託

Aが生前に委託者となり，X社株式を信託財産として受託者との間で信託契約をして，Aが当初の受益者となり，A死亡時にBが受益権を取得すると定める（信託法90条1項）。遺言と比べて経営上の空白が生じないし，遺言の効力をめぐるトラブルも心配ない。ただし，このままでは，C・D・Eが遺留分減殺請求権を行使する心配がある。

それに対処するには，受益権を分割して，議決権等の行使について受託者に指図できる指図権を当初はAが行使し，A死亡後はBのみが行使することにして，指図権以外の受益権については，C・D・Eにも各8分の1以上取得させることで，議決権等の指図権をBに集中させることができる。ただし，BはA死亡時に相続税を納めなければならない。

② 後継ぎ遺贈型受益者連続信託

Aが子Bの次の後継者を定めたい場合に，遺贈では実現できないため，信託によって実現する。AがX社株を信託財産として信託を設定し，最初の受益者をBとし，B死亡によりBの受益権が消滅し，次の後継者が新たに受益権を取得する旨を定めることもできる（信託法91条）。さらに，C・D・Eの遺留分に配慮し，受益権を分割して，指図権以外の受益権をC・D・Eにも与えて，指図権をすべてBに，B死亡後はBの後継者に取得させるというスキームもある。そして，C・D・Eの死亡後には，Bの後継者が完全な受益権を取得するということになる。なお，民事信託の詳細については，本書第8章参照。

第8章　事業承継と民事信託の活用

◆ 一　論点整理

　民事信託は，事業承継の要請に対応するため，次のように活用される。たとえば，高齢になった社長が近い将来に経営を長男に譲りたいが，現時点は自社株が高値になっているため，長男に株式を贈与すると課税上の心配があるとしよう。そこで，株式の承継は相続時に実行することとするが，それまでに高齢のため議決権の行使ができなくなる心配がある。そのような場合に備えて，①当面は社長の身内の者（たとえば弟など）に経営を任せたうえで，②段階的に長男に経営を移す方法を採用したい。これを実現する手法として，民事信託のスキームと機能をみていくことにする。なお，③信託を活用すると課税上も本当に有利になるのだろうか。最後に，信託税制の概要をまとめる。

◆ 二　結論要旨

　本件は株価が高いため，現時点での株式の贈与は避け「民事信託」を活用すべき事案である。例えば，①社長が委託者兼受益者で長男が受託者となる信託契約をする。②未熟な長男の議決権行使につき指示をする指図権者として，期間を限定して弟を指名する。その間の配当は受益者である社長が給付を受ける。③やがて社長の死亡で信託が終了し，その時点で長男が株主・経営者となる。このような信託の設定が考えられる。民事信託を活用すれば，自益権（配当等）と共益権

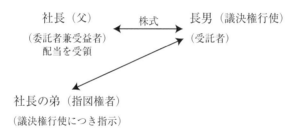

（議決権）の分属が可能となる。これが信託の大きなメリットである。

　なお，課税上，信託はとくに納税者に有利な制度というわけでもなく，信託法と税法で信託財産の帰属の考え方が異なることによる帰結に過ぎない。

◆　三　問　題　意　識

　本章では，信託実務に必要な情報に絞り，民事信託の活用についてポイントを詳説する。信託は遺言等では実現できない機能を有しているが，判例の蓄積もなく法解釈に不明な点も多く残されている。しかし，2006（平成18）年に信託法が改正され，多様性に応える新たな規定も追加されたところである。近年では，家族関係を中心とした民事信託（家族信託）の普及も進みつつあり，民事信託に関する公正証書の件数も大幅に増加しており，信託は弁護士業務としてもその重要性を増しつつある。なお，信託課税は本章の検討課題に直接には関係しないが，事業承継との関係で便宜上，その概略だけ最後に紹介しておく。

　本章の参考文献としては，大阪弁護士会司法委員会信託法部会編『弁護士が答える民事信託Q&A100』（日本加除出版，2019年），遠藤英嗣『新しい家族信託（全訂）』（日本加除出版，2019年），民事信託協会＝民事信託推進センター編『よくわかる民事信託――基礎知識と実務のポイント』（ビジネス教育出版社，2019年），野村資産承継研究所監修／品川芳宣編著『社団・財団・信託を活用した資産・事業承継対策』（大蔵財務協会，2019年），伊東大祐＝伊庭潔＝戸田智彦＝菅野真美編著『家族信託コンパクトブック――弁護士のための法務と税務』（第一法規，2018年），弁護士法人Martial Arts編著／木村祐司監修『家族信託に強い弁護士になる本』（日本法令，2017年），木内清章＝谷田尚『事業承継と信託 事業信託の展開と信託税務』（ビジネス教育出版社，2009年）等がある。

◆　四　論　旨　展　開

I　民事信託のスキーム

1　民事信託とは

　信託とは，自分の財産を信頼できる個人・法人に預け，信託の目的に従って管理してもらうことをいう。預ける人を「委託者」，預かる人を「受託者」とい

い，預けられた財産から利益を得る人を「受益者」という。信託契約の当事者は委託者と受託者であり，受益者は当事者でもなく，契約の成立時点ではその存在は要件でもない。なお，委託者が受益者を兼ねる「自益信託」も認められる。信託の成立によって，これまで委託者が所有権を有していた財産の管理・運用・処分権限は受託者に移り，元本や信託財産による運用益を受け取る権利は「受益権」として受益者が保有することとなる。

　①受託者が無権限で行った行為についても，受託者が信託財産のために行為をすれば，その効果は信託財産にも及びうるのが原則で，その例外として，受益者が権限違反行為の取消しをなしうる場合がある（信託法27条）。②委託者が死亡した場合でも，委託者の相続財産にはならず，原則として信託は終了せず引き続き受託者が財産管理を継続する。信託銀行や信託会社のように受託者が業として信託を受託する「商事信託」でなければ，③民事信託には信託業の免許や登録は不要で信託業法の適用もない。

2　信託の種類

(1) 民事信託と商事信託

　受託者が信託報酬を得るために行うものか否かという観点から，信託は2つに分類できる。1つは「商事信託」で，受託者が報酬を得るために業として行う信託で，信託業法の制約の下，信託銀行や信託会社といった法人が行うものを指す。もう1つは「民事信託」で，基本的に受託者が信託報酬を得ないで行う信託であり，信託業法の制限を受けないので，受託者には個人でも法人でも誰でもなることができる。「民事信託」の中でも，財産管理を信じて託す相手として選ばれるのは，自分の家族・親族等であることが多いこともあり，家族・親族・知人等を受託者として財産管理を任せる仕組みを「家族信託」ともいう。なお，家族信託という用語は，一般社団法人「家族信託普及協会」の登録商標である。

(2) 自益信託と他益信託

　信託する財産の保有者は，信託契約上委託者と受益者を同一に設定すれば，その管理・運用を委託者に託し，発生する利益のみを受けることができることとなる。このような信託を「自益信託」という。信託契約に係る委託者と受益者が異なる場合，委託者の財産は受託者に譲渡されるとともに，受益権は委託者から受益者に移ることとなる（他益信託）。信託設定時に，委託者から受益者に対して信託財産が譲渡されたとみなされることから，適正な対価の授受がなされなかった場合は，寄附・受贈の関係が生じる。信託期間中は，信託の受益者が，その信

託の信託財産に属する資産および負債を有するものとみなされ，かつ，信託財産に帰せられる収益および費用は，その受益者の収益および費用とみなされる。

(3) 遺言代用信託

　信託契約を遺言の代用とする場合は，賃貸不動産など特定の人に遺したい財産を信託財産とし，自分が生きている間は自己を受益者とし，亡くなった後は特定の者を受益者とする信託契約を締結する。遺言の場合は，被相続人となる人の気持ち次第で更新され得るが，信託は「契約」なので，契約の変更が可能な場合だけ内容の変更ができる。なお，原則として委託者，受託者および受益者の合意が必要である（信託法 149 条 1 項）。受益者の変更については，委託者の一存で変更できるのが原則となっているが，受益者を保護するため，信託契約で受益者の変更を禁じることも可能である（信託法 90 条 1 項本文ただし書）。

(4) 受益者連続型信託

　自益信託の設定により，高齢となった親（委託者兼受益者）が，自己所有の賃貸不動産の管理を長女（受託者）に任せたうえで，賃料収入を受け取って老後の生活に充て，将来自分が亡くなった後は，経済力のない次女に残余財産を引き継ぎたいと考えている（遺言代用信託）。そして，子供のいない次女の亡き後は長男の子（孫）に引き継ぎたい。これは遺言では実現できず，信託の出番である。どのように信託を活用すべきか。

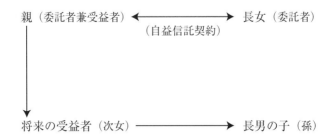

　「（後継ぎ遺贈型）受益者連続信託」とは，現受益者の有する受益権が，当該受益者の死亡により，予め指定された者に順次承継される旨の定めのある信託である。受益権の承継は，回数に制限はなく，順次受益者が指定されていてもよい。ただし，信託期間には制限があり，信託法 91 条により，信託がされたときから30 年を経過後に新たに受益権を取得した受益者が死亡するまで，または当該受

益権が消滅するまでとされている。すなわち，信託の効力発生から 30 年を経過した後は，受益権の新たな承継は一度しか認められない。

(5) 限定責任信託

　受託者の責任について，信託財産のみを信託に関する債務の返済に充てればよいとする信託を限定責任信託という（信託法 2 条 12 項）。たとえば，受託者が信託財産を管理するにあたり，その権限に基づいて借入をした場合，債権者は借入金の返済がされなかったときに，信託財産を差し押さえるなど強制執行ができる。借入れの名義は受託者なので債権者は受託者固有の財産に対しても強制執行できるのが原則で，これでは受託者の責任が大きすぎる。そこで責任を軽減するため，信託財産のみを信託に関する債務の返済に充てればよいとする「限定責任信託」を設定すれば，受託者の責任は軽くなる。この場合，逆に債権者の期待が害されることも想定されるため，その旨の登記が効力発生要件とされている（信託法 216 条 1 項，232 条）。

3　信託の法律関係

(1) 信託の法的意味

　信託が成立すると，まず，信託財産の所有権が委託者から受託者に移転する。ここでいう「所有権」とは，信託の目的や受益者の存在により制限された所有権ともいえる。次に，受託者は，信託財産を信託目的に従って管理・運用・処分する債務を負う。その反射的効果として，受益者は，信託財産の管理運用等について受託者に対して債権を有することになる。

(2) 信託違反の効果

　受託者に義務違反があった場合，上記の信託の債権的側面を重視して，これを債務不履行であると構成する考え方が主流である。債務者である受託者が，債権者である受益者に対して，任務懈怠による債務不履行責任を負うというものである。これに対して，信託の物権的側面を重視して，受託者がその管理下にある信託財産を棄損したものとして，不法行為責任を負うという説もある。受託者が加害者，受益者が被害者という構成である。なお，信託法は，信託違反の効果として，「損失の填補」および「原状の回復」を定めている。

(3) 信託財産の所有者

　信託が成立すると，委託者は信託財産の所有者ではなくなる。その結果，委託者の債権者は信託財産を差し押さえることはできなくなり，また，委託者は一切の管理処分権限を失う。このように，信託が成立すると，信託財産の所有権は受

託者に移行する。しかし，所有者が受託者に変わったからといって，受託者が信託財産を自らのために使用・収益・処分できるわけではない。

受託者は，信託の本旨である「受益者のために」信託財産を所有しているにすぎず，「信託目的という制限のついた所有権」を有しているにすぎない。それでは，信託財産の真の所有者は受益者かというとそうでもない。確かに受益者は，信託財産を運用して得られる収益から配当を受けたり，将来信託契約が終了した時点で信託財産の返還を受けることができる。しかし，受益者は受益権を有しているものの，信託財産そのものを所有しているわけではない。そのため，受益者が債権者から資産の差し押さえを受けることになっても，その対象は「受益権」であり，信託財産が差し押さえられることはない。

(4) 倒産隔離

委託者が委託した信託財産については，委託者の債権者はもとより税務当局ですら差し押さえることはできない（信託法23条1項，同条6項）。ただし，詐害的な信託は，債権者によって取り消されることがある（信託法23条2項～4項）。なお，登記又は登録をしなければ第三者に対抗することができない財産については，登記もしくは登録を要する（信託法14条）。そこで，自己信託（信託宣言）の場合は，委託者＝受託者であり，委託者の財産が信託財産となっても，委託者兼受託者の管理となることは変わらない。しかし，この場合も信託財産はあくまで差押えの対象外である。それでは，自益信託（委託者＝受益者）の場合はどうか。この場合も，信託財産は委託者の財産ではなくなるので，委託者の債権者は受託者名義になっている信託財産を差し押さえることはできない。ただし，委託者の債権者は，直接的に信託財産を取り立てることはできないが，委託者兼受益者が保有する受益権を差し押さえることができる。受益権は委託者（兼受益者）の固有財産であるからである。

留意すべきは，信託財産については，受託者の債権者も差し押さえることはできない点である。受託者が破産手続開始の決定を受けた場合であっても，信託財産に属する財産は，破産財産に属することはない（信託法25条1項）。信託財産は名目上受託者の名義となるが，受託者は受益者のために信託財産を預かっているにすぎず，実質的には信託財産を所有しているわけではないからである。そこで，委託者には分別管理義務が課されているので，委託者固有の財産と明確に区別して管理する必要がある（信託法34条）。

⑸ 信託制度の活用場面

　信託制度を必ずしも活用せず他の制度による方が適切な場合もある。たとえば，①信託に係る判断能力を喪失している場合は，「法定後見制度」を利用すべきであり，②家族による財産管理の支援が可能であって，当事者に積極的な資産運用の希望もなければ，「遺言」でも足りるといえよう。上記に関連して，③家族による財産管理の支援ができない場合は，遺言に加え「任意後見」を付けることが考えられる。最後に，④家族による支援も可能で，当事者が積極的な資産運用を望む場合は，遺言のほかに「民事信託」を検討すべきである。

4　信託登記

⑴ 信託登記の確認

　信託登記の有無を確認するには，登記記録中の「権利部（甲区）」および「（信託目録）」をみればよい。信託の登記は，権利部（甲区）に，信託を原因とする所有権移転登記と同じ順位番号で「登記の目的」欄に「信託」と記録され，権利者の表記が「受託者」と記録されるので，信託財産は受託者の名義ではあるが，受託者の個人財産とは別個独立した財産であることが明らかとなる。なお，不動産の所有権移転登記と信託登記は同時に申請して行う。

⑵ 信託登記申請の必要性

① 対抗要件

　信託の登記をしなければ，信託関係者は，受託者個人に対する債権者のうち，当該信託財産に係る債権者に対して，それが信託財産であることを主張できない。信託財産は受託者の名義になっているが，信託の当事者でない第三者に対しても信託の効力が及びうるため，第三者を保護する必要が生じ，所有権移転登記とは別に信託の登記も要するのである。

② 分別管理の履行

　受託者の分別管理義務履行のため，不動産の分別管理については登記が義務化されている。この義務違反によって信託財産に損失等が生じれば，受託者は損失塡補責任等を負う。

⑶ 信託終了と登記

　受託者名義の信託不動産について，信託行為に定められた帰属権利者等の名義にする登記および信託財産から離脱したことを公示する信託登記抹消の登記申請を同時に行う。

5　民事信託の設定と終了

　信託は，①信託契約，②遺言信託，③自己信託（信託宣言）の 3 つの方法により行うことができる。

⑴　契約による信託

　これは，委託者と受託者の 2 者間契約で成立し，受益者は契約当事者にならない。したがって，受益者の合意は不要である。

⑵　遺言による信託

　これは，遺言の中に「自分が亡くなった場合は，…信託する」と記載するもので，遺言者単独の意思で行い，遺言の効力発生により信託の効力も生じる。遺言の中で受託者を指定することになるが，受託者と指定された者が信託を引き受けるかどうかは，指定された者の自由である。仮に，その者が受託者となることを拒んだ場合，受益者間の協議で新受託者を選任することとし（信託法 62 条 1 項，同 8 項），状況によっては，利害関係人が裁判所に申し立てて受託者を選任することになる（信託法 62 条 4 項）。

⑶　信託宣言による自己信託

　これは，委託者の単独の意思表示で成立する。これは自分で自分の財産を管理する「自己信託」といわれる信託で，委託者と受託者が同一なので，契約によらずに単独で完結する。ただ，委託者が口頭で宣言するだけでは，どのような内容の信託がなされたのが不明確なので，自己信託には書面性が要求され（信託法 3 条 3 号），公正証書の作成や，受益者とされた者に対する確定日付のある通知が，信託の効力発生要件とされている（信託法 4 条 3 項）。

　なお，遺言による信託を「遺言信託」というが，これと類似のものとして「遺言代用信託」がある。遺言代用信託は，委託者兼受益者が信頼できる法人または個人（受託者）に対して財産を移転し，委託者の生前は自らを受益者とし，委託者の死後は自らの親族（子や孫など）を受益者とする信託契約である。遺言代用信託は，契約による信託で遺言とは異なるが，特定の財産について死後の承継者を決めておくことで，遺言と同様の効果があるので，遺言代用と称される。

⑷　信託の終了原因

　信託が終了する主な理由は，以下のとおりである（信託法 163 条以下）。

①　信託の当事者（委託者および受託者）の合意解除

②　信託の目的の達成又は不達成

③　受託者が受益権の全部を固有財産で保有する状態が 1 年間継続したとき

④ 受託者が欠けた場合であって新受託者が就任しない状態が1年間継続したとき

⑤ 受託者が費用の償還等を信託財産から受けられないことにより終了させたとき

⑥ 信託が併合されたとき

⑦ 信託財産の破産手続開始の決定

⑧ 特別の事情により信託目的・信託財産の状況その他の事情に照らし，受益者の利益に適合するに至ることが明らかで，裁判所が信託の当事者からの申立てにより信託の終了を命じたとき

⑨ 公益を確保するため信託の存立を許すことができないと認められるとき，法務大臣又は委託者，受益者，信託債権者その他の利害関係人の申立てにより，裁判所が信託の終了を命じたとき

(5) **信託終了と清算**

信託が終了した場合は，「清算受託者」が現務を結了し，信託財産に属する債権の取立てや債務の弁済し，残余財産受益者等に残余財産を給付して信託関係を終結させることになる。なお，清算受託者には，信託終了時の受託者が原則としてなる（信託法177条）。

Ⅱ 信託当事者および信託関係人

信託契約の当事者は①委託者と②受託者であり，③受益者は当事者ではなく，受益者の存否は信託契約の成立の要件ではない。その他，受益者のために，④3種類の信託関係人が信託法で定められている。

1 委 託 者

委託者は，意思能力があれば足り，誰でも委託者になることができる。なお遺言信託については，民法上の遺言能力は必要である。

(1) **委託者の権限**

委託者は，信託設定時に，自らの財産を信託財産として捻出し，その信託財産を管理・運用・処分する目的（信託目的）を設定する（信託法3条）。これにより，いわば当該信託契約の世界が画定されることとなる。信託設定後，委託者には以下の権限が認められている。

① 信託の目的に反するような信託の変更，併合，分割については委託者の合意を要すること（信託法149条，151条，155条）

② 信託行為の時点で予見できなかった特別の事情があった場合，その事情に基づく信託の変更・終了を命ずる裁判を裁判所に求めること（信託法 150 条，165 条）

③ 委託者と受益者の合意により，信託をいつでも終了させること（信託法 164 条）

④ 委託者と受益者の合意により，受託者が欠けてしまった場合に新しい受託者を選任すること（信託法 62 条 1 項）

以上の権限は任意規定であり，信託契約に特段の定めをして委託者にこれらの権限を与えないように定めておくことも可能であるし，逆に，信託契約に特段の定めをして，委託者の権限を拡大させることも可能である。

⑵ 委託者の地位の承継

委託者の地位は相続の対象となるが，遺言信託の場合は，委託者の相続人と受益者の利害が対立することがあるので，委託者の地位の相続による承継はしないのが原則である（信託法 147 条本文）。

2　受 託 者

未成年者は受託者になれない（信託法 7 条）。つまり，これに該当しない個人は誰でも受託者になることができる，また法人については，このような制限はない。

⑴ 受託者の権限

受託者には以下の権限が認められている。

① 受託者は，信託財産に関する管理権と処分権を有する（信託法 26 条）。ただし，信託行為によりその権限に制限を加えることができる。

② 受託者は，信託事務を処理するのに必要と認められる費用を固有財産から支出した場合には，信託財産から当該費用および支出の日以降の利息の償還を受けることができる（信託法 48 条 1 項本文）。

③ 受託者は，信託財産責任債務を固有財産で弁済した場合は，当該債務にかかる債権を有する債権者に代位することができる（信託法 50 条 1 項）。

④ 受託者は，信託財産が費用等の償還等に不足している場合には，委託者および受益者に対して，信託財産が不足している旨と相当の期間内に委託者又は受益者から不足分の支弁を受けられなかったときは信託を終了する旨を通知して，委託者・受益者いずれからも支弁を受けられない場合には信託を終了することができる（信託法 52 条 1 項）。

⑤　受託者は，次の場合，それぞれに定める損害額を信託財産からその賠償として受けることができる（信託法53条1項）。

・自己に過失なく損害を受けた場合は当該損害額

・第三者の故意又は過失により損害を受けた場合は当該第三者に賠償を請求できる額

⑥　受託者は，信託行為に受託者は信託財産から信託報酬を受ける旨の定めがある場合に限り，信託事務の処理の対価として，信託財産から信託報酬を受け取ることができる（信託法54条1項）。

(2) 受託者の義務

受託者には信託財産に対する排他的な権限が認められているので，その権利が濫用されて受益者の利益が害されることのないように，受託者にはさまざまな義務と責任が課されている。最も基本的なものとして，以下の3つを挙げることができる。

①　**善管注意義務**：受託者は，善良な管理者の注意をもって信託事務を処理しなければならない（信託法29条2項本文）。

②　**忠実義務**：受託者は，受益者のために忠実に信託事務の処理をしなければならない（信託法30条）。

③　**分割管理義務**：受託者は，信託財産に属する財産と固有財産（受託者の個人財産）や他の信託財産に属する財産とを，分別して管理しなければならない（信託法34条1項本文）。

(3) 受託者のその他の義務・責任

①　**信託事務の処理の委託における第三者の選任・監督義務**：受託者は，信託事務の処理を第三者に委託する場合，適切な者に委託しなければならず，また，当該第三者に対して必要かつ適切な監督を行わなければならない（信託法35条1項・2項）。

②　**公平義務**：受託者は，受益者複数の信託において，受益者のために公平にその職務を行わなければならない（信託法33条）。

③　**帳簿等の作成等，報告・保存の義務等**：受託者は，信託財産に係る帳簿その他の書類を作成しなければならない。また，毎年1回，一定の時期に，貸借対照表，損益計算書その他の書類を作成し，その内容について受益者に対して報告しなければならない。さらに，信託に関する書類を，一定期間，保存しなければならない。そして，受益者の請求に応じて，信託に関する書類

を閲覧させなければならない（信託法 37 条 1 項～ 6 項，38 条 1 項・2 項）。

④　原状回復責任：受託者がその任務を怠ったことにより，信託財産に損失が生じた場合又は変更が生じた場合，受益者の請求により，受託者は，損失のてん補又は原状の回復の責任を負う（信託法 40 条 1 項）。

⑷　受託者が法人の場合の留意点

営利目的のない一般社団法人であれば原則的に信託業法上の問題はないが，それが収益事業を行う場合は信託業法との関係で留意を要する。また，士業などの専門家が一般社団法人を代表し業として信託の運営を行う場合も，信託業法潜脱のリスクは否定できない。

3　受　益　者

信託は「受益者のために」を本旨とするので，受益者は，受託者に対して，信託行為に基づいて信託利益の給付を受ける権利（受益債権）を有している。また，このような権利を確保するために，受託者に対して帳簿閲覧請求や信託違反行為の差止請求などをする権利も有している。これらの権利を総称して「受益権」という。

⑴　受益者の権利

受益債権を確保するために認められた主な権利として，以下のものがある。

①　信託財産への強制執行等に対する異議申立権（信託法 23 条 5 項）

②　受託者の権限違反行為の取消権（信託法 27 条）

③　受託者の利益相反行為に関する取消権（信託法 31 条 6 項・7 項）

④　信託事務の処理の状況について報告を求める権利（信託法 36 条）

⑤　帳簿等の閲覧又は謄写の請求権（信託法 38 条 1 項）

⑥　損失てん補又は原状の回復の請求権（信託法 40 条 1 項）

⑦　受託者の法令・信託違反行為の差止請求権（信託法 44 条 1 項）

⑧　裁判所に対する受託者解任の申立権（信託法 58 条 4 項）

⑨　裁判所に対する新受託者選任の申立権（信託法 62 条 4 項）

⑵　受益者のための監督

受益者に監督能力が期待できない場合には，受益者を保護するために，受益者に代わって受益者の権利を守る者を置くことができる。これが，信託管理人，信託監督人および受益者代理人である。

4　信託関係人の役割

⑴ 信託管理人（信託法 123 条）

信託管理人とは，例えば将来産まれてくる子孫等を受益者として指定した場合，将来の不特定な受益者に代わって，受託者を監督する等受益者が有する権利を行使する権限がある者をいう。

⑵ 信託監督人（信託法 131 条）

受益者が幼い未成年であるとか，判断能力の低下した高齢者や障害者等である場合には，受益者自らがその要望を表明することや受益者の意に反した信託事務を行っていないかにつき受託者を監視できない。そこで，信託の目的に照らし，受益者のために信託事務が適切に遂行されているかを受益者に代わって受託者を監督する立場の者を「信託監督人」という。

⑶ 受益者代理人（信託法 138 条）

受益者代理人は，遺言又は契約における信託行為において指定された者で，受益者を代理する者であり，特定又は特定の範囲の受益者に代わって，受益者の権利に関する一切の裁判上又は裁判外の行為を行使する権限がある。受益者が多数で迅速かつ適切な意思決定をすることが困難であることなどが予想される場合に，信託行為で定める。

Ⅲ　民事信託の効果

1　凍結の防止

⑴ 意思能力の欠如

高齢者の認知症等が重症になれば，法律行為ができなくなる。その場合は成年後見人を選任して，財産の管理を依頼するほかない。ところが，成年後見制度のもとでは，成年後見人の財産の処分は成年後見人の判断や家庭裁判所の許可のもとで行う必要があるため，たとえ親族が自宅を売却したいと思っても売却ができないこととなる。また，贈与も原則としてできなくなる（財産の凍結）。成年後見人は，被後見人の財産の保全と管理が職務であるから，一方的に財産を無償で譲渡してしまうことは認められない。

　このような問題は，家族信託で解決することができる。信託契約の中で，委託者である高齢者が，将来にわたって自分の財産をどうしていくかについて，親族・友人等の中で信頼できる人（受託者）に託すことである。信託された財産（信託財産）の管理・処分については受託者に権限が移譲されるので，信託の効

力発生後に委託者が重症の認知症等になっても，信託財産の処理については，意思能力喪失前の委託者の意思に従って受託者が行うことができる。

(2) 煩雑な手続への対策

高齢者本人に意思能力があれば法律行為はできるが，例えば，賃貸不動産の管理について，複雑な取り決めが妥当かを的確に判断できない高齢者は少なくない。そのような場合に家族信託を活用すると，意思能力が存在するうちから，財産の面倒な管理・処分について，受託者に権限を移譲しておくことが可能となる。しかも，信託による場合は，信託法に受託者の義務が明確に定められており（善管注意義務，忠実義務，分別管理義務，自己執行義務，帳簿等の作成等，報告・保存の義務等，損失てん補責任など），さらには不動産を信託財産とした場合にはその権限の範囲が不動産登記簿上明記されるため，受託者の勝手な判断を予防できる。

(3) 高度な専門的判断への対策

意思能力には全く問題がなく，煩雑な手続も苦にならない人であっても，自分の所有する土地・建物の活用などで，高度な専門的判断を他人に委ねたいというニーズはある。たとえば，空室が目立つ古い賃貸ビルについて，相続税対策や資産運用の点で有効活用したいと思っても，更地にして有料駐車場等にするのか，建替えるのか，改装して賃貸するかといった判断は容易ではない。方針が決まっても，交渉や業者の選定，税金申告や登記申請等は相当な負担となる。そこで，家族信託を活用できればよいが，専門性を要するため有償の商事信託が利用される場合も多くなる。

2　紛争の防止

(1) 財産の防衛

資産家の高齢者は，資産を狙われる危険性が高い。相続人が自己に有利な遺言を書かせることもあり，振り込め詐欺や投資詐欺に遭うこともある。このような問題も，家族信託で解決できる。自分自身で財産を防衛していく自信のない高齢者には，主な財産を信託財産として，もし信用のできる家族や知人等がいれば，その者に信託すればよい。生前贈与ではなく，受益者を高齢者本人とする信託の設定であれば，贈与税もかからず，さらに老後の資金も受託者経由で出してもらえる。信託の設定により，信託財産の管理権限を受託者に委譲する結果，例えば預金については信託口座へ移すので，委託者は信託財産について引出しや振込ができなくなるし，不動産の名義も受託者に移転するので，後に委託者が名義を移

転することも不可能となる。なお，信託契約の後に，信託された財産を特定の相続人に継承する旨の遺言を作成しても，その財産に対する指定は無効になると解されている。

(2) 不動産共有の場合

　相続財産の中に不動産があって，それが唯一の財産である場合は，相続発生時に複数の相続人で共有することになり，民法 249 条以下の共有に関する規定が適用される。建物を建て替えたり壊して更地にしたり，あるいは売却して現金化する場合などは変更行為にあたるので，民法 251 条により共有者全員の同意が必要となる。また賃貸借契約の締結や解除でも管理行為にあたり，民法 252 条本文により，共有者の過半数の同意が必要となる。不動産会社と管理委託契約を締結する場合も管理行為にあたる。なお，ここでの過半数とは，持分割合によって判断されるため，2 分の 1 ずつで共有している場合は，いずれも単独では 2 分の 1 を超えることができないため，両者の合意が必要となる。

　このように不動産が共有されている場合，管理や処分行為が制限され，共有者間の意見が割れるとトラブルの原因となる。これを防止するには，不動産の名義を資産管理会社へ移行して，その会社の株式を均等に相続させる方法もある。代表取締役を相続人の 1 人にしておくと意思決定は制限されないが，多数派株主が結託して代表者を解任することも可能であるため，トラブルの心配は残る。これらの問題も，家族信託で解決できる。不動産を信託財産として，受託者 1 人の名義に移させることで，当該不動産の管理・処分権限は受託者 1 人が持つこととなり，相続人間の意見の相違に影響を受けない。他の相続人は受益権を持つことで経済的利益は享受するが，一方では不動産の管理・処分に口出しができなくなる。もちろん，受託者の権限は信託契約の内容によって制限されうる。

(3) 自社株共有の場合

　相続財産に株式が含まれる場合，とりわけ被相続人がオーナー社長として自社株式を保有している場合には，株式の相続がそのまま経営権の移転を意味することとなり，会社の帰趨を決する問題にまで発展する。相続により株式は相続人による準共有となる。準共有状態における権利行使者の指定は，持分の価格に従いその過半数をもって決する。

　たとえば，被相続人の子 2 人が相続人となる場合には，持分の価格は 2 分の 1 ずつとなり，いずれも単独では過半数に満たないため，両者の意見が合致しない限り，権利行使を指定することができない。遺産分割または共有分割によって法

定相続分に従い株式を分割したとしても，株主総会においていずれも過半数を獲得できないことに変わりはない。その結果として，会社経営自体が暗礁に乗り上げてしまう危険があるが，これを避けるにはどうすればよいか。

　家族信託を活用すれば，受託者（あるいは議決権指図権者）1人に議決権行使権限を集中させることで，相続の発生後も安定的な会社経営を行うことができる。

3　円滑な手続

(1)　突然の出費に備えて

　たとえば，被相続人が亡くなった後の預金の引出しには，煩雑な手続を要する。そのため，葬儀費用を被相続人の預金から支出することを予定していたところ，葬儀までに引出しが間に合わないといったケースがある。預金口座が凍結され，当該口座に設定されていた各種引落もされなくなってしまい，滞納の結果，遅延損害金が発生するリスクもある。このようなことを避けるにはどうすればよいか。

　これも家族信託を用いれば，相続発生前に，当該信託財産を受託者に名義移転させうることができるので，受益者を変更する以外，煩雑な手続をすることなく，円滑に相続人の資金需要に応えることができる。

(2)　不動産の荒廃に備えて

　たとえば，相続財産に不動産が含まれており，家主が亡くなったことで空き家になった。遺産分割が調わない間この空き家が放置されると，自宅は荒廃し資産価値が減少し近隣の迷惑にもなる。これを避けるにはどうすればよいか。

　この場合は，遺産分割協議に時間を要することが想定されるので，適切に維持管理するため，家族信託が有用である。相続開始前に不動産の名義を受託者に移転しておくことで，遺産分割協議がまとまるまでの間も，名義人たる受託者によって当該不動産を単独で適切に管理することができる。

(3)　廃業を防ぐために

　たとえば，事業を構成する事業主の不動産や重要な動産等の資産が分散して承継されることを防止し，確実に事業後継者に引き継がれ，将来長い間事業が安定して行われるようにしたい。この場合，事業を構成する財産を，後継者となるべき特定の者に贈与または遺贈することは可能であるが，現時点で適切な事業承継者を決定できない場合には対応できない。これに適切に対応する方法はないか。

　このような場合でも，家族信託を使えば解決できる。信頼できる者を受託者として選任することで，事業を継続させることができる。本人死亡後の受益者は後

継予定者としつつ，後継者としての資質が備わった段階で，受託者が残余財産受
益者を指定する旨定め，指定により信託が終了すると定めることで事業を構成す
る信託財産は残余財産受益者または残余財産帰属権利者として定められた者が引
き継ぐことになる。

4　遺言の効果拡大

(1)　遺留分への対処

　たとえば，唯一の不動産を遺された配偶者の単独名義にしたいと遺言を残し
も，他の相続人から遺留分侵害額請求をされると不動産が共有になってしまう。
他の相続人のために遺留分相当額を得させるだけの十分な財産がない。仮に他の
財産があっても，実際に他の相続人から遺留分侵害額請求がされるか否か不明な
間は，その者に遺留分相当額を遺言で相続させるのは躊躇される。このような場
合に対応手段はないか。

　この場合も，家族信託を用いれば解決できる。受託者を信頼できる家族の中の
１人として，信託契約の中で，受託者に対して，自宅に遺された配偶者が居住し
続けるために必要な事務を信託事務として委託する。遺留分権利者には受益権の
一部である元本受益権（信託財産自体を受け取る権利）を与えることで，遺留分を
侵害するような事態を回避することも可能である。

(2)　受益者を連続させるために

　たとえば，自分の死後，自分の財産を承継した相続人が，さらにその財産を誰
にどのように承継させるかは生前に指定できない。自分の相続のときですら，遺
言で財産の承継方法を指定していたとしても，必ずしもそのとおりになるとは限
らない。このような場合にはどう対応すればよいか。

　このような不便を解決するため，「受益者連続型」の信託設計が可能となる。
この受益者連続型の信託設計を用いることにより，二次，三次と将来の承継先ま
で指定した財産承継を実現することが可能である。ただし，無限ではなくて30
年という制限があり，信託の効力発生から30年を経過した後は，受益権の新た
な承継は一度しか認められない（信託法91条）。

(3)　障害者福祉のために

　たとえば，親の死後，障害のある子に財産を遺しても，子自身ではうまくいか
ない心配があるが，他の相続人に障害のある子の面倒を見てもらえる確信もな
い。障害のある子を持つ親としては，相続財産を介護費用に充てて，障害のある
子の生活を安定させたいが，どうすればよいか。

これも家族信託で解決できる。委託者である親は，信頼できる家族・友人の中から受託者を指名して，信託契約の中で，障害者を受益者として，その者に対する介護費用の捻出を義務として定めておくことで，これらニーズに応えることができる。

(4) 未成年者養護のために

たとえば，自分の相続の際に，幼い子に相続させた財産については，その子の親権者がこの財産を管理することになる（民法824条）。親権者には一応の注意義務は課されているが，場合によっては，子が相続した財産が親権者により浪費されてしまうかもしれない。被相続人としては，幼い子の成長段階に応じて財産を有効活用してもらいたい場合，これに対応するにはどうすればよいか。

この場合も，家族信託を使えば解決できる。信託契約の中で，受託者に財産の支給方法を指示することができる。

Ⅳ　信託契約書の作成

契約書条文の組み立てとしては，①信託設定時の権利義務等に関する項目，②信託期間中の権利義務等に関する項目，③信託終了に関する項目，④その他上記に分類できない項目がありうる。

1　信託設定の段階で留意すべき点

(1) 設定前の留意点

年齢順に人は死亡するわけではないので，とくに信託の変更権をもつ者が，死亡した場合あるいは判断能力が大きく低下したような場合などに備えて，変更の定めを置くことが不可欠で後継の受託者を指定しておくべきである。なお，信託の設定にあたっては信託税制にも目配りが必要となる。

(2) 設定時の留意点

家族間で信託契約をする場合を前提にすると，素人である契約当事者が信託契約内容を十分に理解していることが重要となる。信託契約の締結後も専門家が信託業務を行ってくれるものと思いこんでいる可能性もある。このようなことを回避するには，委託者と受託者が主体であり，契約の当事者であることを十分に理解してもらい，契約の内容をよく理解してもらうことが重要である。それには，分かり易い図示付の「信託契約内容説明書」を準備して丁寧に説明するのが効果的である。

2　信託契約条項のポイント

⑴　信託契約書は公正証書が安全

信託契約は諾成契約であり（信託法3条），公正証書は信託法が要件としているわけではないが，公正証書にするのが実務上は安全で円滑である。少なくとも，信託契約書の作成は，立証や紛争予防のためにも事実上必要である。

⑵　信託の目的規定

この目的は受託者の権限の範囲を画するものであり，受託者の義務違反の有無もこの目的に照らして判断されるため，とくに信託の目的は明確に規定すべきである。

3　信託スキーム作成手順と留意点

⑴　手　　順

最初に相談者の状況確認を行う必要がある。①信託の対象となるべき財産の所有権者，その種類や数量の確認，②信託にも相続法の適用があるため，委託者となる者の推定相続人の確認，③遺留分侵害の可能性を予知するため，信託の対象となる財産以外の財産の状況を把握，④信託目的を定めるため，委託者や受益者の意向を確認することが必要で，それには，信託に求めるニーズと目標を明確にして，信託が最適な手法かどうかを判断する。

⑵　手法の決定

上記の確認作業の次に，最適な手法を選択し決定する。信託以外にも任意代理，任意後見，遺言，死因贈与などの手段もあるので，信託を選択するのがベストかどうか，説明を尽くした上で，それらを組み合わせるなどして相談者のニーズに最も適合した方法を提案する。信託によらなくても目標を達成できるような場合は，信託契約の当事者とくに受託者に負担をかける信託に拘泥しないよう配慮すべきである。

⑶　留　意　点

①対象財産が信託に適しているか。金銭に見積もりうる財産であれば信託の対象となしうるとしても，実務上は現実的な実現の可能性という事実上の制約もある。委託者の全財産を信託の対象としても，委託者の生活用品まで受託者が分別管理することはできず，受託者が現実に財産を管理できる信託財産を明確にすることが必要である。②金銭の分別管理についても，受託者個人名義の預金口座を利用するより，対外的に信託であることを明らかにするために，民事信託預金口座を銀行に開設するのがよい。なお，③ローン付きの不動産等の場合は金融機関

など債権者の承諾が不可欠となる。

V　遺言代用信託による事業承継

1　遺言代用信託

これは，委託者が生前に財産を信託し，委託者を当初の受益者として，当該委託者が亡くなった場合の次の受益者を予め信託契約に定める信託である（信託法90条）。この信託は遺言によって誰に財産を承継させるかを事前に決めておく遺言と類似している。ところで，生前の契約ではなく，遺言で信託を設定することも可能であり，その行為は「遺言信託」といわれる。なお，金融機関が遺言の作成や遺言執行のサービスをする商品の名称で「遺言信託」と称する場合もあるが，両者の意味は全く異なる。

2　遺言代用信託の活用

たとえば，社長Ａは，相続時において後継者Ｂに事業を承継させる予定であるとする。Ｂの妻Ｃは信頼でき経営能力もある。将来について以下のニーズがある場合，それに対応する方策を予め信託契約に設定したいが，どうすればよいか。

社長Ａの希望は，①現役の間は経営を継続し議決権も行使したいが，②相続時には速やかにＢに経営権を引き継ぎたい。①の実現には，相続発生前の指図権は社長Ａが保有し，その指図に従い受託者であるＢの妻Ｃが議決権を行使するよう信託を設定する。②の実現には，生前に遺言代用信託を活用し，次の受益者・指図権者をＢと設定する。そして，遺言の撤回・書き換えを防止し確実に事業承継するには，信託の変更は原則不可と設定する。

3　遺言代用信託の留意点

(1)　民法改正の影響

2019（令和元）年7月から施行された改正民法の影響により，遺言の絶対的効力が失われることとなったが，信託契約では遺言と比較して確実性が見込まれる承継が可能となる。さらには信託行為に別段の定めを設けることで，契約解除を不可能とすることもできる。

たとえば，夫は妻Ａと子供Ｂの3人暮らしであったが，遺言を残して夫が死亡したとする。遺産は不動産のみで，遺言では妻Ａに8割，子供Ｂに2割と指定していた。妻Ａは不動産名義を変えずにいたところ，遺言に反して子供Ｂが不動産名義を自己名義にして第三者Ｃに譲渡し，その移転登記も済ませてしまっ

た。そのような場合，妻Aは第三者Cから相続不動産を取り戻せるか。

〈改正前の判例〉

①「遺贈」による不動産の権利取得については，登記なしでは第三者に対抗できない（最判昭和39年3月6日民集18巻3号437頁）。②「遺言」による相続分指定の場合（本設例）は，登記なしでも第三者に対抗できた（最判平成5年7月19日判例時報1525号61頁）。③「相続させる旨の遺言」（特定財産承継遺言）も，登記なしでも第三者に対抗できた（最判平成14年6月10日判例時報1791号59頁）。

〈その問題点〉

遺言や遺産分割による場合は，登記など対抗要件を備えなくても第三者に対抗できるとされたため，①その内容を知ることのできない第三者の取引の安全が害される恐れがあり，②実体と登記との不一致が生じる場面が多くなり，登記制度の信頼が害される。

〈改正によって新設された民法899条の2〉

同条1項で，「法定相続分を超える部分」については，対抗要件を要求すると変更された。

2項で，相続で承継した権利が「債権」の場合，法定相続分を超えて債権を承継した相続人が，その内容を明らかにして債務者に通知することで，共同相続人全員が通知したものとみなして，債務者に対抗できる。民法177条（対抗するには登記が必要）を適用して，登記の先後で優劣を決定する。本ケースでは，妻は法定相続分の範囲（5割）については，登記なしに第三者に対抗できるため，5割の持分を取り戻すことができる。注意すべきは，法定相続分を超える3割の持分は未登記のため取り戻せない。遺言があっても油断せず，すぐ登記すべきである。

(2) 遺留分に対する配慮と対応策

信託を利用する場合であっても，遺留分制度は潜脱できない。遺留分侵害額請求をふまえて，他の相続人に対する遺留分に配慮する方策として，第二次受益者に他の相続人も設定し受益権を分割する方法がありうる。これによれば，株式自体を相続させる場合とは異なり，議決権の分散防止の効果も享受することが可能となり，安定的な事業承継も実現できる。

4　信託設定時の留意点

(1) 委託者の地位の承継

委託者の地位は，原則として，相続により承継されると解されるため（信託法

147 条の反対解釈），委託者の地位は特定の相続人のみならず他の相続人にも承継
される。そこで，信託内容の変更については，原則として，委託者・受託者・受
益者の合意が必要であるため（信託法 149 条 1 項），信託の内容の変更が必要な際
には，相続人全員の合意が必要となる。それゆえ，家族間の関係が良好である場
合には問題ないが，争いが生じた場合，変更不能の状況に陥る。そのため，もし
他の相続人の合意を得ることなく信託の内容の変更を希望する場合には，信託契
約に予め「当初委託者の死亡後は，受託者と受益者の合意により信託の内容を変
更できるものとする」旨を定めておくか，「委託者の地位は指図権者に相続され
る」旨を定めておくのが有効である。

(2) 受益者変更権の設定

遺言代用信託は，委託者が受益者変更権を有する場合と受益者変更権を有さな
い場合がある。信託行為の別段の定めにより変更権の排除や制度が認められてお
り（信託法 90 条 1 項），遺言や死因贈与とは異なり，受益者の権利を安定させる
ことが可能な点で重要であるともいえる。委託者が受益者変更権を有さないとす
る別段の定めを設けることにより，受益者の合意なく受益者が変更されることが
ないため後継者である受益者の地位が安定することとなる。

Ⅵ　受益者連続型信託

受益者連続型信託は，予め定められた複数世代の承継先に，有効期間の範囲内
で受益権を承継することができる信託である（信託法 91 条）。委託者 A が所有す
る財産を受託者 B に信託し，当初受益者を A とした場合，「A が死亡した場合
には次の受益者を配偶者とし，その配偶者が死亡した場合には次の受益者を長男
とし，その長男が死亡した場合には次の受益者を長女とする」と信託契約に定め
ること（信託行為）により，受益権の承継先を複数先まで指定することができる。

1　後継ぎ遺贈との相違点

法定相続人以外に財産を承継するには，贈与または遺贈が一般に利用される
が，これらの民法上の行為については，「後継ぎ遺贈」が有効であるか否かにつ
いては意見が分かれている。後継ぎ遺贈は，遺言者から第一次受遺者へ，そし
て，遺言者の意思によって定められた条件の成就等によって，第二次受遺者へ遺
贈利益が移転する遺贈である。遺言者が所有する財産の相続先を，遺言者の相続
人のみではなく，相続人の相続先以降の複数世代にわたって指定する遺贈であ
る。このような遺言をした場合，第二次承継が有効となるか否かが論点となる。

2　受益者連続型信託の要件

(1)　有 効 期 間

　受益者連続型信託の受益者を指定できる期間には制限があり，信託法 91 条は「当該信託がされた時から 30 年を経過した時以後に現に存する受益者が当該定めにより受益権を取得した場合であっても当該受益者が死亡するまで又は当該受益権が消滅するまでの間，その効力を有する。」と規定している。受益権が A → B → C → D → E と承継される旨の信託行為において，信託設定後 30 年経過時点の受益者が C であった場合は，C から D への受益権の承継は有効となるが，D が死亡した時点で信託が終了するため，その後の受益権の承継は無効となる。つまり，信託設定時から 30 年経過した後に，ある生存者が受益権を取得すると，その者の死亡またはその受益権の消滅によって信託は終了し，それ以上は受益者の定めがあっても効力は有しないと解されている。

(2)　受益者となりうる者

　受益者は信託設定時点では存在していなくでもよいため，これから産まれてくる孫などを受益者に指定することも可能であるが，孫などが受益権を取得する時点では存在していなければならない。なお，民法 886 条 1 項と同様の解釈から，存在する者には胎児も含まれると解される。なお，信託法 91 条では，受益者として指定できる者にとくに制限が設けられていないため，親族以外の者を受益者に設定することもできると解される。ただし，相続人の遺留分を侵害しないよう留意すべきである。

3　主な適用例

(1)　被相続人の希望を反映した財産承継

　たとえば，再婚者で先妻との間に娘がいる被相続人 A が賃貸用不動産を所有しており，自分が死亡した後は賃貸用不動産の賃貸収入を後妻に帰属させ，後妻が死亡した後は賃貸収入及び残余財産を娘に承継させたいとする。もし遺言によると，後妻が死亡した場合には当該不動産を娘に相続させる旨の遺言を残しても，有効なのは後妻への相続に限られ，後妻から娘への相続の指定は無効とされる。したがって，後妻は先妻の娘に相続させる義務はなく，不動産を自由に処分するか，あるいは相続先を指定することができ，娘に財産を承継させたいという A の目的は達成できない。このような場合は，家族信託を設定することで，被相続人が将来の受益権の承継先を指定することにより，被相続人の希望に沿った財産承継の流れを設計することができる。

⑵ 円滑な事業承継に活用

たとえば，中小企業オーナーAは，自分の死亡後は長女Bに事業を承継したいが，Bには子供がいないため，Bの死亡後は次男Cの子（孫）Dに事業を承継したいような場合，自社株式を信託したうえで，Aを委託者兼受益者，Bを第二受益者，Cの子（孫）Dを第三受益者に指定する受益者連続型信託を活用することで，Aの希望通りに自社株式を承継することが可能となる。ここで留意すべきは，信託財産である自社株式の所有者は受託者であるため，議決権の行使等は受託者が行うこととなる。受託者は受益者に忠実義務を負い，利益相反行為を制限されるが（信託法30条・31条），必ずしも受益者の意思に沿って議決権を行使するとは限らない。そこで，受益者の意思に沿って議決権が行使されるよう，受益者を指図権者に設定し，受益者の承継に合わせて指図権が承継されるよう信託契約に定めておけば，受益権の承継に伴って経営権である指図権も承継させうる。

Ⅶ　指図権の活用と法的問題

指図権は，信託財産の管理処分について受託者に指図をする権限である。信託において，受託者が信託財産の管理処分を有するのが原則であるが（信託法26条），指図権を利用することで，受託者以外の者に信託財産の管理処分権の一部を帰属させることができる。受益者以外の者に指図権を付与した場合には，信託財産の管理処分権（指図権）と経済的利益を享受する権利（受益権）とを実質的に分離することができる。指図権は，信託行為によって定められるもので，信託法に明文の規定はない。そのため，指図権の移転時期や相手方は，柔軟に設定することが可能であるが，指図権の限界が明らかでないため，指図権を利用するには，一定のリスクがある。

1　事業承継目的の信託活用例

たとえば，先代経営者が委託者兼受益者として株式を信託し（自益信託），先代経営者の死亡によって後継者が第二次受益者となる。信託された株式の議決権の行使に係る指図権は，先代経営者が当初は保有し，先代経営者の死亡によって後継者が当該指図権を取得する。先代経営者は，受益権に加えて，指図権をも自らに付与することによって，株式を信託した後も自己の死亡まで，信託財産である株式について，受益者として経済的利益を享受するとともに，指図権者として議決権を実質的に留保することが可能となる。このような信託は，先代経営者の死亡を機に後継者に対して経済的利益を享受する権利および議決権を承継させる

という点で，遺言と似た効果を有する。

2　先代経営者の経営権留保

　上の事例では，先代経営者が当初の受益者兼指図権者となり，先代経営者の死亡の時点で後継者が受益権および指図権を承継するものとされたが，受益権と指図権の承継の時期は同一である必要はない。

　たとえば，株価の上昇が見込まれている場合に，後継者が当初受益者となり，先代経営者は指図権者となることによって，先代経営者は，その価額が上昇する前に，株式に係る管理処分権を自らに留保しつつ，株式に係る経済的利益を享受する権利のみを後継者に移転することができる。そして課税上も，後継者が受益権を取得する時点で，原則として，信託財産である株式そのものを取得したものとして贈与税が課税されるので，価額が上昇することが予想される株式を先代経営者の相続税の課税対象から除外することができると解してよい。先代経営者に指図権を付与せずに，先代経営者を委託者兼受託者とする自己信託を用いても同じ結果がえられる。なお，指図権の移転時期や相手方は，柔軟に設定することが可能であるので，先代経営者の死亡に限らず，意思能力喪失の時点で指図権を後継者に移転する設計も可能である。

3　指図権による経営権移転

　受益者と指図権者を完全に分離することも可能である。たとえば，先代経営者が相続人を当初受益者，後継者を指図権者として株式を信託した場合，後継者は信託財産である株式による経済的利益を享受することなく，議決権を実質的に保有できる。贈与税の負担，遺留分などの理由で後継者が株式に係る経済的な利益を取得することが困難な場合でも，受益権と指図権を分離することで，議決権のみを後継者に移転することができる。ただし，株式の経済的利益と議決権とを分離することに対しては，一定の法的制限もあることに留意すべきである。

4　信託財産処分のための指図権

　たとえば，先代経営者が子を受益者として株式を信託するが，自己の当該株式の処分に係る指図権を留保することもありうる。子が後継者として不適格と判断された場合は，信託財産に属する株式の処分を指示することで，親族外に事業を承継することも可能となる。なお，先代経営者に指図権を付与する方法でなくても，先代経営者を委託者兼受託者とする自己信託を用いても結果は同じである。

5　指図権をめぐる法的問題

⑴　信託の有効性

　指図権は信託法上の制度ではないため，その定義もされておらず（ただし，信託業法には指図権者に関する規定はある），信託行為によって認められるものであるため，指図権の取扱いに関しては明確ではない点がある。そのため，指図権を用いた信託の有効性が問題となる。株式の信託には会社法310条2項に照らして，無効となる場合があるとされる。指図権を用いた事業承継を目的とする典型的な信託については，発行会社が関与しないこと，受益者は無償により受益権を取得するものであって不利益を強いられるものではないことなどを理由に，原則として無効とならないとする見解もあるが，議決権の行使基準が不明確で，期間が長期間であるなど，株主の議決権を不当に制限する場合には無効となるとの見解も有力である。

⑵　自益権と共益権の分属

　事業承継に係る信託では，経営権を特定の者に集中させるため，議決権行使の指図権を一部の後継者に与えることになるが，それは実質上，自益権と共益権を分属させることとなって，会社法上の株式の本質に反しないかが問われる。会社法違反となれば，信託自体が無効とされかねない。

⑶　非公開・中小会社と公開・上場会社

　非公開会社の事業承継のために信託を活用する場合は，会社法上も問題がないと説明しやすい。会社法では，非公開会社では議決権について株主ごとに異なる取り扱い（属人的定め）が認められており（会社法109条2項），配当請求権という経済的利益と議決権の分離が許容されているため，特定者に議決権行使の指図権を集中させても問題がないと説明できる。これに対して公開・上場会社は，会社法で株主平等原則（会社法109条1項）が貫かれており，非公開会社におけるような属人的な例外規定（会社法109条2項）がない。そこで，株式の信託において，実質的とはいえ自益権と共益権を分属させることが有効になしうるのかが問われる。これには議論があるが，結論的には有効と解するのが一般的な理解である。

⑷　遺留分に要注意

　指図権を利用することで，経済的利益を享受することなく，信託財産の管理処分権のみを保持することも可能であるため，指図権を利用した信託で遺留分対策をすることも検討の対象となるが，強行法規を潜脱する目的で行う信託は公序良

俗違反の危険がある（民法 90 条）。

⑸ 指図権者の義務

　指図権を用いた信託が有効であるとしても，指図権者が指図権の行為に関して善管注意義務や忠実義務など受託者に類似した義務を負うかが問われる。信託法では，受託者の善管注意義務や忠実義務も信託行為で軽減することが可能とされていることから（信託法 29 条 2 項但書），指図権者に対して一律に同様の義務を課すことは妥当でなく，信託行為によって指図権が付与された趣旨に照らして個別的に判断すべきと解される。ただ，委託者としては指図権者が信託の目的に従って適切に指図権を行使することを期待するのが通常であり，原則として指図権者は自らが受益者でない限り指図権の行為に関して善管注意義務を負うべきであるともいえる。そうだとすれば，受益者と指図権者が同一でない場合に，指図権者が受益者に不利益を与えるような形で指図権を行使した場合には，指図権者が信託法 40 条の類推適用によって法的責任を問われる可能性は否定できない。

Ⅷ　信託税制の概要

　信託はとくに納税者に有利な制度というわけではなく，信託法と税法で信託財産の帰属の考え方が異なることによる帰結に過ぎない。ここでは，信託税制の概要をみていくが，その詳細については，山下眞弘編著『企業の悩みから理解する弁護士として知っておきたい中小企業法務の現在』213 頁以下〔山下宜子税理士〕（第一法規，2021 年）を参照されたい。

1　信託課税における受益者

　信託課税では，信託に関する権利を有する者は，①受益者としての権利を現に有する者（信託行為において受益者と位置づけられている者のうち現に権利を有する者）及び②特定委託者（相続税法 9 条の 2 第 1 項に規定する特定委託者）とされる。

⑴ 受益者としての権利を現に有する者

　委託者の死亡前は，まだ受益者とされない者（信託法 90 条 1 項）や委託者が死亡するまでは，原則として受益者としての権能を有しない者（信託法 90 条 1 項 2 号）は，委託者が死亡するまでは「受益者としての権利を現に有する者」といえないから，受益者等には含まれない。また，信託法 182 条 1 項 1 号（残余財産の帰属）に規定する残余財産受益者は，残余財産の給付を内容とする受益債権を有する者であり，かつ，信託の終了前から受益債権を確保するための権利を有するので，「受益者として現に権利を有する者」に含まれる。

しかし当該残余財産受益者が，信託が終了し，残余財産に対する権利が確定するまでは残余財産の給付を受けることができるかどうかが分からないような受益債権しか有していない場合には，現に権利を有しているとはいえず，このような残余財産受益者は，当該権利が確定するまでは「受益者として権利を現に有する者」に該当しない。

　なお，帰属権利者（信託法 182 条 1 項 2 号）は，本来的に信託から利益を享受するものとされている受益者への給付が終了した後に残存する財産が帰属する者にすぎないから，信託が終了するまでは受益者としての権利義務を有せず，信託の終了後，はじめて受益者としての権利義務を有するため「受益者として現に権利を有する者」には含まれない。

(2) 特定委託者

　これは，信託の変更をする権限（軽微な変更をする権限として信託の目的に反しないことが明らかな場合に限り信託の変更をすることができる権限を除き，他の者との合意により信託の変更をする権限を含む。）を現に有し，かつ，当該信託の信託財産の給付を受けることとされている者（受益者を除く。）をいう（相続税法 9 条の 2 第 1 項・5 項，相続税法施行令 1 条の 7）。なお，当該信託の信託財産の給付を受けることとされている者には，停止条件が付された信託財産の給付を受ける権利を有する者が含まれる（相続税法施行令 1 条の 12 第 4 項）。所得税法・法人税法・消費税法においても，特定委託者の要件を満たした場合には受益者とみなされる旨（みなし受益者）の規定が置かれており（所得税法 13 条 2 項，法人税法 12 条 2 項，消費税法 14 条 2 項），みなし受益者（＝特定委託者）とは，信託行為の定めにより信託の利益を享受する者として指定はされていないが，信託の受益者と同等に扱うべき者をいう。

　2007（平成 19）年度信託法改正前の信託課税においては，原則として受益者が信託に関する権利を有することとされており，当該受益者が存しない場合には委託者（その相続人を含む。）が信託に関する権利を有することとされてきた。ところが，信託法の改正により，遺言信託における委託者の相続人は，委託者の地位を相続により承継しない旨の規定（信託法 147 条）が設けられるなど，委託者は，基本的には何らの権利も有さないことがより明確化されたことから，単に委託者であるということのみで課税関係を律していた従来の方式から，財産的な権利を有するか否かに着目して課税関係を整理することとされた。信託法制では，信託された財産の所有権は，信託の効力発生時に，財産を預けた者（委託者）から財

産を預かった者（受託者）に移転し，財産の分別管理や倒産隔離といった信託の機能が実現される。信託課税では，受託者は単なる名義人であり，信託財産から生じる経済的利益が実質的に受益者に帰属する点に着目して課税関係が生じる。

2　受益者課税信託の課税関係

(1)　自益信託の課税関係（委託者＝受益者）

　自益信託については信託設定時には課税関係は生じない。信託財産に係る経済的な利益は受益者が得ることになるため，信託課税上は，受益者が信託財産を有するものとみなして課税関係が生じる。委託者＝受益者を父，受託者を長女，信託財産を賃貸不動産とする信託を設定した場合，信託された財産は委託者（父）から受託者（長女）に移転し，受託者（長女）は財産の所有権を有することになる。信託課税上，信託財産に係る経済的な利益は受益者（父）が得ることになるので，信託前の不動産の所有者である父が，信託効力発生後も信託財産（賃貸不動産）を有しているとみなされる。信託された賃貸不動産の経済的価値は，信託効力発生後も父に留保されるため，実質的な所有権の移転はしておらず，信託の効力発生時において，課税関係は生じない（所得税法基本通達13-5）。

　信託期間中は，受益者（父）が信託財産に係る資産・負債を有するものとみなし，当該財産から発生する収益及び費用は受益者（父）の収益及び費用とみなされる（所得税法13条1項）。そのため，上記の例では，不動産所得の申告は，信託の効力発生後も受益者（父）が申告をすることになり，消費税法上も受益者（父）の取引として計算される（消費税法14条1項）。受託者（長女）は，信託された財産を管理・運用・処分するために信託財産の名義人になって預かっているだけであり，信託された財産に係る利益を享受することはできないため，信託の効力発生時と同じく信託期間中においても課税関係は生じない。

　その後，自益信託に係る受益権を譲渡した場合は，受益者が信託されている財産を譲渡したものとして，課税関係が生ずる。

(2)　他益信託の課税関係（委託者≠受益者）

　信託の効力発生時に，信託された財産の実質的な所有権（経済的価値）が，委託者から受益者へ移転したものとして課税関係を整理すると，次のように委託者や受益者が個人か法人かにより課税関係が異なることとなる。なお，受益者が，適正な対価を負担して信託財産を取得した場合は，受益者に課税関係は生じない。

① 委託者も受益者も共に個人の場合

受益者が，適正な対価を負担することなく受益権を取得した場合は，委託者から信託財産（資産から債務を控除したもの）の贈与を受けたとみなして贈与税等が課税され，遺贈の場合には相続税が課税される。また，受益者が著しく低い価額の対価で財産の譲渡を受けた場合，税務上の適正な時価との差額については，贈与・遺贈されたものとみなされるため（相続税法 7 条），受益者に対しその差額について，贈与の場合には贈与税が，遺贈の場合には相続税が課税される。

② 委託者が個人で受益者が法人の場合

委託者（個人）が受益者（法人）に，無償又は著しく低い価額（対価が時価の 2 分の 1 未満の場合（所得税法施行令 169 条）で信託財産を譲渡した場合，通常の取引価額で信託された財産の価額（税務上の適正な時価）で譲渡したものとみなされ，所得税が課せられる（所得税法 67 条の 3 第 3 項，59 条第 1 項，所得税法基本通達 67 の 3-1）。受益者（法人）は，信託財産を時価で譲り受けたことになり，無償の場合は，通常の取引価額で信託された財産の価額（債務控除後の額）を受贈益として益金計上し，低額譲渡の場合は時価と譲渡価格との差額を，受贈益として益金計上し，法人税が課税される（法人税法 22 条 2 項）。

③ 委託者が法人で受益者が個人の場合

委託者（法人）は受益者（個人）に，信託した財産を通常の取引価額で譲渡したものとして，売却益がある場合には益金，売却損がある場合には損金として所得金額を計算する（法人税法 22 条 2 項）。また，時価と受領した対価との差額（無償の場合は信託財産の時価相当額）については，受益者に寄附したものと処理され（法人税法 37 条 8 項），受益者（個人）との関係に即して寄附金，役員賞与，退職金等として損金算入し，一部については損金算入に制限がある。受益者（個人）は，時価と受領した対価との差額（無償の場合は信託財産の時価相当額）について，法人との関係に即して一時所得，役員賞与，退職金等として所得税が課税される（所得税法 34 条，所得税法基本通達 34-1(5)）。

④ 委託者も受益者も共に法人の場合

委託者は，信託した財産を通常の取引価額で譲渡したものとして売却益がある場合には益金，売却損がある場合には損金として所得金額を計算する（法人税法 22 条 2 項）。また，時価と受領した対価との差額（無償の場合は信託財産の時価相当額）については，受益者への寄附と処理され（法人税法 37 条 8 項），受益者（個人）との関係に即して損金算入に制限がある。受益者は，受贈益課税（法人税法

22条2項）により課税される。

　信託期間中は，受益者が信託財産に係る資産・負債は有するものとみなし，当該財産から発生する収益及び費用は受益者の収益及び費用とみなされる（所得税法13条第1項）。受益者が個人の場合は，信託行為に定める計算期間にかかわらず，毎年1月から12月31日までの期間の所得を計算して申告を行うことになる（所得税法基本通達13-2）。受託者から受益者へ実際に金銭の分配が行われていなくても，信託財産から利益（所得）が生じた時点において課税が発生する。

3　受益者が存しない信託に係る課税の原則と特例

　受益者の定めのない信託の要件（信託法258条1項）に規定する受益者の定め（受益者を定める方法の定めを含む。）のない信託で，かつ，特定委託者の存しないものについては，受益者等が存しない信託に該当する。受益者等が存しない信託については，原則としてその後に存在することとなる受益者等に代わって受託者に法人税等（受贈益課税）が課税される。信託期間中に，信託財産から生ずる収益と費用に係る運用益についても受託者に課税される。また，その後に受益者等が存することになった場合には，受益者等が受託者の課税関係を引き継ぐことになり，この段階では課税関係が生じない。

　委託者と受益者となる者が親族等（民法725条各号に掲げる6親等内の血族，配偶者及び3親等内の姻族をいう（相続税法施行令1条の9））である場合は，受益者等が存しない信託等の特例（相続税法9条の4）が適用される。受益者等が存しない信託の効力が生じた場合において，信託の受益者等となる者が委託者の親族等であるときは，当該信託の効力が生ずる時において，当該信託の受託者が，当該委託者から信託に関する権利を贈与（委託者の死亡に基因して信託の効力が生ずる場合は遺贈）により取得したものとみなして贈与税（遺贈の場合は相続税）を課税される（相続税法9条の4第1項）。

4　信託終了時の課税関係

　受益者等の存する信託が終了した場合において，適正な対価を負担せずに当該信託の残余財産の給付を受けるべき，又は帰属すべき者となる者があるときは，信託終了時の受益者から，信託の残余財産が給付される者又は当該帰属権利者へ，贈与（委託者の死亡に基因して信託が終了した場合は遺贈）によって財産が移転したものとみなされる（相続税法9条の2第4項）。

終　章　　今後の課題と立法論

　終章では，本書で検討した諸問題を中心に，特に議論のある未解決の課題あるいは解釈論を超えて立法的解決を要する諸問題 15 項目について，理論と実務の視点から検討を行い，問題点の指摘と一定の解決の方向を示したい。

1　競業避止義務は事業譲渡の成立要件か効果か

　事業譲渡の成立に「営業活動の承継」や「競業避止義務」（会社法 21 条，商法16 条）が不可欠の要件となるか。競業避止義務や営業活動の承継は要件としない方向を示す見解が多数（私見）となっているが（学説の分類については，たとえば，山部俊文「重要財産の譲渡と特別決議」会社法判例百選〔第 4 版〕169 頁（2021年）），企業結合の見地から，「営業活動の承継は要件」とするものの競業避止義務は問題とならないとする見解もみられた（宮島司『企業結合法の論理』238 頁（弘文堂，1989 年））。事業を譲り受ければ営業活動を受継ぐのが通常であるから，その前提からすれば，この考え方は基本的に正しい方向を示すと評価できるが，営業活動の承継が絶対的要件となるかどうかは議論がある。事業譲渡契約をする時点で総会決議が必要であるから（会社法 467 条 1 項），事業譲渡後に譲受会社が営業活動を承継するかどうかは，総会決議の時点では不明である。営業活動を承継するものと客観的に認識できれば，譲渡後において現実に営業を開始しなくても，譲渡会社に及ぼす影響が重大であることに変わりはない。

　「競業避止義務」については，この義務を負うのは事業譲渡があるとされる場合の「法律効果」であって，事業譲渡が成立するための「法律要件事実」ではない旨の指摘が古くからあり（竹内昭夫「営業譲渡の意義」商法（総則・商行為）判例百選 59 頁（1975 年）），この立場は近年に引き継がれている（藤田友敬「営業譲渡の意義」商法判例百選 33 頁（2019 年）。競業避止義務は事業譲渡の「要件ではなく効果」と解すべき理由については，田中亘「競業避止義務は事業の譲渡の要件か」東京大学法科大学院ローレビュー 5 巻 291 頁以下（2010 年）が最も詳しい。そして論者は，最大判昭和 40 年 9 月 22 日民集 19 巻 6 号 1600 頁も「競業避止義務を事業譲渡の効果」と捉えていたと解するのが自然であると指摘するが，これは近年における最高裁判例の理解として定着しつつある。事業譲渡の成立に競業

避止義務の負担は不要とする考え方は，筆者も長年にわたり主張してきたところ
であり，実務においても，競業避止義務を特約で短縮した例やこの義務を排除し
た契約例がみられる。なお，競業避止義務が特約で排除されても，会社法 21 条
以下（商法 16 条以下）の事業譲渡が否定されるわけでもないと解される。ところ
で最近，従来の学説とは異なった側面からする議論として，営業譲渡における競
業避止義務の社会的意義・効果の点に焦点を当て，「超過収益力の換金を認める
制度」という理解の可能性を検討する論考もみられる（津野田一馬「営業譲渡にお
ける競業避止義務」法学教室 503 号 85 頁（2022 年））。

2　事業の「重要な一部」の具体的判断基準

　会社法 467 条 1 項 2 号括弧書「当該譲渡により譲り渡す資産の帳簿価額が当該
株式会社の総資産額として法務省令で定める方法により算定される額の 5 分の 1
を超えないものを除く」と規定された上で，同所二重括弧内において「これを下
回る割合を定款で定めた場合にあっては，その割合」とされているが，その意味
するところが課題となる。このような規定ぶりによって，重要な一部の「量的基
準」が一定程度は明確になったと評価することもできるが，2 割基準で画された
わけではなく，さらに「これを下回る割合を定款で定めた場合にあっては，その
割合」とある。そのため「定款自治」との関係で，どこまで定款で割合基準を引
き下げうるかという解釈問題が生じた。しかも「質的基準」については解釈に任
されたままである。

　底なしに割合基準の引き下げが許されるのであれば，単なる財産に接近してし
まう。そこで，質的基準の解釈が問われる。質的基準によれば，量的に割合が大
きくても会社にとって重要性が小さければ，事業の重要な一部とは認定されない
が，定款で引き下げられた小さな割合であっても，その譲渡が会社の事業にとっ
て重要であると客観的に認められれば，「事業の重要な一部」と判断される余地
がある。しかも厄介なことは，総会決議を要する事業の重要な一部にも拘わら
ず，決議を経ないまま譲渡すると取引が無効とされる危険が潜んでいるという点
である。そして，この無効は判例では，原則として絶対的無効とされている。し
たがって，実務では，疑わしい場合は，手間を惜しまず決議を経ておくのが安全
といえる。

　なお，「質的基準」の解釈であるが，具体的には，①たとえば精密機械製造業
であれば，特殊な精密機械とそれを操作できる技術者が重要性を有することにな

り，機械操作に熟練した技術者が伴えば，その他の土地建物など全財産に対する
割合が小さくても重要性が認められよう。②駐車場経営会社であれば，駐車ス
ペースとして優位な土地が重要性を帯びることとなろう。駐車場は所在する場所
が重要である。③図書出版会社であれば，土地建物のような有形財産よりも優秀
な編集者という人的な側面が重要性を帯びてくる。編集者には，個人的な人的関
係として執筆者との繋がりがあり，それが出版業によって極めて重要な財産とい
うことになる。出版業などは，ビルの一室でも編集作業が可能である。同様に，
④販売会社などでも，得意先関係が重要な意味を有している。

3 「会社の事業全部」の譲受けに限定してよいか

事業の譲受けについては，譲受会社が他の「会社の事業の全部」を譲り受ける
場合に限って，譲受会社で株主総会の特別決議を要すると規定されている（会社
法467条1項3号）。この会社には，外国会社その他の法人も含まれる。決議が必
要なのは「会社の事業」の全部の譲受けに限定されているため，いかに大規模な
個人企業の事業譲受けであっても，譲受会社での総会決議は要しないこととな
る。このような取り扱いは，譲受会社の株主保護に欠けるのではないか。会社法
でも理由が不明のまま「会社の事業の全部」に限定する商法旧規定が維持されて
いる。筆者は，40年以上も前に，旧商法が「会社の営業の全部」に限定してい
た点を問題視したうえで，立法論として，「譲受会社の運命に重大な影響を及ぼ
す営業の譲受」に変更する提案をしていたが（山下眞弘「株式会社の営業譲渡・譲
受規制の再検討」私法42号174頁（有斐閣，1980年）），改正事項に取り入れられな
いまま現在に至っている。

なお，事業全部の譲受けであっても，それが小規模であれば総会決議を不要と
すべきであるため，対価として交付する財産の帳簿価額の合計額が，譲受会社の
総資産額の5分の1以下（これ以下を定款で定めればその割合）である場合には，
原則として譲受会社での総会決議は不要（簡易事業譲受け）とされる（会社法468
条2項）。その理由は譲受会社への影響が少ないことことに求められる。このよ
うに，譲受会社へのインパクトを理由とするのであれば，立法論としては，この
制度趣旨を徹底して，大規模な事業の譲受けであれば，会社からの譲受けに限定
しない方向を目指すべきである。なお，事業の譲受けの場合には決議不要とする
立法論もあるが（神田秀樹『会社法（第24版）』382頁（弘文堂，2022年）），やはり
譲受ける事業の規模によっては，譲受会社に対する影響は無視できないであろ

う。

4　会社分割に「事業性」は問われないか

　事業譲渡における「事業性」から確認する。株主総会の承認を要する事業は，個別財産の単なる集合体ではなく，一定の事業目的のため「組織化され有機的一体として機能する財産」であり，社会的活力を有するものである。その中核をなすものは，財産的価値ある「事実関係」（伝統，得意先関係，仕入先関係，営業上の秘訣，経営の組織，地理的条件など）であり，これによって事業はそれを構成する各個の財産の総和よりも高い価値を有することとなる。この価値を高める上で，「労働者」の存在は小さくない。事業譲渡の結果，譲渡会社がこれまでの事業活動を維持できなくなるとか，大幅な規模の縮小を招くなど株主の利益にとって重大であるため，株主保護の要請が生じる。

　会社分割についても，このような「事業性」が要求されるかどうか。会社分割は「部分的包括承継」であるため，分割会社の債権者や契約相手方の同意を個別に得なくても，分割計画書または分割契約書の記載に従って「権利義務」は新設会社・承継会社に移転される。会社分割によれば事業の移転に伴う過去の実績の引継ぎが可能となるため，移転される事業にかかる免許・許認可等の承継の可能性もあり，計算を承継会社等が引き継ぐこともできる。会社分割には労働契約承継法の適用があるため，承継される事業に主として従事する労働者は承継会社に承継される（同法3条）。労働者の承継が予定されているということは，単なる財産の承継ではなく，「事業の承継」が想定されているものといえるのではないか。会社法757条は，これを「事業に関して有する権利義務の全部又は一部」と表現しているのではないか。会社分割は労働契約の承継を予定していることも併せてみれば，これは単なる財産の移転ではなく，事業の承継が会社分割の実態であるとみることができよう。

　さらに，会社分割の立法上の経緯にも目を向けておくべきである。会社分割制度が創設された当初，分割の対象は，1999（平成11）年に公表の「中間試案」で示された分割する会社の「権利義務の全部または一部」ではなく，「営業の全部または一部」とされた。中間試案で「権利義務」としたのは，会社分割の制度を柔軟な使い勝手のよいものにするため，その対象を広く認めることを意図したことによるが，以下のような理由で当初の商法改正では「営業」とされた。すなわち，①会社分割は企業再編のための「組織法上の行為」であるので，それにふさ

わしいものが分割の対象とされるべきであるということ，②権利義務の一部の分割は，現物出資の潜脱になるという意見があったため，営業という表現に改められたこと，さらに，③営業という概念は当時の商法にも規定があり判例でもその意義がかなり明確になっており，分割の対象を営業とすることにより営業単位で権利義務が移転する結果，営業の解体を避けることもできることから，労働者の雇用の場を確保することもできる等の理由が示された。

　ところが会社法では，制度創設当時の中間試案の姿に戻って「事業に関して有する権利義務の全部又は一部」と規定された。会社分割の対象となる「権利義務」（会社法2条29号・30号）の意義については，会社法の規定ぶりから「単なる権利義務」の承継で足りるとの立案担当者の説明があり，有機的一体性も事業的活動の承継も要件でないとされる。立案担当者は「事業性」を不要としており，このように解すれば，事業性を維持するために承継する権利義務の取捨選択の範囲に悩まされることもなく，実務的なメリットが大きいとされた。しかし，これが極端に徹底されると，機械1台の譲渡でも会社分割になりそうで，それは認められないであろう。何らかの歯止めが必要となり，それが「事業性」である。会社法では会社分割の対象が変更されたが，この点については改正の過程で特に議論された形跡も認められない。そして注目すべきは，会社分割と事業譲渡の経済的効果には類似点があり，両者とも原則的に株主総会の特別決議を要し，反対株主には株式買取請求権が認められるという点でも両者は共通している。結論として，会社分割にも「事業性」を要件とすべきである。

5　分割会社の会社種類の限定は適正か

　分割会社となりうるのは，「株式会社と合同会社」に限定されており（会社法2条29号・30号），「合名会社と合資会社」は除外されている。その理由については，合名・合資会社においては無限責任社員が会社債務につき責任を負うが，会社分割により会社債務を他社に承継させることを認めると会社債権者が不利益を受ける恐れがあると説明されてきたが，これは説得的であろうか。合名会社・合資会社も，単なる定款変更によって合同会社になることができるので，合同会社に変更した後，株式会社等を承継会社とする吸収分割を行い，再び元の合名会社・合資会社になることで会社分割類似の行為を行うこともできる。合名会社・合資会社は合同会社と同じ「持分会社」の枠内にあるのに，合同会社と区別することに実質的な意味があるのか疑わしい。したがって，立法論であるが，合名・

合資会社も合同会社と同様に分割会社として認める方向で検討すべきである。

　なお，会社分割における「承継会社・設立会社」については会社の種類に制約がなく，合名会社や合資会社も認められる（会社法760条・765条）。これを押し進めて，「分割会社」についても会社の種類による制約を排除できれば，さらに会社分割制度の活用範囲が広がることになる。これが合理的ではないか。

6　会社分割に特有の問題

　事業譲渡の場合は，契約相手方や債権者等の取引先から「個別の同意」を得られない限り，承継の対象となる契約上の地位や債務について移転の効果が生じない。これに対し，会社分割であれば，このような同意を得なくても承継の効果が生じる。このように，「会社分割」には事業譲渡にみられない利点がある反面，第三者たる取引先の利害に関わる問題も生じる。つまり，分割当事者の取引先（第三者）からみれば，自らの同意がないまま，取引相手の事業・財務に重大な変動が生じうる。とくに，①分割会社側の債権者としては，分割会社に対する債権が分割契約等において承継会社に承継されることになっていると，承継債権者は「分割会社」に債務の履行を請求することができない。これとは逆に，②当該債権が承継会社に承継されないこととされている場合には，残存債権者は「承継会社」に承継された事業や資産からの債権回収はできない。そこで，債権者保護の要請が生じ，会社分割については，「債権者異議手続」の制度を設けている（会社法789条1項2号，799条1項2号，810条1項2号）。

　しかし留意すべきは，すべての債権者が債権者異議手続の対象となっているわけではないという点である。①「承継会社側の債権者」は，そのすべてが債権者異議手続の対象となる（会社法799条1項2号）。しかし，②分割会社側では，「承継債権者」のみが債権者異議手続の対象となる（会社法789条1項2号，810条1項2号）。すなわち，「残存債権者」は異議の申し立てができない。分割会社は，承継させた価値に相当する対価を得ているとみるからである。しかし，対価が適正であるかどうかが問題なのである。これに対し，分割時に対価が分割会社の株主に配当される，いわゆる「人的分割」の場合は，「分割会社が対価を得ているわけではない」ので，分割会社の全債権者に異議申し立てが認められる（会社法789条1項2号括弧書，810条1項2号括弧書）。

7　会社法 22 条 1 項の趣旨説明

　事業（営業）譲渡人の商号を続用した譲受人の責任を定めた会社法 22 条 1 項（商法 17 条 1 項）の趣旨について，かつての通説は，「禁反言の法理」あるいは「外観理論」を根拠に説明しており，判例も基本的にはこのような立場であった。要するに，商号が続用される場合は，①営業上の債権者は営業主の交替を知りえず，譲受人たる現営業主を自己の債務者と考えるか，②あるいは事業譲渡の事実を知っていても，そのような場合は譲受人による債務の引受けがあったものと考えるのが常態で，③いずれにせよ債権者は譲受人に対して請求をなしうると「信じる場合が多い」と説明されてきた。これに対しては，「外観保護」を強調するのであれば，債権者の「主観的事情」が問題とされるべきであるのに，規定上これが問われないのはなぜかといった批判がなされ，現在は通説でもなさそうである。

　その後，商号続用の有無で区分する会社法 22 条等の適用が問題となるのは，債務者の弁済資力が危機的状況にある場合であるから，①事業譲渡の方法による債務者の「詐害的行為」を抑制するとともに，②債権者・債務者・譲受人の三者による協議に向け誘導するルールが必要となり，③抜け駆け的な事業譲渡による詐害的な再建を防止するために本条があると説明される。そして，④商号続用の譲受人は，会社法 22 条 2 項等に定める「登記」をしない限り，当然に譲渡人の営業上の債務をも引き受けたものと扱うことによって，「免責登記をするよう誘導」するのが狙いであると説明された（落合誠一「商号続用営業譲受人の責任」法学教室 285 号 31 頁（2004 年））。これに対しては，登記することで譲渡人の営業上の債務を引き受けなくてよいとされる根拠が明らかでないとの批判もある。しかし，この点については，同条 2 項の免責登記制度に問題があるということもできる。

8　会社法 22 条に関する立法論

　単に商号を続用すれば，それだけで事業の譲受会社が譲渡人の債権者に無条件で責任を負うとする現行法のあり方に合理性があるのか。しかも，この責任を負うとの原則には例外規定（会社法 22 条 2 項，商法 17 条 2 項）が用意されており，例外としてその原則が排除される。譲受人の立場にたてば，商号続用の場合だけでなく「屋号続用」についても，免責登記をしておくのが無難といえるが，債権

者としては信義則違反を問いたいところである。なお，商号を続用しなければ，
譲受人は譲渡人の債権者に一切責任を負わないという扱いに合理性があるのかと
いう点にも疑問が生じ，「商号続用」の有無だけで結論を左右する現行法の規制
の在り方には検討の余地がある。

　会社法 22 条等の趣旨を，単一の根拠をもって完全に説明し尽くすのは困難で
ある。そこで，会社法 22 条等の「詐害譲渡防止機能」も重要な根拠になるとの
視点から学界でも検討されてきたが，現行の会社法 22 条等はそのまま維持した
上で，2014（平成 26）年会社法改正で「詐害事業譲渡」（会社法 23 条の 2，商法 18
条の 2）および「詐害会社分割」（会社法 759 条 4 項以下）の規定が新設された。
そこで改めて，「会社法 22 条等が存在する意味」が問われ，これまでの同条をめ
ぐる改正経緯に照らせば，同条を削除すべきとする立法論もありうる（齊藤真紀
「商号続用者の責任再考」齊藤真紀ほか編『企業と法をめぐる現在的課題』443 頁（商
事法務，2021 年）。しかし，同条の削除に慎重な立場もある（新津和典『株主権の
再評価』341 頁（成文堂，2020 年））。いずれにせよ，会社法 22 条が存在する限り，
その存在理由を再確認し適切な運用をする必要がある。なお，会社法 22 条（商
法 17 条）の全体を一貫して説明できないのは，それぞれ同条 2 項・3 項に問題が
あるのではないかということは指摘できる。今後，あるべき立法について，その
方向性の検討が課題となる（会社法 22 条・23 条の 2 の棲み分けと立法論について
は，山下眞弘「商号続用責任規制（会社法 22 条）はどう解釈されるべきか（上）（下）」
ビジネス法務 16 巻 8 号 92 頁，同 16 巻 9 号 91 頁（2016 年））。

　そこで最近は，日本法のモデルとなったドイツ商法 25 条 1 項一文・2 項やオー
ストリア法・スイス法の現状を参考にした立法論も展開されている（高橋英治
「営業譲渡人の商号を続用した譲受人の責任──ドイツ法を中心に──」商事法務 2319 号
20 頁（2023 年））。論者は，日本法への示唆として，改正に当たっては，「スイス
とオーストリアにおける商号の続用によって譲渡人の旧債権者が持つ債権の帰趨
が左右されないとする立法」が参考となるとし，「営業譲渡があった場合，当該
営業上の債務につき営業譲受人が譲渡人と連帯して責任を負うとする」のが譲渡
人の債権者保護になり，「将来の日本法にとって最も適切な立法の方向を示して
いる」と提言される（高橋・前掲 25 頁）。これは有益な示唆となりうるが，あら
ゆる場面で譲受人が連帯責任を負うという結論が常に妥当であるかどうかは，改
めて検討しておくべきであろう。

　なお，以下の文献は 22 条を直接扱うものではないが，商法の改正に向けて一

部の研究者の間では議論が始まっている（「〈特集〉商法総則・商行為法改正の理論的基礎」民商法雑誌 158 巻 1 号 1 頁以下（2022 年），「〈連載〉商法総則・商行為法の現代化に向けて」法学教室 499 号 44 頁以下（2022 年）〜同 509 号 97 頁以下（2023 年））。

9　会社法 22 条と 23 条の 2 の関係

　2014（平成 26）年の会社法改正により導入された詐害事業譲渡等の新設規定（会社法 23 条の 2）と会社法 22 条との棲み分けはどうあるべきか。詐害的な事業譲渡の場面については，新設規定で対処するとして，商号続用の有無で解決する既存の規定は無用となるのか。立法者が両者を並存させたため，会社法 22 条の解釈論が問題として残された。もとより両者には違いはある。例えば，新設の詐害規定は「有限責任」であるが，商号続用規定は「無限責任」であるという重要な差異があり，商号続用規定では詐害の場面に限定されないという規定上の違いもある。これまで商号続用規定は，商号続用の面よりも詐害性の有無に着目した立法論が展開されてきたが，詐害事業譲渡に関する 23 条の 2 が新設された関係で，商号続用規定の趣旨を詐害性から切り離して，「商号続用」の場面に特化した規定と解釈し直すべきかどうか。そのように解しても，商号の続用によって債務引受の効果が生じる理由を明らかにしなければならない。これは，立法論も含め抜本的に考えてみる必要がある。

　仮に無限責任である「商号続用」責任の法規制が妥当であるとすれば，①従来の諸規定をそのまま文字通り適用し，新設の「詐害事業譲渡」規制との棲み分けをするか，あるいは，②「商号続用と詐害性」の 2 要件を規定上明記し，それを満たす場合に，債権者の主観を不問とし会社法 22 条 1 項を適用して無限責任とし，「詐害性」だけが認定される場合は，有限責任である新設規定の守備範囲とすることで両者の棲み分けをするという立法の道もありうる。あるいは，譲受人に無限責任を負わせる必要がなければ，③商号続用責任に関する諸規定は，善意・無重過失の債務者弁済条項（同条 4 項）を除いて，廃止する方向の立法論もありうる。なお，事業譲渡の認識に加え債務引受のないことまで知った悪意の債権者が，保護に値しないのであれば，④ 1 項についても 4 項と同様の主観的要件を付して「外観保護」で統一して説明する立法の方向も検討の対象となる。

　これまでの検討からいえることは，①には問題があるとして採用できなくても，②は検討の対象となり得るが，これを採用するとしても，商号続用を問題とする根拠の説明を要する。たとえば，経済的価値のある商号を継続使用する利益

を享受するからには責任も負担すべきである（一種の報償責任）とでもいうほかない。その場合，「屋号」など他への類推適用の限界が問われる。③を採用する場合は，譲受人の「無限責任」を一切放棄してよいかにつき実証的に詰めなければならない。

　なお，債務者の善意・無重過失による弁済の効力規定（22条4項）は維持すべきであるが，立法論として，譲渡人・譲受人の免責規定（同条2項・3項）は，問題があるとして削除すべきかどうか。その検討に際しては，1項に関して，上記④も検討の俎上に載せるべきである。今後，実務界の要請も踏まえて，これら関連する諸規定の再構築が急がれる。

10　労働契約承継法の類推適用の是非

　近年，会社分割と事業譲渡の本質的類似性に着目して，労働契約承継法を事業譲渡に類推適用するという見解が現れた（有田謙司「事業譲渡における労働契約の承継をめぐる法的問題」毛塚勝利編『事業再構築における労働法の役割』96頁（中央経済社，2013年））。すなわち，労働契約承継法は，企業再編に際して，労働契約承継の場面での労働者保護を目的としており，この点に類推適用するための第1の法的基礎を求めると説明される。そして，第2の法的基礎として，会社分割と事業譲渡の本質的類似性を指摘する。そして，労働契約承継法を類推適用する場合に関し，承継事業に主として従事する労働者に異議申立権が認められていないが，このような労働者について，その同意を前提とせず労働契約の承継を肯定した上で，2つの対応が提示される。すなわち，①承継対象の事業性が明確でないときは当該承継には事業性がないものと推定することで，主たる従事者でない者の承継対象のルール（労働契約承継法5条）を適用すること，そして，②平成12年商法附則5条の協議義務の実質的違反が，労働契約承継法3条の労働契約承継の効力について労働者が争うことができる効果を有すると解されていることから，5条協議によるチェックを働かせるというものである。

　この新説に対しては，類推適用のもととなる労働契約承継法が多くの問題を抱えており，これをどのように克服するかが課題となる。事業譲渡について，どのような立法的解決が望ましいかが問われており，立法的措置はかなり慎重に考えざるを得ない。会社分割について労働契約承継法による一定の解決が用意されているとはいえ，これが真に労働者保護に資するのか疑わしい。分割される部門に専属する労働者が承継会社等へ移されるという扱いは，失業を避ける意味では一

定の意義を有するが，たとえば日本 IBM 事件（最判平成 22 年 7 月 12 日民集 64 巻 5 号 1333 頁）でみられるように，承継先に移ることを望まない労働者にとっては不利な結果となる。会社分割の場合にも，事業譲渡と同じく労働者の意思を重視すべきではないか。労働契約承継法にも一定の事前協議や措置が用意されているものの，それで十分かどうかは疑わしい。事前協議等は単に形式的に終わるということも想定される。結論的として，事業譲渡については，労働契約承継法の類推適用は避けるべきである。

11 事業譲渡・会社分割と労働者の処遇

会社分割と事業譲渡はともに経済的機能も類似しているが，労働者の承諾を求める民法 625 条の適用の有無や労働契約の承継に係る取り扱いに差異があるが，特に中小企業では，可能な限り労働者の意思は尊重されるべきである。中小企業では労働者も事実上会社の構成員として位置づけられる傾向にあるが，会社法では一般債権者としての位置づけがなされており，法の建前と実態との間に離齬がある。とくに中小企業では，企業再編を成功に導く上で労働者の理解と協力が重要である。

会社分割に伴って，労働契約が承継されることが必ずしも労働者の保護とならない場合もあることに留意したい。たとえば，前掲 10 の日本 IBM 事件（最判平成 22 年 7 月 12 日）がそれである。本件では，5 条協議や 7 条措置が十分になされたかどうか議論がある。これに関連して議論となるのは，①労働契約承継法では，「主として従事する労働者」の労働契約は承継会社に承継され，「異議申出権」もないが，この労働者に異議申出権を認める必要性がないか，②会社法では債務超過分割が容認されるため，「不採算部門」の切り離しの際に承継会社に承継される主従事労働者の保護が問題となり，逆に「採算部門」の切り離しの際に元の分割会社の不採算部門に残留する非従事労働者の保護も問題となるが，このような労働者に「異議申出権」を認めることの必要性の有無，③異議申出権制度は労働契約承継法 2 条 1 項で書面による通知を前提としており，分割会社が通知を怠れば通知義務違反を問うのは困難であるという根本的な問題もある。

会社法改正で会社分割の対象が，「事業に関して有する権利義務」と変更されたことに伴い，会社分割をめぐって労働法分野と会社法との間で離齬が生じた。労働契約承継法 2 条 1 項 1 号では，「事業性」の要件を維持したことが注目される。離齬に起因する問題を解消する必要があり，会社法の規定ぶりから事業性を

要しないとしても，会社分割の対象は個別財産と解すべきではない。個々の財産まで広げてしまうと，極端な場合は机でも会社分割の対象となってしまい現実的ではない。また，労働契約承継法による規制に実効性をもたせるには，立法論ではあるが，現行の労働契約承継法の全面的な見直しが課題となる。ただし，現行法には合理性があるとして立法論に慎重な意見もあり（原弘明「事業譲渡・会社分割と労働契約承継の解釈論・立法論の検討」関西大学法学論集 67 巻 5 号 1011 頁（2018年)），これも視野に入れて検討すべきである。なお，事業譲渡と会社分割に関する最新の判例解説として，柳屋孝安・労働判例百選〔第 10 版〕132 頁〔東京日新学園事件〕（2022 年)，齊藤真紀・会社法判例百選〔第 4 版〕188 頁〔日本 IBM事件〕（2021 年）がある。

12　詐害的会社分割と労働者保護

　一部労働者の排除目的で会社分割をした上で，分割会社の事業閉鎖を行うような濫用的会社分割の場合に，分割会社に残留して従前の業務に従事する労働者をいかにして保護するかが問題となる。たとえば，①会社分割について代表取締役の不法行為に基づく損害賠償請求訴訟によっては雇用が維持されず，労働者の保護を図ることは難しい。②分割会社に残留して従前の業務に従事する労働者には，「異議申出手続」は認められておらず，協議義務を定める規定もないことから，濫用的会社分割からこのような労働者を保護することは困難である。そこで最後に，③濫用的会社分割から労働者を保護するには，これまで従事していた職務から切り離されるか否かにかかわらず，すべての労働者に対して 5 条協議と労働契約承継法 2 条 1 項の通知を要するとの立法論が展開されている（宇仁美咲「濫用的会社分割と残留労働者の保護」水島郁子 = 山下眞弘編著『中小企業の法務と理論 労働法と会社法の連携』230 頁（中央経済社，2018 年))。

　確かに，これは立法論として検討の対象となりうるが，「異議申出権制度」は労働契約承継法 2 条 1 項で書面による通知を前提としており，分割会社が通知を怠れば通知義務違反を問うのは困難という現実の問題もある。また，5 条協議も実質を伴う措置を講じないと空洞化することも危惧される。立法化するには，これらの課題を克服しなければならないであろう。

13　会社法 106 条における議決権不統一行使

　議決権の不統一行使について，浜田論文では以下の通り展開された（浜田道代

『株式が相続された場合の法律関係』179 頁以下，195 頁，206 頁，334 頁，342 頁以下，357 頁（商事法務，2021 年））。会社法 106 条に関して，自ら提唱される「共有株式議決権不統一行使説」によれば，株式共有者は，その内部関係にあっては，各人がその共有持分に応じて，共有株式の議決権を行使することができる。したがって，遺産未分割の間に開催される株主総会において，共同相続人は各人の持分に応じて賛否棄権の意思表示をすることができ，議決権行使者は各人の指示通りに議決権を行使する義務を負う。その結果，対会社関係においては，議決権行使者は「議決権を不統一行使」することになり，会社は不統一行使を拒むことはできない。議決権行使者が内部的な指示に反して議決権行使をしたときは，議長の悪意・重過失が主張・立証される限り，その部分の議決権行使は無効となる。そして，「議決権当然分割帰属説」は，共同相続株式は遺産分割の前は「準共有」状態にあるとする判例・通説を維持した上で，遺産分割前に開催される株主総会で行使される具体的な議決権は，各自の相続分に応じて共同相続人の各人に帰属しているとする。「株式の共有と議決権の共有」を不離一体のものと考える必要はないとされた。この問題について，仲論文でも，基本的に同じ結論を指向している（仲卓真『準共有株式についての権利の行使に関する規律』401 頁以下（商事法務，2019 年））。なお，民法の共有規定と会社法 106 条に関する今後の課題については，仲卓真「令和 3 年民法改正が株式の準共有に与える影響(上)(下)」商事法務 2306 号 4 頁，同 2307 号 73 頁（2022 年）が詳しい。

　いずれも，結論は妥当というべきである。ただし，浜田見解が「株式の共有と議決権の共有」を不離一体のものと考える必要はない，とされる点については，結論は受け入れるとしても，そのように分離させて考えるという構成が当然に認められうるのか，異論やその理論的な説明を求める意見もありえよう。なお，会社実務への浜田論文の提案は，有益で参考となしうる（浜田・前掲 483 頁以下）。すなわち，定款等において，①株主が共有名義への名義書換を請求するときは，「共有代表者」（権利行使者）の届出も同時に行うべき旨を定めておき，②株主名簿に共有者として記載された者のうち，「先頭に記載された者」を共有代表者として扱う旨を定款等に当初から記載しておくことの推奨である。

14　会社法 176 条と相続株式の売渡請求方法

　相続株式売渡請求は，各共同相続人ごとに個別になす必要があるという仲見解（前掲 13 の文献）に対しては，浜田論文で次のように批判された（前掲 13 の文

献）。すなわち，会社が，共同相続人を相手方として個別に売渡請求をするとなると，会社は「売渡請求をする順番を操作」できることとなり，総会決議の成否に影響する恐れがある。これを防止するためにも，会社は「共同相続人全員を相手方」として一括して売渡請求をしなければならないと解するほうがよいとされる。そして，相続人等に対する株式売渡請求制度の趣旨は「会社にとって好ましくない者」が，相続等の一般承継によって株主となるのを防止することにある。そこで，「会社にとって好ましくない者」を決定する方法が問われ，具体的には，それを決定する機関が問題となる。現行制度が採用しているのは，株主総会の特別決議によるもので，特別利害関係人の議決権が排除される（会社法175条2項・309条2項）が，これを改めて，「相続人も含めた株主総会の普通決議」（会社法309条1項）によるべきである。なお，相続人等にも議決権行使を認めることで，閉鎖会社の実情に沿った株主構成を維持できるとも指摘された。ところで，「普通決議」によることにして「利害関係人の議決権参加」も認めるという立法論は，立法の方向としては正しいと評価できるが，現行法より優れた解決策であるかどうか。準共有者以外の株主と準共有者との持株比率によっては，一律に評価するのは困難で，結局は具体的な事案ごとに個別判断するほかないともいえそうである。これは無い物ねだりであろうか。

　以上，両見解の対立について，筆者は若干の疑問を提起したい。相続株式売渡請求は，各相続人に対し個別になす必要があるのか，それとも全員を相手方として一括して請求する必要があると解すべきか。条文の上ではいずれとも断定できない。「共同相続人全員を相手方」として一括して売渡請求することが要件とされると，現行法では共同相続人全員が議決権行使できないこととなり，いわゆる少数派による悪い「相続クーデター」を招来しかねない。また，「各共同相続人ごとに個別」に売渡請求をなす必要があるとされると，現行法でも売渡請求を受けない相続人は議決権行使をすることができるため，議決権行使のできる相続人が，売渡請求をされた相続人に加担すれば，売渡請求を否決することもできる。これに問題はないのであろうか。したがって，売渡請求者側の判断に任せるほかなさそうである。

　ところで，いわゆる「相続クーデター」は常に悪いことと決めつけるのは，早合点というべきではないか。外形的に相続クーデターであっても，それが望ましい場合もありうる。たとえば，経営意欲もその能力もない相続人が圧倒的多数の株式を相続した場合，他の相続人の中に経営手腕のある者がいるようなときは，

売渡請求によって，無能な相続人を会社から廃除するのが合理的ともいえそうである。「売渡請求が可能な事由と手続」を明確にすべきとする立法論も早くから提唱されているところであるが（菅原菊志『企業法発展論（商法研究Ⅱ）』111 頁（信山社出版，1993 年）），可能なケースの客観化はかなり困難が予想される。

なお，その他にも検討すべき課題が多い。たとえば，売渡請求の対象となる相続人が既存株主であった場合でも売渡請求ができるか等が問題となり（松井智予「相続人株主の保護に関する会社法の構造」法曹時報 71 巻 10 号 4 頁（2019 年）），また，会社法には定款規定の設定時期について制限がないため，相続の発生後に定款を変更して，売渡請求条項を追加することができるかという問題等も議論となる（中村信男「譲渡制限株式の売渡請求制度と判例に見る問題点等の検討」早稲田商学 438 号 300 頁以下（2013 年））。

15　信託に関わる「指図権」をめぐる法的問題

「指図権」は信託法上の制度ではないため，その定義もされておらず（ただし，信託業法には指図権者に関する規定はある），「信託行為」によって認められるものであるため，指図権の取扱いに関しては明確ではない点がある。そのため，指図権を用いた信託の有効性が問題となる。「株式の信託」には，議決権の代理行使に関する会社法 310 条 2 項（代理権の授与は総会ごとにする要請）に照らして，場合によっては無効となる場合がありうる。指図権を用いた事業承継を目的とする典型的な信託については，発行会社が関与しないこと，受益者は無償により受益権を取得するものであって不利益を強いられるものではないことなどを理由に，原則として無効とならないと解する余地もあるが，議決権の行使基準が不明確で，期間が長期間であるなど，株主の議決権を不当に制限する場合には，無効となる余地も充分にあろう。

事業承継に係る信託では，経営権を特定の者に集中させるため，「議決権行使の指図権」を一部の後継者に与えることになるが，それは実質上，「自益権と共益権」を分属させることとなって，会社法上の「株式の本質」に反しないかが問われる。会社法違反となれば，信託自体が無効とされかねない。しかし，それでは事業承継に信託の活用が制限されてしまい，信託を有効とする理論的な説明が課題として残されている。非公開会社の株式を信託財産とする場合，複数の受益者のうち特定の受益者に議決権行使の指図権を集中させても，その会社が属人的定めを許容しておれば（会社法 109 条 2 項），会社法上，特段の問題はないという

こともできる（大阪弁護士会司法委員会信託法部会編『弁護士が答える民事信託Q&A100』306頁（日本加除出版，2019年），長﨑誠＝竹内裕詞＝小木曽正人＝丸山洋一郎編著『事業承継・相続対策に役立つ家族信託の活用事例』149頁（清文社，2016年））。その前提からすれば，公開会社においては会社法上の疑義が生じる危険性があるため，実務上は慎重に対応すべきであろう。

事 項 索 引

判 例 索 引

〈著者紹介〉

山 下 眞 弘（やました まさひろ）

1947 年　　大阪府生まれ
1971 年　　関西大学法学部卒業
1976 年　　関西大学大学院法学研究科博士課程単位取得
現在　　　大阪大学名誉教授・弁護士（関西大学博士）

　　　［主　著］
『会社営業譲渡の法理』（信山社出版、1997 年）
『国際手形条約の法理論』（信山社出版、1997 年）
『営業譲渡・譲受の理論と実際 営業譲渡と会社分割（新版）』（信山社出版、
　2001 年）
『会社訴訟をめぐる理論と実務』（共編著、中央経済社、2002 年）
『税法と会社法の連携（増補改訂版）』（共編著、税務経理協会、2004 年）
『会社事業承継の実務と理論 会社法・相続法・租税法・労働法・信託法の交錯』
　（法律文化社、2017 年）
『中小企業の法務と理論 労働法と会社法の連携』（共編著、中央経済社、2018 年）
『企業の悩みから理解する 弁護士として知っておきたい中小企業法務の現在』
　（編著、第一法規、2021 年）
『米・中・東南アジアとの取引を中心に理解する 弁護士として知っておきたい国際
　企業法務』（共編著、第一法規、2023 年）

事業譲渡および会社分割の法理と法務
円滑な事業承継をめざして

2023（令和 5）年 7 月 1 日　第 1 版第 1 刷発行

著 者　山 下 眞 弘
発行者　今井 貴・稲葉文子
発行所　株式会社 信山社

〒113-0033　東京都文京区本郷 6-2-9-102
Tel 03-3818-1019　Fax 03-3818-0344
info@shinzansha.co.jp
出版契約 No.2023-7529-2-01011　Printed in Japan

©山下眞弘, 2023　印刷・製本／藤原印刷
ISBN978-4-7972-7529-2 C3332　分類 325. 200
P232 ¥2600E-020-0100-050